Blöschl: Grundlagen und Methoden der Verhaltenstherapie

Lilian Blöschl

Grundlagen und Methoden der Verhaltenstherapie

Vierte, durchgesehene Auflage

Verlag Hans Huber Bern Stuttgart Wien

Library of Congress Catalog Card Number: 72-77790
ISBN 3–456–30522–2

4., durchgesehene Auflage 1974
2., unveränderte Auflage 1970
3., bearbeitete und erweiterte Auflage 1972
© 1969 by Verlag Hans Huber Bern
In der Schweiz gedruckt

Inhaltsverzeichnis

Vorwort zur vierten Auflage

Obwohl seit dem Erscheinen der dritten Auflage im vorigen Jahr bereits wieder eine große Anzahl von englisch- und deutschsprachigen Arbeiten aus dem Bereich der Verhaltenstherapie publiziert worden ist, hat sich das Gesamtbild der verhaltenstherapeutischen Forschung inzwischen nicht wesentlich verändert. Nach wie vor stehen die in der dritten Auflage hervorgehobenen Tendenzen zur differenzierteren theoretischen Analyse neben den Bemühungen um verbesserte praktische Einsatzmöglichkeiten im Vordergrund. Unter diesen Umständen wurde der Text für die vierte Auflage lediglich sprachlich und registermäßig revidiert, an einigen Stellen präzisiert bzw. gestrafft und um einige ergänzende Hinweise auf neuere Übersichtsliteratur erweitert. Dank der Initiative des Verlags erscheint die vierte Auflage in Taschenbuchform; ich habe diese Initiative um so mehr begrüßt, als sie der Absicht, in der das Buch geschrieben wurde – nämlich einem breiten Kreis interessierter Kollegen aus der Psychologie und den Nachbardisziplinen einführende Informationen zur Verfügung zu stellen –, in besonderer Weise entgegenkommt.

Graz, im März 1974   LILIAN BLÖSCHL

Teil I

Die grundlegenden Ansätze der Verhaltenstherapie

1. Einleitung

1.1 Vorbemerkungen

Immer häufiger taucht in der klinisch-psychologischen Literatur der letzten Jahre der Begriff «Verhaltenstherapie» auf. Sich einen Überblick über seine Bedeutung zu verschaffen, ist jedoch trotz der vor allem in englischer Sprache bereits in großer Zahl vorliegenden einschlägigen Publikationen nicht einfach. Das liegt in erster Linie daran, daß unter «Verhaltenstherapie» keine relativ klar umschriebene therapeutische Einzeltechnik, etwa in der Art der Psychoanalyse oder der nondirektiven Psychotherapie, zu verstehen ist. Es handelt sich vielmehr um zahlreiche, zum Teil voneinander sehr verschiedene Methoden, die allerdings einen gemeinsamen Hintergrund haben – den der naturwissenschaftlich-experimentell orientierten Psychologie, und zwar vor allem der experimentellen Lernpsychologie. Das vorliegende Buch will über einige wesentliche Ansätze dieser Art sowie über ihre Beziehungen untereinander und zu bestimmten Ergebnissen der Grundlagenforschung informieren. Es kann schon aus räumlichen Gründen nicht das Ziel einer solchen Übersicht sein, zugleich eine Handanweisung für die Durchführung einzelner Verfahren darzustellen. Versuchen der praktischen Anwendung sollte immer ein Studium der Originalliteratur, nach Möglichkeit mit Anleitung durch jemanden, der in der betreffenden Technik bereits Erfahrung hat, vorausgehen. Wer sich über die hier vorgesehene allgemeine und vergleichende Information hinaus näher mit einer speziellen Methode beschäftigen will, findet in den einzelnen Abschnitten die entsprechenden bibliographischen Hinweise.

Die Abgrenzung der Intentionen unserer Arbeit im Hinblick auf die Praxis hat ihr theoretisches Gegenstück. An sich sind die Grundbegriffe der Verhaltenstherapie so eng mit lerntheoretischen Begriffen verknüpft, daß es sehr wünschenswert wäre, eine systematische Darstellung der experimentellen Lernpsychologie vorauszuschicken. Da auf diesem Gebiet in den letzten Jahrzehnten jedoch eine fast unübersehbare Anzahl von empirischen und theoretischen Arbeiten erschienen ist, müßte man einer solchen allgemeinen Darstellung entweder weit mehr Raum widmen als den speziellen klinischen Ansätzen oder sich damit abfinden, daß sie zwangsläufig sehr kursorisch ausfällt. Keine der beiden Möglichkeiten erschien für unsere Zwecke günstig. Es wird daher stattdessen an den entsprechenden Verbindungsstellen jeweils jener lerntheoretische Begriff näher ausgeführt, um dessen Anwendung es sich gerade handelt. Zur umfassenden und zusammenhängenden Information über lerntheoretische Probleme muß auf die einschlägigen Standardwerke (z. B. KIMBLE, HILGARD & MARQUIS, 1961; HILGARD & BOWER, 1971; FOPPA, 1965) verwiesen werden.

Schließlich sind noch einige Bemerkungen über die Auswahl der speziellen verhaltenstherapeutischen Ansätze am Platze. Vollständigkeit konnte im Hinblick auf die Menge des bereits vorliegenden Materials von vornherein nicht angestrebt werden. Aus der großen Anzahl der Versuche, theoretisch oder empirisch Verbindungen zwischen Lernpsychologie und Klinischer Psychologie herzustellen, wurden jene Auffassungen zur näheren Darstellung herangezogen, die (sei es nun durch ihre Neuartigkeit, durch ihre Plausibilität oder aus anderen Gründen, etwa durch den Nachdruck, mit dem sie vertreten wurden) in besonderer Weise prägend auf das Bild, das sich uns heute bietet, eingewirkt haben. Daß einer solchen Auswahl eine gewisse Subjektivität anhaften muß, versteht sich von selbst. In der Darstellung wurde allerdings schon insofern nach größtmöglicher Objektivität gestrebt, als es sich, wie noch näher auszuführen sein wird, in erster Linie um eine wissenschaftshistorisch- und nicht um eine kritisch-vergleichende Arbeit handeln sollte. Das bedeutet natürlich keineswegs, daß die Autorin mit den dargestellten Auffassungen in allen Punkten übereinstimmt. Für eine einführende Information erschien es uns jedoch angebracht, die einzelnen Schulen zunächst einmal nach Möglichkeit für sich selbst sprechen zu lassen. Das gilt sowohl für die Erfolgsberichte als auch für Kritiken und Gegenkritiken, die am Ende des 1. Teils stichprobenartig referiert werden. Ausnahmen von dieser Haltung finden sich vor allem dort, wo kritische Bemerkungen negativer oder positiver Art unseres Erachtens zum besseren Verständnis eines bestimmten Gedankengangs erforderlich waren.

1.2 Die Zusammenhänge zwischen Lernpsychologie und Verhaltenstherapie

Die Verhaltenstherapie beruht, so wird in fast allen Einführungen formuliert, auf der Herstellung eines Zusammenhangs zwischen der Psychologie des Lernens und der Klinischen Psychologie. Welcher Art ist nun dieser meist zwar sehr nachdrücklich, aber auch nur sehr allgemein festgestellte Zusammenhang?

Sichten wir die Vielfalt der lernpsychologischen Ansätze in der Psychotherapie, so zeichnen sich drei voneinander wesentlich verschiedene Möglichkeiten ab: 1. die Erklärung der *Genese* von Verhaltensstörungen durch Schwierigkeiten im Lernprozeß, 2. die *Übersetzung* von Begriffen, wie sie in der klassischen Psychotherapie üblich sind, in lernpsychologische Termini und 3. die Heranziehung lernpsychologischer Gesetzmäßigkeiten beim *Verlernen* von unangepaßten Verhaltensweisen bzw. beim *Erlernen* angepaßter Verhaltensweisen. Als Verhaltenstherapie im engeren Sinn des Wortes sind nur die Methoden der dritten Gruppe aufzufassen, die sich mit der Modifikation von einzelnen Verhaltensweisen, von Symptomen, beschäftigen. Da Ansätze dieser Art jedoch zur Zeit stark im Vordergrund stehen, wird der Terminus «Verhaltenstherapie» im weiteren Sinn häufig als gleichbedeutend mit lernpsychologischen Ansätzen in der Psychotherapie überhaupt, also als Oberbegriff für alle drei Gruppen, verwendet.

Selbstverständlich schließen die eben genannten Ansatzpunkte einander keineswegs aus. Ihre Akzentuierung in den einzelnen verhaltenstherapeutischen Richtungen ist jedoch sehr verschieden. Von den Schulen, die im folgenden näher besprochen werden, legen – im Anschluß an PAWLOW – SALTER und die Vertreter der russischen Psychotherapie den Schwerpunkt auf den ersten Aspekt. Durch verschiedene ungünstige Bedingungen im Anpassungsprozeß des Individuums an die Umwelt, der ein Lernprozeß ist (z. B. durch Überbeanspruchung der Hemmungen), kann es zu einer Störung des

13

nervösen Gleichgewichts und damit zu einer allgemeinen Verhaltensstörung kommen. Diese allgemeine Störung soll durch allgemeine Einflüsse behoben werden – bei SALTER wie bei den russischen Psychotherapeuten durch Persuasion, die zu einer Änderung des Verhaltens führt, bei den russischen Psychotherapeuten außerdem durch physiologisch-pharmakologische und sensorische Ruhigstellung. Therapeutische Methoden dieser Art sind nur in jenem generellen Sinn «Lerntherapien», in dem man alle Beeinflussungsversuche, auch die der klassischen Psychotherapie, so bezeichnen könnte. Das Modell, das dahinter steht, ist aber in spezifischer Weise lerntheoretisch.

Vertreter der zweiten Möglichkeit, nämlich der «Übersetzung» konventionell-psychotherapeutischer Begriffe in lernpsychologische Termini, sind unter den Autoren, deren Arbeiten wir näher darstellen werden, DOLLARD & MILLER und MOWRER. Gegen solche Versuche einer Synthese zwischen Lernpsychologie und Psychotherapie ist wiederholt eingewendet worden, daß es sich dabei lediglich um eine «Umbenennung» derselben letzten Endes unverstandenen Vorgänge ohne Erkenntnisgewinn handle. Wir teilen diesen Standpunkt keineswegs, sofern der betreffende Übertragungsversuch nicht im Allgemeinen steckenbleibt. Gerade auf dem Gebiet der Psychotherapie muß Bemühungen, die unklare Formulierung eines Sachverhalts in ein System mit besser definierten Begriffen zu übertragen, große Bedeutung zugestanden werden. Es ist richtig, daß Ansätze dieser Art nicht primär auf die Entwicklung neuer Verfahren, sondern auf das bessere Verständnis und die wissenschaftliche Erfassung der bereits vorhandenen Methoden ausgerichtet sind. Nichtsdestoweniger können sie jedoch eben in dieser Funktion von großem heuristischem Wert sein.

Der dritte Ansatz umfaßt, wie bereits erwähnt, die verhaltenstherapeutischen Methoden im engeren Sinn. Wir werden in der vorliegenden Arbeit die Beiträge kennenlernen, die DUNLAP, WOLPE, EYSENCK, SKINNER und seine Schüler sowie einige Vertreter von «Theorien des sozialen Lernens» dazu vorgelegt haben. Wesentlich ist dabei die Zentrierung auf bestimmte, so scharf wie möglich umschriebene Verhaltensweisen, die *verlernt* oder *erlernt* werden sollen. Nach dieser Auffassung bestehen neurotische und zum Teil auch psychotische Störungen aus den Symptomen und nur aus den Symptomen; es wird nicht auf etwas, das dahinterliegt – unbewußte oder nicht klar bewußte Konflikte usw. – Bezug genommen. Die Symptome werden als prinzipiell nach denselben Gesetzmäßigkeiten wie andere Verhaltensweisen erworben betrachtet. Sie müssen daher auch durch Lernvorgänge modifiziert werden, und zwar in ganz gezielter Weise durch Anwendung der Regeln, die die experimentelle Lernpsychologie erarbeitet hat.

Wir haben uns bisher mit den begrifflichen Möglichkeiten, Zusammenhänge zwischen den Themenkreisen «Lernpsychologie» und «Verhaltensstörungen» herzustellen, beschäftigt. Wie steht es nun um die tatsächliche Verbindung der beiden Bereiche? Was bedeutet es konkret, wenn von der lerntheoretischen Fundierung verhaltenstherapeutischer Techniken gesprochen wird?

Zunächst ist es an dieser Stelle wichtig, darauf hinzuweisen, daß es «die» Lerntheorie so wenig gibt wie «die» Verhaltenstherapie: es gibt vielmehr im Rahmen der Lernpsychologie eine ganze Reihe verschiedener Lernmodelle oder Lerntheorien. Bei den sogenannten lerntheoretischen Ansätzen in der Psychotherapie handelt es sich nun keineswegs um die geschlossene Übertragung eines dieser Systeme auf die klinische Praxis. Vielmehr wird, ausgehend von einzelnen Hypothesen oder – sehr viel häufiger – von einzelnen jener Fakten, die unter verschiedener Interpretation von den meisten lernpsychologischen Schulen als gesichert anerkannt werden, eine Brücke zu psychopathologischen und psychotherapeutischen Problemen geschlagen.

Dabei muß zwischen zwei Möglichkeiten unterschieden werden. Gelegentlich sprechen die Ergebnisse von tier- oder humanpsychologischen Lernexperimenten, wie sie im Laboratorium durchgeführt werden, für die Bildung von Analogien im psychotherapeutischen Bereich. Die Frage nach der Berechtigung dieser Analogien ist in den letzten Jahren viel und heftig diskutiert worden. Sicher darf der Wert solcher Parallelisierungsversuche jedenfalls im Hinblick auf ihre «hypothesengenerierende» Funktion nicht unterschätzt werden.

Von einer Ableitung psychotherapeutischer Methoden vom lernpsychologischen Experiment im engeren Sinn kann allerdings nur gesprochen werden, wenn die betreffenden tier- oder humanexperimentellen Untersuchungen gezielt im Hinblick auf Probleme der Entstehung und Eliminierung von unangepaßten Verhaltensweisen durchgeführt worden sind. Aussagekräftige Arbeiten dieser Art sind zur Zeit noch immer relativ selten. Die Schwierigkeiten, mit denen sich der Experimentator dabei konfrontiert sieht, lassen das verständlich erscheinen. Versuchstechnische, auswertungstechnische und häufig auch ethische Probleme fallen dabei ebenso ins Gewicht wie die Forderung, daß der Versuchsleiter hier gleichzeitig über fundiertes lerntheoretisches Wissen und über reiche klinische Erfahrung verfügen muß, wenn nicht die enge Zusammenarbeit eines Expertenteams gewährleistet ist (vgl. dazu etwa auch SHOBEN, 1949, S. 367). Wir werden auf einige wesentliche Experimente dieser Art im Lauf unserer Übersicht eingehen.

1.3 Zur Klassifikation verhaltenstherapeutischer Ansätze

Zur Gliederung einer Übersicht im Bereich der Verhaltenstherapie bieten sich verschiedene Möglichkeiten an. Man kann versuchen, die einzelnen Ansätze unter theoretisch-experimentellen Gesichtspunkten, d. h. nach den Lerngesetzmäßigkeiten, auf die Bezug genommen wird, zu klassifizieren (vgl. z. B. KALISH, 1965). Ein anderer mehr praktisch-klinisch ausgerichteter Weg besteht darin, von den verschiedenen Verhaltensstörungen auszugehen, die behandelt werden sollen, und aufzuzeigen, welchen Beitrag die einzelnen verhaltenstherapeutischen Richtungen etwa in der Therapie von Phobien, von Sprechschwierigkeiten usw. geleistet haben (vgl. z. B. GROSSBERG, 1964). Uns erscheinen jedoch in der Lernpsychologie im allgemeinen und in den klinisch-lernpsychologischen Ansätzen im besonderen wissenschaftshistorische Aspekte als für das Verständnis der augenblicklichen Problemlage besonders wesentlich. Die Auffassungen der einzelnen Autoren müssen unseres Erachtens stets sowohl von ihrer individuellen Entwicklung her als auch im Rahmen der Gesamtentwicklung gesehen werden. Stärker als in manchen anderen Teilgebieten der Psychologie sind hier die verschiedenen Ansätze explicite oder implicite aufeinander bezogen – sei es nun durch die Fortführung früherer Gedankengänge oder durch die ausdrückliche Abhebung von ihnen. Unter diesen Umständen sollen in unserer Darstellung der einzelnen verhaltenstherapeutischen Richtungen chronologische Gesichtspunkte nach Möglichkeit gewahrt und besonders bedeutungsvolle Querverbindungen jeweils an entsprechender Stelle hervorgehoben werden. Die aktuellen Trends der jüngsten Zeit, deren Zuordnung ebenso wie ihre Gewichtung in vielen Fällen nur eine vorläufige sein kann, finden im zweiten Teil des Buches spezielle Behandlung.

2. Die Anfänge der Verhaltenstherapie mit Pawlow und Watson

Um die Jahrhundertwende hatte der russische Physiologe und Nobelpreisträger I. P. PAWLOW im Zuge seiner tierexperimentellen Untersuchungen zur Physiologie des Verdauungstrakts festgestellt, daß die Versuchstiere (meistens Hunde) nicht erst bei der Verabreichung von Futter Speichel sezernierten, sondern bereits beim Auftreten eines Signalreizes, sofern dieser Signalreiz (etwa ein Lichtzeichen oder ein Klingelton) einige Male der Fütterung vorangegangen war. PAWLOW baute diese Beobachtungen gemeinsam mit seinen Schülern in den folgenden Jahrzehnten zu einer umfassenden neurophysiologischen Theorie tierischen und menschlichen Verhaltens aus, in der der Begriff des bedingten (konditionierten) Reflexes im Mittelpunkt steht (deutsche Gesamtausgabe PAWLOW, 1953–1956). In dem eben angeführten Beispiel stellt das Futter den unbedingten (unkonditionierten) Reiz dar, auf den der Organismus in angeborener, also nicht gelernter Weise mit der unbedingten Reaktion der Speichelabsonderung antwortet. Diese gesetzmäßige Beziehung wird als unbedingter Reflex bezeichnet. Wird ein vorher neutrales Umweltereignis nun wiederholt mit dem unbedingten Reiz in bestimmter zeitlicher Reihenfolge gekoppelt (erst Lichtzeichen, dann Fütterung), so ruft allmählich schon der vorher neutrale Reiz die Speichelreaktion hervor – das Lichtzeichen ist zum bedingten Reiz, die Speichelreaktion zur bedingten Reaktion geworden. Ein bedingter (konditionierter) Reflex ist entstanden, das Tier hat etwas gelernt.

Von den zahlreichen Experimenten, die auf diesem Gebiet durchgeführt wurden, waren vor allem zwei für den Brückenschlag zu Problemen gestörten Verhaltens von besonderer Bedeutung. 1912 berichtete JEROFEJEWA bei Hunden, die der Lernaufgabe der Umarbeitung einer Signalbedeutung (elektrischer Strom wurde von einem Signal für Abwehr zum bedingten Nahrungsreiz umgewandelt) unterzogen wurden, über starke Verhaltensstörungen vor allem motorischer Art, die man auf Überforderung des Organismus durch den Lernprozeß zurückführte. Die zweite Beobachtung teilte SCHENGER-KRESTOWNIKOWA (1921) mit: Hunde, die lernen mußten, zwischen einem Kreis und einer Ellipse zu unterscheiden, indem sie auf das eine Signal mit einer Zuwendungsreaktion zu reagieren hatten, auf das andere dagegen nicht, bewältigten diese Aufgabe zunächst ohne Schwierigkeiten. Als der Versuchsleiter Kreis und Ellipse in den einzelnen Darbietungen einander durch Verschiebung des Verhältnisses der Ellipsenachsen immer mehr annäherte, zeigten sich jedoch auffallende Veränderungen im Verhalten der Hunde. Nicht nur, daß die Differenzierung nicht mehr getroffen werden konnte, was an sich ja nicht so verwunderlich gewesen wäre – die Hunde zeigten darüber hinaus insgesamt deutlich gestörte, teils aggressive, teils extrem gehemmte Verhaltensweisen und konnten auch jene Unterscheidungen nicht mehr leisten, die sie vorher vollständig beherrscht hatten.

Von hier aus kam es im Rahmen der PAWLOWSchen Schule zu einer systematischen Untersuchung der pathologischen Zustände, die durch Umwelteinflüsse – d. h. hier durch Lernprozesse – hervorgerufen werden können. PAWLOW unterschied dabei vor allem drei Möglichkeiten der Genese solcher Störungen: 1. die Anwendung extrem starker Reize, z. B. hoher Stromstärken bei der Erlernung von Vermeidungsreaktionen (Überbeanspruchung des Erregungsprozesses), 2. die Ausarbeitung zu schwieriger, d. h. zu feiner Differenzierungen (Überbeanspruchung des Hemmungsprozesses) und 3. den

Konflikt von Erregungs- und Hemmungsprozessen, wenn etwa ein positiver und ein negativer Reiz gleichzeitig dargeboten werden (Überbeanspruchung der Beweglichkeit der Nervenprozesse). Treten im Laboratorium bei gezielter Anwendung solcher Prozeduren Verhaltensstörungen auf, die sich nicht ohne gezielte Beeinflussung zurückbilden, so wird von «experimentellen Neurosen» gesprochen. Die Bildung von Analogien auf dem Gebiet menschlicher Anpassungsstörungen liegt nahe. PAWLOW selbst, obwohl damals schon im fortgeschrittenen Alter, stellte die Verbindung zum Humanlernen und zur Psychiatrie etwa seit 1930 durch persönliches intensives Studium von psychopathologischen Fällen her und entwarf eine Theorie der Neurosen und Psychosen, die vor allem auf den (physiologisch definierten) Begriffen der Erregung und Hemmung und dem Verhältnis der beiden zentralnervösen Grundprozesse zueinander beruht. Störungen im Lernvorgang sind nach dieser Theorie für das Zustandekommen sowohl neurotischer als auch psychotischer Verhaltensmuster ausschlaggebend. Die *Wiederherstellung* des Normalzustandes im Nervensystem wird allerdings – und das ist wichtig festzuhalten – nicht auf spezifisch lernpsychologischem Weg angestrebt. Vielmehr wird versucht, das gestörte Gleichgewicht zwischen Erregungs- und Hemmungsprozessen durch Psychopharmaka und allgemeine Maßnahmen, wie Dauerschlaf oder Milieuwechsel, wieder in die Balance zu bringen.

1925 berichtete KRASNOGORSKI über die von ihm seit 1907 in Leningrad durchgeführten Studien von «experimentellen Neurosen» bei Kindern. KRASNOGORSKI verwendete das Mundöffnen beim Verabreichen von Nahrung als unbedingten Reflex und untersuchte in unmittelbarem Anschluß an die Tierexperimente PAWLOWS die Veränderungen in der «conditioned reflex activity» sowie im gesamten Verhalten des Kindes beim Zusammenstoß zwischen Erregungs- und Hemmungsprozessen. Zur Erzeugung dieser Bedingung wurden schwierige Differenzierungsaufgaben im akustischen Bereich (analog zu dem bereits zitierten Kreis-Ellipsen-Experiment im optischen Bereich) herangezogen. Während beispielsweise im Fall eines sechsjährigen Kindes sehr rasch und leicht erlernt wurde, daß auf einen Metronomrhythmus von 144 Schlägen in der Minute Nahrung folgte, auf einen von 92 dagegen nicht, führte das Erlernen einer Unterscheidung zwischen 144 und 120 Schlägen sowohl zu beträchtlichen Verlängerungen in den Latenzzeiten der bedingten Reaktionen als auch zu einer deutlichen Veränderung im Verhalten des Kindes; es wurde aggressiv und gereizt und verweigerte schließlich den Besuch des Laboratoriums.

KRASNOGORSKI kommt zu dem Schluß, daß starke Konflikte zwischen Erregung und Hemmung zu den Hauptursachen neurotischer Störungen im Kindesalter zählen. Von Erziehern und Ärzten muß Wert darauf gelegt werden, das Kind einerseits in der Bildung von Hemmreflexen zu trainieren, andererseits aber darauf zu achten, sein Nervensystem nicht allzu schweren Zusammenstößen zwischen Erregungs- und Hemmungsprozessen auszusetzen. Unter natürlichen Bedingungen sollte der Therapeut zunächst die störenden Umweltgegebenheiten beseitigen, bevor er weitere Schritte in der Behandlung unternimmt. Unter den Bedingungen der eben geschilderten Experimente war Ruhe (d.h. Beendigung der Versuche) ausreichend, um das psychische Gleichgewicht der Kinder wiederherzustellen.

Auf die weitere Entwicklung dieser Ansätze in der russischen Psychiatrie und Psychopathologie soll in Kapitel 11 eingegangen werden. Wenden wir uns nun den Ausgangsexperimenten zu, die etwa zur selben Zeit in den USA zu unserem Thema unternommen wurden!

J.B.WATSON, der Begründer der Schule des Behaviorismus, die das Bild der amerikanischen Psychologie etwa seit 1920 entscheidend mitgeprägt hat, hatte in seinen bekannten Publikationen von 1913 und 1914 die Definition der Psychologie als der «Wissenschaft vom bewußten Erleben» entschieden abgelehnt und stattdessen von der «Wissenschaft vom Verhalten» gesprochen. Besonders betont wurde dabei der Verzicht auf die Introspektion als Forschungsmethode. Die berühmten Anfangssätze des Artikels aus dem Jahr 1913 lauten:

"Psychology as the behaviorist views it is a purely objective experimental branch of natural science. Its theoretical goal is the prediction and control of behavior. Introspection forms no essential part of its methods, nor is the scientific value of its data dependent upon the readiness with which they lend themselves to interpretation in terms of consciousness. The behaviorist, in his efforts to get a unitary scheme of animal response, recognizes no dividing line between man and brute." (S.158)

Es verwundert nicht, daß für den Autor dieser Zeilen der Gedanke nahelag, die PAWLOWSchen Konditionierungsversuche an Tieren, die damals bereits internationale Verbreitung gefunden hatten, auf den Bereich des Humanlernens zu übertragen (vgl. WATSON, 1916). WATSON und seine Schüler können als die ersten Experimentatoren bezeichnet werden, die, weitgehend auf die Versuche und das Begriffsschema PAWLOWS gestützt, jene Methoden zur Beeinflussung von menschlichen Angstreaktionen anwendeten, die heute als Verhaltenstherapie im engeren Sinn bekannt sind.

Zwar wurden nur einige wenige Einzelfallexperimente durchgeführt; ihre Grundgedanken und ihr Aufbau entsprechen jedoch prinzipiell den Untersuchungen, die einige Jahrzehnte später zu einer ganz wesentlichen Neuorientierung im Bereich der Psychotherapie geführt haben. Es handelt sich dabei um jene praktisch besonders bedeutungsvollen Ansätze, die eine Verbindung zwischen Lerntheorie und Psychotherapie nicht nur im Interesse einer Präzisierung der Beschreibungsweise oder einer Erklärung der Genese von Verhaltensstörungen anstreben, sondern primär auch im Hinblick auf die Gewinnung von Methoden, die zum Verlernen von fehlangepaßten Reaktionsmustern führen können.

Die drei Arbeiten, die hier vor allem zählen, sind die von WATSON und ROSALIE RAYNER (1920) («Conditioned emotional reactions») und die beiden unter der Anleitung WATSONS durchgeführten Untersuchungen von MARY C. JONES (1924a und b) («The elimination of children's fears» und «A laboratory study of fear: The case of Peter»). Die Arbeit von WATSON und RAYNER geht von der Hypothese aus, daß die beim Kleinstkind sehr geringe Anzahl angeborener Reiz-Reaktions-Verbindungen auf emotionalem Gebiet[1] im

---

[1] WATSON unterscheidet zwischen den drei primären Emotionen Furcht, Zorn und Liebe, die angeborenerweise jeweils nur von einigen wenigen Reizen ausgelöst werden (z. B. Furcht von lauten Geräuschen und dem Entzug körperlicher Unterstützung, d. h. der Gefahr zu fallen).

Lauf der Entwicklung durch Lernvorgänge auf der Basis bedingter Reflexe erweitert wird. Das bekannte Experiment mit dem kleinen Albert sollte diese Annahme überprüfen. Albert, der zu Beginn des eigentlichen Experiments elf Monate alt war, war unter den Kindern des Heims, in dem die Untersuchungen durchgeführt wurden, durch seine besondere emotionale Stabilität aufgefallen. Bei den Routine-Testungen, in denen festgehalten wurde, welche der dargebotenen Gegenstände oder Tiere (Masken, Wolle, weiße Ratten, Kaninchen usw.) bei einem Kind Angst hervorriefen, zeigte er niemals Zeichen des Erschreckens. Die Beobachtungen der Mutter und des Pflegepersonals gingen ebenfalls in diese Richtung. Die einzige Ausnahme bildete, wie im 9. Lebensmonat zum erstenmal erprobt wurde, die Reaktion auf ein plötzliches lautes Geräusch: wurde hinter seinem Rücken ein Gong geschlagen, so ließ Albert deutliche Angst erkennen; er fuhr zusammen, verzog das Gesicht und begann schließlich heftig zu weinen. Diese Situation nahmen die Autoren zum Anlaß, folgende Fragen zu stellen:

1. Ist es möglich, durch gleichzeitige visuelle Darbietung eines anderen Reizes die Angst vor dem Gongschlag auf diesen neuen Reiz zu übertragen?
2. Werden, wenn eine solche Konditionierung möglich ist, auch andere ähnliche Reize indirekt davon betroffen (d. h.: Findet ein «emotionaler Transfer» oder – in der PAWLOWschen Terminologie – eine Generalisierung statt)?
3. Wie wirkt sich der Zeitverlauf auf solche konditionierte emotionale Reaktionen aus?
4. Welche Methoden können zur Eliminierung der gelernten Angstreaktionen herangezogen werden, falls sie im Lauf der Zeit nicht von selbst erlöschen?

Vor Beginn der Experimentalreihe wurde die Neutralität des zu bedingenden Reizes noch einmal überprüft. Albert zeigte sich von der ihm präsentierten weißen Ratte völlig unbeeindruckt.

Am ersten Versuchstag wurde die weiße Ratte aus dem Käfig genommen und Albert hingehalten. Eben als er sie mit der ausgestreckten Hand berührte, ertönte hinter ihm der Gong.

Albert fuhr erschrocken zusammen und fiel nach vorn. Er versuchte, sein Gesicht in den Kissen zu verstecken, schrie jedoch nicht. Nach Wiederholung derselben Prozedur begann er zu weinen.

Eine Woche später wurden Ratte und Gong mit denselben emotionalen Effekten fünfmal gemeinsam dargeboten. Anschließend präsentierte der Versuchsleiter Albert die Ratte allein. Der Junge begann sofort zu weinen, als er das Tier erblickte, und ergriff, so rasch er konnte, die Flucht.

Im Verlauf von zwei Sitzungen und insgesamt sieben gemeinsamen Darbietungen war es also möglich gewesen, eine Angstreaktion zu konditionieren, d. h. einen früher neutralen Reiz durch Kopplung mit einem angstauslösenden selbst angstauslösend zu machen.

Zur Beantwortung der weiteren Ausgangsfragen wurde in den auf das Experiment folgenden Tagen überprüft, ob auch andere früher neutrale oder positiv affektbesetzte Reize durch den Konditionierungsvorgang beeinträchtigt worden waren. Während Albert mit seinen Bausteinen nach wie vor vergnügt spielte, lösten Kaninchen und Hund sowie ein Pelzmantel starke Angstreaktionen aus. Die Autoren sprechen von einem «emotionalen Transfer». Vier Wochen später hatten die konditionierten Angstreaktionen auf Ratte, Kaninchen und Pelzmantel zwar an Intensität verloren, waren jedoch noch immer deutlich vorhanden.

Im Hinblick auf die letzte und wichtigste Frage – nämlich die nach Methoden, mit deren Hilfe die erworbene Angst wieder zum Verschwinden gebracht werden kann – wurden folgende Möglichkeiten in Erwägung gezogen: häufige Konfrontationen des Kindes mit dem konditionierten Reiz in der Hoffnung auf Gewöhnungseffekte (durch «Ermüdung des Reflexpotentials»), «Rekonditionierungsversuche», bei denen während der visuellen Darbietung des angstauslösenden Gegenstandes durch Streicheln oder Füttern entgegengesetzte Emotionen hervorgerufen werden, und Nachahmung der Manipulation des gefürchteten Objekts durch andere Personen.

Diese Anregungen zusammen mit den im Schlußwort hergestellten Beziehungen zur Klinik, in denen die Vermutung ausgesprochen wird, daß die meisten phobischen Zustände als gelernte emotionale Reaktionen direkter oder übertragener Art aufzufassen seien, nehmen in einfacher und präziser Form bereits vieles von dem vorweg, was die heutige Verhaltenstherapie kennzeichnet.

Im Fall Albert konnte das Problem des gezielten Verlernens konditionierter Angstreaktionen aus äußeren Gründen (der Junge wurde vorher aus dem Kinderheim genommen) nicht mehr behandelt werden – eine um so bedauerlichere Tatsache, als gerade ein so diskutables Experiment einer besonders sorgfältigen Nachverfolgung bedurft hätte. Dagegen steht der therapeutische Aspekt in den beiden anderen Arbeiten, die unter der Anleitung WATSONS durchgeführt wurden, eindeutig im Mittelpunkt.

In die Untersuchung von MARY C. JONES «The elimination of children's fears» (1924a) wurden 70 Kinder eines Kinderheimes im Alter zwischen drei Monaten und sieben Jahren miteinbezogen. Alle diese Kinder wurden unter möglichst gleichbleibenden Bedingungen mit verschiedenen potentiell angstauslösenden Situationen konfrontiert (Vorzeigen eines Kaninchens, einer weißen Ratte, laute Geräusche usw.). Ziel dieser Versuchsanordnung war es, bereits vorhandene emotionale Konditionierungen aufzudecken. Dabei wurden jene Kinder ausgelesen, die auf eine oder mehrere der beschriebenen Situationen mit deutlicher Angst reagierten. (Die Mehrheit der Prüflinge zeigte keine oder nur ganz leichte negative Reaktionen.) Die primäre Fragestellung der Arbeit zielte in Fortsetzung der Untersuchung von WATSON & RAYNER darauf ab, Methoden ausfindig zu machen, durch die die festgestellten Ängste eliminiert werden konnten.

Folgende Verfahrensweisen wurden zu diesem Zweck jeweils an mehreren Fällen, gelegentlich auch in kombinierter Form, angewendet (auf die Überlegungen und Beobachtungen zur ungünstigen Wirkung von Strafe und Spott als Mittel, Furcht zu vertreiben, sowie zur Möglichkeit der «Ablenkung» im alltäglichen Sinn des Wortes gehen wir hier als nicht direkt relevant nicht ein):

2.1 Vermeidung der angstauslösenden Reize

Entgegen der Alltagshypothese, daß kindliche Angstreaktionen mit der Zeit von selbst verschwinden, wenn man das

Kind vor Kontakten mit dem Gegenstand der Angst schützt, zeigten sich auch nach einer Zwischenzeit von Wochen und Monaten die beim ersten experimentellen Kontakt angstauslösenden Objekte (Kaninchen, Frosch und Ratte bei drei Ein- bis Dreijährigen) beim zweiten Kontakt nicht weniger negativ affektbesetzt.

2.2 Verbale Beeinflussung

Dabei sollte untersucht werden, ob durch Unterhaltungen über das angstbesetzte Objekt in positivem Zusammenhang eine Veränderung in der emotionalen Einstellung des Kindes hervorgerufen werden kann. Da die meisten Kinder jünger als vier Jahre waren, fand die Methode nur in einem Fall Anwendung. Mit einem fünfjährigen Mädchen, das beim ersten Versuch deutliche Angst vor einem Kaninchen gezeigt hatte, wurde eine Woche hindurch täglich zehn Minuten «positive Konversation» über das Kaninchen gemacht; Bilderbücher zu diesem Thema und Spielzeughasen wurden herangezogen. Bei diesen Gelegenheiten äußerte das Kind wiederholt Zuwendungsreaktionen, wie etwa die Bitte, ihm das Kaninchen zu zeigen usw. Bei der zweiten Darbietung des Kaninchens nach diesem Training war die Furcht jedoch noch genau so ausgeprägt. Drei weitere Übungstage zeigten ebenfalls keinen Erfolg. JONES schließt daraus, daß auch ein intensives Training im symbolischen Bereich auf die Reaktion gegenüber dem primär angstauslösenden Reiz ohne Einfluß bleiben kann.

2.3 Negative Adaptation

Es wird ein Fall erfolgreicher Überwindung der Angst vor einer Ratte bei einem Dreijährigen durch gehäufte Darbietungswiederholungen des Reizes berichtet. JONES ist jedoch der Meinung, daß diese Technik im allgemeinen eher zu einer Summation der Angstreaktionen als zu einer Gewöhnung führt, wenn nicht zusätzliche Hilfen geboten werden [1]

[1] Wir werden ähnliche Ansätze sehr viel später in Zusammenhang mit den Überflutungstechniken (Kap. 16) wiederfinden.

2.4 Soziale Nachahmung

Diese Methode wurde von JONES häufig und mit gutem Erfolg verwendet. Der erste der beiden dargestellten Fälle betrifft die spontane Angstreaktion eines Dreijährigen gegenüber einem Kaninchen. Als die beiden in der Testsituation mit anwesenden Spielgefährtinnen jedoch lebhaftes Interesse an dem Tier bezeigten, wurde auch der Junge sofort interessiert, näherte sich dem Kaninchen und wollte es genau betrachten.

Im zweiten Fall wurde ein zunächst furchtloser Zweijähriger durch das Weinen eines anderen Kindes beim Anblick des Kaninchens ebenfalls zu Furchtreaktionen veranlaßt. Einige Wochen später verlor er diese Furcht bei einer neuerlichen Konfrontation mit dem Tier in Gesellschaft zweier unerschrockener Kinder. JONES spricht von der Elimination einer «sozial induzierten» Furcht durch «soziale Suggestion».

2.5 Direkte Konditionierung

Obwohl nach Auffassung von JONES auch die beiden zuerst besprochenen Methoden in irgendeiner Form Konditionierungsvorgänge einschließen, ist der direkten und spezifischen Anwendung dieses Prinzips doch ein eigener Punkt vorbehalten. Er betrifft die Bemühungen, die darauf abzielen, den angstauslösenden Reiz mit einem Reiz, der eine positive emotionale Reaktion auslöst, zu assoziieren.

Diese Versuche können als die Grundlage der verhaltenstherapeutischen Ansätze im engeren Sinn, wie wir sie später vor allem bei WOLPE vorfinden, aufgefaßt werden. Der berühmte «Fall Peter» (die Ergänzung zum «Fall Albert»), der nach der Technik der direkten Konditionierung unter Verwendung von Süßigkeiten als positivem Reiz behandelt wurde, ist von MARY C. JONES in einer gesonderten Publikation aus demselben Jahr (1924b) ausführlich dargestellt worden.

Peter, zu Beginn der Untersuchung zwei Jahre und zehn Monate alt, wird ebenso wie Albert als physisch und psychisch normales, im allgemeinen gut angepaßtes Kind geschildert. Eine Ausnahme stellte seine im Prüfungsdurchgang festgestellte (also nicht experimentell hervorgerufene) Angst vor Ratten, Kaninchen und anderen «pelzigen» Objekten, wie Fellen, Federn usw., dar. (Über den Ursprung dieser Angst ist nichts bekannt.) Die am meisten ausgeprägte Furcht vor dem Kaninchen sollte in Fortsetzung der Arbeit von WATSON & RAYNER im Laboratorium nach Konditionierungsprinzipien eliminiert und der Transfer des Therapieeffekts auf ähnliche Reize untersucht werden.

Die Behandlungsmethode bestand darin, daß, während Peter, in einem hohen Kinderstuhl sitzend, etwas zu essen bekam, was er gern mochte, die Versuchsleiterin das Kaninchen in einem Käfig in den Raum brachte. Sie näherte sich dem Kind mit dem Tier jeweils so weit wie es möglich war, ohne daß Peter die angenehme Eßsituation mit Zeichen der Angst unterbrach. Es wurde eine «Toleranzskala» aufgestellt, die, 17 Stufen umfassend, von «Zeigt Angst, sobald sich der Käfig mit dem Kaninchen irgendwo im Zimmer befindet» als stärkstem Grad der Angst bis zu «Läßt das Kaninchen an seinen Fingern knabbern» als Ausdruck positiver Zuwendung reichte und nach der die Reaktionen des Kindes registriert wurden. Die insgesamt 45 Experimentalsitzungen, die zunächst zweimal, später einmal täglich stattfanden, wurden 14 Tage nach Beginn der Behandlung durch eine Erkrankung des Kindes unterbrochen, nach zwei Monaten aber wieder aufgenommen.

Im Verlauf der Therapie verschoben sich Peters Reaktionen zwar mit gewissen Schwankungen, aber ganz eindeutig vom unteren ans obere Ende der Toleranzskala. Der Abschlußbericht hält fest, daß das Kind das Kaninchen schließlich nicht nur nicht mehr fürchtete, sondern eine starke Zuneigung zu dem Tier erkennen ließ. Der Transfer auf die anderen in Frage kommenden Objekte hatte sich in jedem Fall zumindest in einer Verwandlung der Abneigung in Gleichgültigkeit ausgewirkt.

Die Analyse dieses eindrucksvollen Ergebnisses wird bedauerlicherweise dadurch etwas erschwert, daß die letzte der von JONES in ihrer Übersichtspublikation von 1924a angeführten Methoden, nämlich die der sozialen Nachahmung, teilweise (und zwar mit nicht ganz klaren Grenzen) in den «Fall Peter» miteinbezogen war. Die ersten Kontakte des Jungen mit dem Kaninchen fanden in Gesellschaft dreier anderer Kinder statt, die nach dem Kriterium der Furchtlosigkeit gegenüber diesem Tier ausgewählt worden waren. Später wurden während der Experimentalsitzung gelegentlich andere Kinder hereingebracht, um die Umkonditionierung zu erleichtern. Da, wie wir schon erwähnt haben, JONES selbst auf den großen Einfluß sozialer Faktoren hinweist, muß hier wohl – stärker als es in ihrer Interpretation des Falles Peter zum Ausdruck kommt – eine kombinierte Wirkung beider Techniken angenommen werden. Das tut jedoch der grundlegenden Bedeutung dieser Arbeit keinen Abbruch.

3. Die «Therapie durch negative Übung» nach Dunlap

Die beiden 1928 und 1932 erschienenen Publikationen von K. DUNLAP (der Zeitschriftenartikel «A revision of the fundamental law of habit formation» und das Buch «Habits: Their making and unmaking») brachten eine neue Nuance in die lerntheoretischen Ansätze in der Psychotherapie. DUNLAPS Methode findet als Therapie durch «negative Übung» («negative practice») heute unter den europäischen Psychologen, die sich eben mit verhaltenstherapeutischen Techniken vertraut zu machen beginnen, relativ viel Beachtung, doch sind mit ihrem Gebrauch häufig Mißverständnisse verbunden. Das hängt vermutlich damit zusammen, daß man nur selten auf DUNLAPS Originalarbeiten zurückgreift und in der Sekundärliteratur gerade dieser Ansatz nachträglich mit recht komplizierten und teilweise unklaren theoretischen Annahmen beladen wurde. Sehen wir zunächst, was DUNLAP selbst mit seiner «Therapie durch negative Übung» gemeint hat!

DUNLAP nimmt theoretisch einen Standpunkt ein, der etwa zwischen dem der amerikanischen Behavioristen und dem der klassischen kontinentalen Erlebnispsychologie liegt. Der «Bildung von Gewohnheiten» («habits»), dem Erlernen von Reaktionen auf Umweltreize, wird, der Tradition der amerikanischen Lernpsychologie folgend, große Bedeutung zugeschrieben. Die Klassifikation nach «habits of perceiving, habits of thinking and habits of feeling», die als «Bewußtsein» zusammengefaßt werden, läßt jedoch bereits erkennen, daß bei

28

DUNLAP nicht «äußere» Verhaltensweisen, sondern die subjektiven Prozesse im Mittelpunkt des Interesses stehen. Die Betonung des kognitiven Moments, der bewußten und gewollten Einstellung des Klienten auf das Problem, ist auch – was oft nicht entsprechend wiedergegeben wird – das Kernstück seiner therapeutischen Ansätze.

"In negative practice the determining factors are the thoughts and desires involved in the practice..." (1932, S. 96)

DUNLAP geht dabei von zwei Grundgedanken aus: Zunächst vertritt er die Meinung, daß sich entgegen der üblichen Annahme die repetierten Reaktionen während eines Lernprozesses *nicht* gleichbleiben. Der Autor verdeutlicht diese Auffassung an folgendem Beispiel:

"It is not to be assumed that the *learning responses* are responses of the same kind as those which are *learned*. The billiard shots through which one learns to play billiards are, in one sense, of the same type as those he makes after he has become proficient. They are muscular movements which propel the cue longitudinally against the ball. But considered and measured more carefully, the early shots turn out to be different from the later in very important respects. By one type of response, apparently, the reactor learns to make a quite different type of response...

Learning, then, proceeds through responses, which may or may not be similar in type to the responses which are ultimately learned. Far from the general truth is the old assumption that 'we learn a response by performing the response'. In fact, in many cases, the reverse process of unlearning a motor response which has become a habit, is best carried out through the deliberate repetition of the motor performance which is to be disintegrated or unlearned." (1932, S. 14 f.)

Im letzten Satz dieses Zitats wird bereits der zweite Grundgedanke angeschnitten: daß nämlich die Wirkung einer Reaktionswiederholung weitgehend davon abhängt, mit welcher Absicht, mit welcher Einstellung von seiten des Individuums, die Wiederholung vor sich geht. Ob die Repetition einer Reaktion eine Zunahme der Wahrscheinlichkeit des Auftretens dieser Reaktion bewirkt oder eine Abnahme oder ob sie ohne Einfluß darauf bleibt, wird wesentlich durch die Art der integrierten Denkprozesse mitbestimmt. DUNLAP nennt die zuerst angeführte Alternative, die für das klassische «Gesetz der Frequenz» steht, die *Alpha-Hypothese*. Obwohl er die Möglichkeit von Lernvorgängen dieser Art nicht ausschließt, schreibt er ihnen doch weit geringere Bedeutung zu, als es üblicherweise getan wird. Viel wichtiger sind seiner Meinung nach die beiden anderen Möglichkeiten: die, daß das Auftreten einer Reaktion die Wahrscheinlichkeit ihres Wiederauftretens herabsetzt (1928 von DUNLAP als *Gamma-Hypothese*, 1932 als *Beta-Hypothese* bezeichnet) und die, daß das Auftreten einer Reaktion an sich keinen Einfluß auf die Wahrscheinlichkeit ihres Wiederauftretens hat (1928 von DUNLAP als Beta-Hypothese, 1932 als Gamma-Hypothese angeführt). Diese Vertauschung der Termini hat, wie zu erwarten, in der Literatur beträchtliche Verwirrung hervorgerufen (vgl. z. B. DUNLAP, 1942; LEHNER, 1954), um so mehr als nicht überall eindeutig zum Ausdruck kommt, welche der beiden Möglichkeiten DUNLAP als theoretische Basis seiner therapeutischen Verfahren in Betracht zieht. (Im allgemeinen ist es die Gamma-Hypothese von 1932.)

Wir brauchen auf dieses terminologische und klassifikatorische Problem jedoch nicht näher einzugehen. Auch wenn man von der Gliederung nach den drei Hypothesen überhaupt absieht, bleibt der Sinn von DUNLAPS Ausführungen klar: beim Vorhandensein entsprechender kognitiver und motivationaler Komponenten kann die Wiederholung einer Reaktion allmählich zu ihrem Verschwinden führen, man bringt sich dadurch gewissermaßen bei, wie etwas *nicht* gemacht werden soll. Unter diesen Umständen liegt es nahe, unangepaßte Verhaltensweisen, die als gelernte «schlechte Gewohnheiten» aufgefaßt werden, durch willkürliche Wiederholung eben dieser Verhaltensweisen verlernen zu lassen.

Dabei werden bereits einige grundsätzliche Probleme angeschnitten, die in der späteren verhaltenstherapeutischen Literatur eine große Rolle spielen. In der Frage nach den *Ursachen* von Verhaltensstörungen nimmt DUNLAP zwar noch einen konservativeren Standpunkt ein als es beispielsweise 25 Jahre später EYSENCK und WOLPE tun; es deutet sich aber doch bereits eine Gewichtsverlagerung von den möglichen Hintergründen auf das Symptom selbst an. Obwohl es ausdrücklich als Aufgabe des Therapeuten angesehen wird, die kausalen Faktoren, die zu einer bestimmten Verhaltensstörung geführt haben, ausfindig zu machen und nach Möglichkeit zu beseitigen, wird betont, daß unter Umständen schon die Beseitigung des Symptoms allein von großem Wert sein und die soziale Rehabilitation des Klienten wesentlich fördern könne.

Besondere Beachtung widmet DUNLAP dem Aspekt der Notwendigkeit spezifischer Behandlungspläne, die so weit wie möglich auf den individuellen Fall abgestimmt sind. Ähnliche Gedanken werden wir später vor allem im Rahmen der SKINNER-Schule wiederfinden.

Bezüglich der praktischen Durchführung geht DUNLAP in seinem Buch primär auf die Anwendung der Methode bei Sprachstörungen, Bewegungsstereotypien (Tics) und sexuellen Fehlanpassungen ein.

In der Diskussion der Sprachtherapie wird anfangs noch einmal das grundlegende Prinzip wiederholt, das hier darauf hinausläuft, den Klienten zunächst dazu zu bringen, beispielsweise sein unfreiwilliges Stottern in möglichst ähnlicher Weise absichtlich zu imitieren. Wenn das gelungen ist, muß die störende Verhaltensweise mit der entsprechenden Einstellung – d. h. begleitet von Wunsch und Vorsatz, es später nicht mehr so zu machen – richtiggehend geübt werden. Bei einer Übungszeit von zweimal fünfzehn Minuten täglich wird im allgemeinen mit einer Behandlungsdauer von drei bis sechs Monaten gerechnet. Bedauerlicherweise legt DUNLAP hier ebenso wie bei der Besprechung der anderen Symptomgruppen keine konkreten Fall- und Behandlungsgeschichten vor, wodurch die Beschreibung der Methode teilweise wenig plastisch wirkt.

Die Therapie von Tics durch negative Übung geht der Behandlung von Sprachstörungen weitgehend parallel. Auch hier werden (wenn durch eine ärztliche Untersuchung neurologische Defekte als Ursache ausgeschlossen worden sind) die unerwünschten Verhaltensweisen, die sonst unwillkürlich auftreten, willkürlich wiederholt, was nach DUNLAP meistens schon nach einigen Wochen zu ihrer Elimination führt.

Vor allem bei der Behandlung von Bewegungsstereotypien wie Fingernägelbeißen und Daumenlutschen spielt die Frage eine große Rolle, ab welchem Alter sich die Therapie der negativen Übung bei Kindern anwenden läßt. DUNLAP spricht von Fällen, in denen die Methode in der eben beschriebenen

Form schon bei Fünfjährigen mit Erfolg eingesetzt wurde. Leider fehlen diesbezüglich Literaturangaben.

Im Zusammenhang mit dem Problem des Nägelbeißens taucht eine Frage auf, die dann bei der Behandlung sexueller Probleme besonders aktuell wird. Bei manchen Gewohnheiten machen es praktische oder ethische Überlegungen (manchmal auch beide gemeinsam) schwierig, ihre weitere Durchführung zu empfehlen. Soll man jemanden, dessen Nägel ohnehin bereits bis zu einem Drittel abgebissen sind, tatsächlich anleiten, für einige Zeit weiter daran zu kauen? An solchen Fragen wird deutlich, daß es unter Umständen wünschenswert ist, für die zu verlernende Gewohnheit selbst ein ihr möglichst angenähertes, aber in seinem Realitätsgrad eingeschränktes Substitut zu finden. Im Fall des Nägelbeißens empfiehlt DUNLAP etwa die übliche Kaubewegung an der Fingerkuppe, ohne daß der Nagel dabei noch weiter beschädigt wird. Damit wird in gewisser Weise bereits ein Ansatz vorweggenommen, der später bei WOLPE eine außerordentlich bedeutsame Rolle spielt – nämlich die Verwendung von weniger realitätsnahen Substituten im verhaltenstherapeutischen Lernvorgang. (Die konventionelle Psychotherapie kann dieses Problem im allgemeinen dadurch ausklammern, daß sie sich von vornherein an die verbale Ebene hält.)

In der Therapie sexueller Symptome (DUNLAP bezieht sich dabei vor allem auf Masturbation und Homosexualität) enthält das Problem naheliegenderweise zusätzliche ethische Diskussionspunkte. Obwohl die prinzipiellen Einwände gegen die Initiierung von Handlungen, die durch die Gesellschaft nicht gebilligt werden, von DUNLAP unter Hinweis darauf, daß der Patient ohne die Therapie diese Handlungen ja ebenfalls ausführen würde, zurückgewiesen werden, werden dennoch gewisse Vorsichtsmaßnahmen empfohlen. Ähnlich wie beim Nägelbeißen soll das betreffende Verhaltensmuster erstens nur zum Teil ablaufen und zweitens stets nur zu einem Zeitpunkt willentlich ausgeführt werden, in dem eine triebmäßige Tendenz zur Ausführung der Handlung nicht gegeben ist.

Dabei kann man sich des Eindrucks nicht erwehren, daß hier praktische und theoretische Schwierigkeiten zugunsten der Verallgemeinerung eines Ansatzes, der sich auf anderen Gebieten bewährt hat, eindeutig unterschätzt werden. In der Tat liegen weder von DUNLAP selbst noch von späteren Autoren diesbezüglich konkrete Ergebnisse vor.

Dagegen sind DUNLAPS Ansätze zur Behandlung von Sprechstörungen und Bewegungsstereotypien in zahlreichen Arbeiten (und im allgemeinen mit Erfolg) fortgeführt worden – allerdings auf einer anderen theoretischen Grundlage.

DUNLAP selbst hat seinen zentralen Gedanken, nämlich den des Verlernens von Reaktionen durch ihre gezielte Wiederholung, in theoretischer Hinsicht wenig ausgebaut. Der empirisch festgestellte Sachverhalt, daß Reaktionen durch Übung unter bestimmten Umständen in der Wahrscheinlichkeit ihres Auftretens auch herabgesetzt werden können, wird von ihm, wie wir bereits ausgeführt haben, unter Verwendung von Begriffen aus der klassischen Erlebnispsychologie hypothetisch auf einfachem Niveau zu erklären versucht. Spätere Autoren haben spezifischere Hypothesen zur Interpretation des Phänomens vorgelegt, die PEAK 1941 unter lerntheoretischem Aspekt gesichtet hat. Unter diesen Ansätzen ist primär jener von Bedeutung, der die HULLsche Theorie der konditionierten Hemmung zur Erklärung von negativen Übungseffekten heranzieht. An seiner weiteren Ausarbeitung waren vor allem YATES (1958a) und KENDRICK (1960) beteiligt. Wir wollen im folgenden die Grundgedanken des Hemmungskonzepts von HULL und ihre Anwendung auf die Therapie durch negative Übung kurz darstellen, weil das Problem sehr illustrativ für die Komplexität der Beziehungen zwischen experimenteller Lernpsychologie und Psychotherapie ist.

C.L. HULL (1943, 1951) hat in seiner umfassenden Verhaltenstheorie, an neurophysiologische Modelle von SHERRINGTON (1906) und PAWLOW (1953) anschließend, u.a. die Hypothese aufgestellt, daß jede Reaktion, die ein Individuum ausführt (gleichgültig, ob sie erfolgreich ist oder nicht), zugleich einen «negativen Triebzustand» hervorruft, d.h. sie führt zu einem Ermüdungsstatus, einer «reaktiven Hemmung», die um so intensiver ist, je öfter die Reaktion wiederholt und je mehr Anstrengung darauf verwendet wurde. Die reaktive Hemmung, die nach einer Ruhepause wieder verschwindet, wirkt dem durch die vorhergehenden Wiederholungen und den Motivationszustand bestimmten positiven «Reaktionspotential», der Tendenz, die Reaktion zu wiederholen, entgegen. Da jede reaktive Hemmung als Triebvariable einen unlustvollen Spannungszustand mit sich bringt, stellt die Beendigung der Tätigkeit, die die Ermüdung herbeigeführt hat, eine «Belohnung» dar; dadurch lernt das Individuum eine neue Verhaltensweise, nämlich die, auf die Reize der Lernsituation mit «Nicht-reagieren» zu reagieren. Diese «konditionierte Hemmung» wirkt dann ihrerseits ebenfalls dem positiven Reaktionspotential entgegen (vgl. dazu vor allem HULL, 1951, S. 74f.).

YATES versuchte nun 1958, das HULLsche Hemmungskonzept mit der Methode der negativen Übung bei der Behandlung von Tics in Verbindung zu bringen. Seine Hypothese geht dahin, daß durch die in kurzen Abständen aufeinanderfolgenden Wiederholungen der betreffenden Bewegung verhältnismäßig rasch ein reaktives Hemmungspotential erzeugt wird, das den Patienten dazu zwingt, «auszuruhen», d. h. die Bewegung nicht mehr durchzuführen. Durch diese Ruhepause verschwindet die reaktive Hemmung, was als Triebreduktion Entspannung bedeutet. Diese Entspannung wirkt belohnend, so daß eine neue Gewohnheit – nämlich den Tic *nicht* durchzuführen – gelernt wird, die der alten Gewohnheit – nämlich den Tic durchzuführen – entgegenwirkt.

Ganz vereinfachend ausgedrückt bedeutet das, daß die therapeutischen Effekte negativer Übung nach dieser Annahme auf Ermüdungs- bzw. Sättigungserscheinungen zurückzuführen sind. KENDRICK (1960) interpretiert die Ergebnisse seiner Experimente mit Ratten, in denen sich zeigte, daß kontinuierliche Wiederholung einer Reaktion schließlich zu ihrem Erlöschen führt, auf derselben theoretischen Basis.

Wir können auf die Frage nach dem Erklärungswert, die der Theorie der konditionierten Hemmung in diesem Zusammenhang zukommt, hier nicht weiter eingehen. Wesentlich ist jedoch, festzuhalten, daß zwischen DUNLAPS Methode der negativen Übung und den Techniken, die YATES und andere neuere Autoren unter derselben Bezeichnung anwenden und im Rahmen des HULLschen Konzepts interpretieren, ein gewichtiger Unterschied besteht. Nach DUNLAP spielt die Einstellung des Klienten, wie wir bereits ausgeführt haben, für die Therapie eine ganz bedeutsame Rolle. In den Arbeiten, die zuletzt zitiert wurden, wird dieser Faktor entweder überhaupt außer acht gelassen oder nur ganz am Rande erwähnt. Der theoretischen Grundlage entsprechend steht hier die Wiederholung an sich im Mittelpunkt. Wie KENDRICK (1960) bemerkt, müßten nach diesem Konzept erwünschte und unerwünschte Reaktionen gleichermaßen durch Repetition eliminiert werden. Daß unter beiden Bedingungen therapeutische Erfolge und Mißerfolge referiert werden (vgl. DUNLAP, 1932; YATES, 1958a; CASE, 1960; AEI RAFI, 1962), weist darauf hin, wie viele Fragen hier noch offen sind. Über verschiedene neuere Ansätze, die Ähnlichkeiten mit Grundkonzeption und Methode der negativen Übung aufweisen, wird in Kapitel 16 zu berichten sein.

4. Salters «Therapie der bedingten Reflexe»

Wir haben bereits bei der Besprechung der Arbeiten von WATSON und seinen Schülern auf die große Bedeutung hingewiesen, die der Theorie der bedingten Reflexe von PAWLOW, der Konditionierungstheorie, für die Entwicklung der Lernpsychologie im allgemeinen und für lernpsychologische Ansätze in der Psychotherapie im besonderen zukommt. Ganz unmittelbar manifestiert sich ihr Einfluß im therapeutischen Vorgehen SALTERS (SALTER, 1949; WOLPE, SALTER & REYNA, 1964). SALTERS Buch von 1949 trägt den Titel «Conditioned Reflex Therapy», wobei diese spezielle Bezeichnung nicht mit dem Ausdruck «conditioning therapies» verwechselt werden darf, der häufig synonym für «behavior therapies» gebraucht wird. SALTER geht explizite von den Konzepten PAWLOWS und seiner Schüler aus, sein Buch berichtet in streckenweise populär-wissenschaftlicher, aber sehr flüssiger und anregender Form über die langjährige Erprobung von Methoden, die aus diesen Konzepten abgeleitet sind, in der psychotherapeutischen Praxis.

Die Grundlage für die theoretischen Überlegungen, auf denen SALTERS Therapie aufbaut, bilden die Begriffe der *Erre-*

35

gung und *Hemmung*, wie sie in der Pawlowschen Lehre von der höheren Nerventätigkeit im Mittelpunkt stehen. Es handelt sich dabei zunächst um physiologische Begriffe, die sich auf Vorgänge im Zentralnervensystem beziehen. Die externen, aber auch internen Reize, von denen afferente Impulse ins Gehirn gesendet werden, rufen dort nicht nur Erregungen hervor, die zu Reaktionen führen, sondern auch Hemmungen, die Reaktionen unterdrücken oder abschwächen (vgl. dazu etwa auch Pickenhain, 1959, S. 52 ff.). Die zuerst von Pawlow und seinen Mitarbeitern, außerhalb Rußlands vor allem von den Amerikanern Liddell und Gantt, untersuchten «experimentellen Neurosen» bei Tieren werden, wie bereits erwähnt, nach der Theorie der bedingten Reflexe darauf zurückgeführt, daß Erregungs- und Hemmungsprozesse, die normalerweise in subtiler Art ausbalanciert zusammenspielen, in ihrem Verhältnis zueinander aus dem Gleichgewicht geraten. Eben das wird von Salter im Anschluß an Pawlow auch für Humanneurosen angenommen. Dabei erscheint es Salter aber ausschlaggebend, daß beim Neurotiker die Hemmungsprozesse in extremer Weise dominieren. Durch die Einflüsse der Umwelt, vor allem auch der frühkindlichen Erziehung, werden bei vielen Menschen die natürlichen Impulse, zu fühlen und zu handeln, unterdrückt. Diese Hemmungen aufzuheben und die natürlichen Erregungsprozesse wieder zu ihrem Recht kommen zu lassen, ist nach Salter das Grundanliegen der Psychotherapie.

"Mental health is a matter of balance between inhibition and excitation, although in therapy we emphasize the excitatory side of the picture." (1949, S. 199)

Dabei übersieht Salter keineswegs die Tatsache, daß das Leben in der Gemeinschaft bestimmte Hemmungen notwendig macht. Er ist jedoch der Meinung, daß meistens zu viele davon und manche am falschen Platz gelernt werden.

Im Hinblick auf die Ursachen neurotischen, d. h. übermäßig gehemmten Verhaltens vertritt Salter den Standpunkt, daß sehr verschiedenartige kausale Faktoren (inkonsequente Erziehung, Geschwisterrivalität, längerer Heimaufenthalt im Kindesalter usw.) stets zu demselben Effekt, nämlich einer abnormen Unterdrückung der Erregungsprozesse, führen.

Die Methode, die der Autor zur Behandlung dieser Störung des psychischen Gleichgewichts entwickelt hat, unterscheidet sich in einem ganz wesentlichen Punkt von den meisten anderen verhaltenstherapeutischen Ansätzen: sie ist *nicht-symptomzentriert.* Anders ausgedrückt: die Therapie befaßt sich nicht mit einzelnen Symptomen, die, wie etwa bei DUNLAP das Stottern oder bei WATSON und seinen Schülern die Angst vor einem bestimmten Objekt, durch Übungsprozesse verlernt werden sollen, sondern sie zielt auf eine lernpsychologische Änderung grundlegender Merkmale der Persönlichkeit ab. (Bezeichnenderweise lautet der Untertitel von SALTERS Buch von 1949: «The direct approach to the reconstruction of personality».) In dieser Beziehung (allerdings nur in dieser und keineswegs in theoretischer und methodischer Hinsicht) steht die Konditionierungstherapie SALTERS der konventionellen Psychotherapie näher als den beiden verhaltenstherapeutischen Ansätzen, die wir zuerst besprochen haben. Es handelt sich dabei, wie zu Beginn ausgeführt, um ein zentrales Unterscheidungskriterium innerhalb der lerntheoretischen Ansätze in der Psychotherapie.

SALTER führt 1949 in seinem Buch, das über 50 Falldarstellungen aus der psychotherapeutischen Praxis des Autors enthält, sechs Techniken an, die sich in seiner Arbeit besonders bewährt haben. Folgende Verhaltensregeln, die alle nur eine Abwandlung des Grundthemas darstellen, werden mit dem Klienten in der Beratungsstunde durchgesprochen und dann von ihm in den Situationen des täglichen Lebens geübt:

1. Gefühle positiver wie negativer Art, die in sozialen Situationen auftreten, sollen spontan verbalisiert und ausgesprochen werden («feeling-talk»). In der Weiterentwicklung seiner Ansätze (vgl. WOLPE, SALTER & REYNA, 1964) bringt SALTER diesen Punkt mit dem Konzept des Orientierungsreflexes nach PAWLOW (1953) und mit dem Begriff der Schizokinesis nach GANTT (1953) sowie mit den Untersuchungen von LURIA (1961) über die Bedeutung der Sprache in der Persönlichkeitsentwicklung in Verbindung. Die durch die negativen Umwelterfahrungen erzeugten Hemmungen betreffen in erster Linie den Orientierungsreflex, die spontane Zuwendung zu neuen und ungewohnten Reizen. Die Gefühle, die in sol-

chen Lernsituationen auftreten, müssen unmittelbar in den verbal-motorischen Bereich übertragen werden, um eine Desintegration von vegetativen und motorischen Reaktionen (Schizokinesis) zu vermeiden. Mangelnde Integration in dieser Hinsicht wird als Grundlage psychopathologischer Entwicklungen aufgefaßt (vgl. auch Dykman, Gantt & Whitehorn, 1956).

2. Die spontan auftretenden Emotionen sollen auch im Mienenspiel entsprechend zum Ausdruck gebracht werden («facial talk»).

3. In Auseinandersetzungen mit dem Sozialpartner soll auf keinen Fall Übereinstimmung simuliert werden. Ganz im Gegenteil zu der Auffassung, daß dadurch jedes vernünftige Gespräch blockiert würde, wird ein Meinungsaustausch erst auf diese Weise wirklich fruchtbar («contradict and attack»).

4. Das Wort «Ich» soll im Dialog keineswegs vermieden, sondern wo immer möglich vorsätzlich gebraucht werden. Die Angst, man könnte dadurch «eingebildet» oder «unnatürlich» wirken, ist nicht begründet («deliberate use of the word ‚I'»).

5. Wird der Klient von einem Sozialpartner gelobt, so soll er Zustimmung äußern – gegebenenfalls ist auch Selbstlob (in entsprechender Form) durchaus angebracht («express agreement when you are praised»).

6. In allen Belangen kommt der Improvisation große Bedeutung zu. Das Gefühl des spontanen Handelns und des Lebens «für den Augenblick» soll dem Klienten wieder zugänglich gemacht werden («improvisation»).

Natürlich liegt bei einer Aufzählung dieser Übungen der Einwand nahe, daß sie darauf gerichtet seien, dem Sozialisierungsprozeß entgegenzuwirken und zu «unangepaßtem» Verhalten führen müßten. Salter nimmt zu diesem Problem dahingehend Stellung, daß er die Aufgabe des Therapeuten in erster Linie darin sieht, die Rechte bestimmter Individuen gegenüber der Gesellschaft zu verteidigen. Er betrachtet, wie schon erwähnt, jene Personen, die psychotherapeutische Hilfe benötigen, als eben die, bei denen das übliche und zumutbare Ausmaß von im Sozialisierungsprozeß erworbenen Hemmungen durch ungünstige Umstände überschritten wurde.

"My answer, to those who complain that excitation may be carried too far, is, 'Yes, but not by you. You're like the person dying of thirst in the desert, and when you're brought to an oasis, you refuse water.' 'No, thank you', you say 'I have heard of people drinking so much water that they have burst...'... I am aware that only a fool would practice excitation at all times. Nevertheless, because it means environmental mastery, it is better than inhibition. You need a few stoplights, but not as many as you have now." (1949, S. 100 f.)

Dabei ist der «gehemmte» Mensch keineswegs immer etwa im Sinn der JUNGschen bzw. EYSENCKschen Typologie dem Introvertierten, der normal erregbare Mensch keineswegs dem Extravertierten gleichzusetzen.

"Excitation is a matter of emotional freedom and has nothing to do with social participation... The criteria of excitation are honesty of response and the content thereof." (1949, S. 43)

In diesem letzten Satz kommt der Grundgedanke SALTERS aufs deutlichste zum Ausdruck. Ihm geht es um «emotionale Aufrichtigkeit» – etwas, was durch ungünstige, «hemmende» Umweltbedingungen verloren gehen und während einer gewissen Übungszeit unter Anleitung des Psychotherapeuten wieder erlernt werden kann. Interessanterweise wird uns eben dieses Konzept der emotionalen Aufrichtigkeit auf einem sehr unterschiedlichen theoretischen und weltanschaulichen Hintergrund – nämlich bei MOWRER – noch einmal an zentraler Stelle begegnen.

Im Gegensatz zu anderen Autoren, die in der Psychotherapie zwischen neurotischen und psychopathischen Patienten im Hinblick auf die hypothetischen Grundlagen dieser Verhaltensstörungen wie auf die indizierten Behandlungstechniken nachdrücklich differenzieren (vgl. von den für uns hier relevanten Autoren etwa EYSENCK, 1960), wendet SALTER seine Theorie wie seine Methode in prinzipiell gleicher Weise auf Neurotiker wie auf Psychopathen an. (Auf Psychosen wird in seinen Arbeiten nicht eingegangen.) Auch Psychopathen sind für ihn «gefühlsgehemmt», doch fehlen ihnen jene Reste «ehrlicher» Emotionen, auf denen bei Neurotikern noch aufgebaut werden kann. Hier muß zunächst ein tragfähiger Kontakt zwischen dem Klienten und dem Therapeuten hergestellt werden, auf dessen Basis dann die eigentliche «Disinhibitionstherapie» möglich ist. Dieser Abschnitt in SALTERS Buch ist der Kritik wohl am meisten zugänglich – seine Problematik überschneidet sich teilweise mit der des von SALTER (WOLPE, SALTER & REYNA, 1964) selbst diskutierten Faktums, daß es auch unter den Neurotikern «hyperaktive», übererregte Klienten gibt. SALTER beantwortet den Einwand, der für sein Modell in dieser Feststellung liegt, dahingehend, daß zwischen neurotischer Übererregbarkeit und normaler Erregung ein wesentlicher Unterschied sei. Manche Neurotiker reagierten zwar mit sehr starker Intensität, ihre Reaktionen entsprächen aber nicht den jeweiligen Veränderungen der Umwelt und seien deshalb unangepaßt. In der Therapie müßte in solchen Fällen zwar auf Verbesserung der Hemmungsprozesse, noch viel nachdrücklicher aber auf das Erlernen der richtigen Reaktionen auf die betreffenden Reize hingewirkt werden.

Man gewinnt hier, ähnlich wie bei EYSENCK, auf dessen Hemmungskonzept wir später zu sprechen kommen werden, den Eindruck, daß der Begriff der Hemmung von SALTER in nicht ganz konsistenter Bedeutung (jedenfalls lange nicht so klar und differenziert, wie es bei PAWLOW selbst der Fall ist) verwendet wird. Auch in den Bereichen, in denen das theoretische Modell übervereinfacht oder lückenhaft wirkt, bleiben jedoch die Behandlungserfolge, die SALTER in seiner unkonventionellen und illustrativen Art berichtet, eindrucksvoll.

5. Der Versuch einer Synthese zwischen Lerntheorie und Tiefenpsychologie von Dollard und Miller

Die Bemühungen, tiefenpsychologische (vor allem psychoanalytische) Konzepte in Zusammenhang mit den Ergebnissen der experimentellen Lernpsychologie zu bringen, reichen relativ weit zurück. Das neuerdings von MOWRER (1965) ausführlich diskutierte Buch von BURNHAM (1924), die Darstellung der experimentellen Reflexologie und ihrer klinischen Anwendungsmöglichkeiten durch ISCHLONDSKY (1930) und die Arbeiten von KUBIE (1934) («Relation of the conditioned reflex to psychoanalytic technic»), SEARS (1944) («Experimental analysis of psychoanalytic phenomena») und MILLER

(1948) («Theory and experiment relating psychoanalytic displacement to stimulus-response generalization») liefern einige Beispiele dafür. Den bedeutsamsten und brillantesten Versuch einer solchen Synthese haben DOLLARD und MILLER (1950) in ihrem Buch «Personality and psychotherapy. An analysis in terms of learning, thinking and culture» vorgelegt.

Das Anliegen der Autoren geht dahin, die Prinzipien der klassischen psychotherapeutischen Techniken in Begriffen der experimentellen Lernpsychologie (unter besonderer Berücksichtigung von PAWLOW, THORNDIKE und HULL) und der empirischen Sozialwissenschaften durchzuführen. Unter den psychotherapeutischen Verfahren wird dabei der Psychoanalyse nach FREUD besondere Beachtung geschenkt. Bezeichnenderweise ist das Buch «Freud und Pawlow und ihren Schülern» gewidmet, während etwa SALTER wie die meisten anderen Vertreter verhaltenstherapeutischer Schulen einer Verbindung zwischen den beiden Konzepten ablehnend gegenübersteht.

DOLLARD und MILLER formulieren die Grundannahme ihres Buches (und in gewisser Hinsicht die aller Verhaltenstherapien), daß nämlich neurotisches Verhalten gelernt sei, folgendermaßen:

"If a neurosis is functional (*i. e.* a product of experience rather than of organic damage or instinct), it must be learned according to already known, experimentally verified laws of learning or according to new, and as yet undiscovered, laws of learning." (S. 8 f.)

Was bedeutet in dieser Formulierung «Neurose», was bedeutet «gelernt»? Kurz zusammengefaßt steht folgendes Modell dahinter: die drei Hauptfaktoren jeder Neurose sind «Leiden», «Beschränktheit» (im intellektuellen Sinn) und «Symptome». Die Ursache des neurotischen Leidens ist ein Konflikt zwischen zwei oder mehreren starken Trieben, der einen als unlustbetont erlebten Spannungszustand erzeugt. Der Konflikt ist nicht bewußt, sondern «verdrängt», wobei diese Verdrängung die Möglichkeiten einer adäquaten Lösung mittels der höheren mentalen Prozesse, d. h. mittels der intellektuellen Ausstattung des Individuums, einschränkt. Die Symptome sind gelernte Reaktionen, die den Konflikt zwar nicht lösen, aber seinen Druck zumindest zeitweise abschwächen und durch diese erleichternde Wirkung immer mehr gefestigt, «verstärkt», werden.

In der Einstellung zu diesem letzten Problem unterscheidet sich die Auffassung von DOLLARD und MILLER am stärksten von der der meisten Verhaltenstherapeuten. Für sie sind Symptome nach der Tradition der klassischen Psychotherapie Ausdruck für etwas, was tiefer liegt – nämlich für den neurotischen Konflikt. Lediglich der Patient, der die Zusammenhänge nicht durchschaut, hält die Symptomatik für die Störung selbst.

"The patient, however, believes that the symptoms *are* his disorder." (S. 14)

Eben die Meinung, die hier als irrig dem Patienten zugeschrieben wird, wird beispielsweise von WOLPE und EYSENCK explicite vertreten:

"... there is no neurosis underlying the symptom, but merely the symptom itself." (EYSENCK 1960, S. 9)

Die lerntheoretisch fundierte Psychotherapie von DOLLARD und MILLER ist also ebenso wie die von SALTER *nichtsymptomzentriert*.

Welche Wertigkeit jedoch den Symptomen auch zugeschrieben wird, sie werden jedenfalls als gelernt aufgefaßt, und zwar nicht nur im ganz allgemeinen Sinn als «durch Erfahrung erworben», sondern, wie bereits ausgeführt, als gelernt nach spezifischen lerntheoretischen Gesetzen. Dabei ist es vor allem die HULLsche Lerntheorie, auf die sich die Autoren unter Einbeziehung verschiedener Modifikationen stützen. Wir haben auf diese Theorie im Zusammenhang mit dem Hemmungskonzept bei der Besprechung des DUNLAPschen Ansatzes schon kurz Bezug genommen. Ihre Grundannahme besteht darin, daß jene Reaktionen des Individuums auf Reize gelernt (d.h. beibehalten, wiederholt, immer häufiger unter den betreffenden Umständen produziert) werden, die zur Reduktion einer Triebspannung des Organismus führen. Diese Herabsetzung eines Spannungszustandes (im Tierexperiment üblicherweise durch Hunger, sexuelle Erregung usw. repräsentiert) wirkt als Belohnung oder Verstärkung (reinforcement), sie verstärkt die Verbindung zwischen dem betreffenden Reiz und der Reaktion, die zu Erfolg geführt hat.

"*Whenever an effector activity occurs in temporal contiguity with the afferent impulse, or the perseverative trace of such an impulse, resulting from the impact of a stimulus energy upon a receptor, and this conjunction is closely associated in time with the diminution in the receptor discharge characteristic of a need, there will result an increment to the tendency for that stimulus on subsequent occasions to evoke that reaction.*"
(Law of primary reinforcement, HULL 1943, S. 80)

HULLS Theorie ist ein im Vergleich zu anderen psychologischen Theorien sehr komplexes und formalisiertes Hypothesengebäude, in dem in «hypothetico-deduktiver» Weise von einigen allgemeinen Annahmen über die funktionalen Zusammenhänge, die tierischem und menschlichem Verhalten zugrunde liegen (Postulaten und ihnen untergeordneten Corollarien), Vorhersagen über beobachtbare Tatbestände (experimentell überprüfbare Theoreme) abgeleitet werden. Wir brauchen auf diese Theorie jedoch hier nicht näher einzugehen, so bedeutsam sie auch für die weitere Entwicklung der lernpsychologischen Forschung geworden ist. DOLLARD und MILLER betonen ausdrücklich, daß es die Logik ihres Buches lediglich erfordert, eine «Verstärkungstheorie» im weitesten Sinn des Wortes anzunehmen, d. h. davon auszugehen, daß eine belohnende Triebreduzierung die Verbindung zwischen gleichzeitig aufgetretenen Reizen und Reaktionen verstärkt, wobei nicht gesagt ist, daß es sich dabei um die *einzige* Möglichkeit handelt, die Wahrscheinlichkeit des Auftretens einer Reaktion zu erhöhen. Nicht verzichtet werden kann allerdings auf die Erwähnung einer Zusatzannahme, die HULL von THORNDIKE (1932) übernommen hat: daß nämlich dieser Lerneffekt *automatisch* auftritt, d. h. gegebenenfalls auch ohne Wissen und Intention des betreffenden Individuums (zur Diskussion der automatischen Wirkung von Verstärkungen vgl. etwa POSTMAN, 1962; BLÖSCHL, 1967, 1969). Dieser Zusatz ist deshalb so wichtig, weil, wie wir gleich ausführen werden, für DOLLARD und MILLER das «Unintelligente», die «Beschränktheit», neurotischen Verhaltens besonders im Vordergrund steht.

In der Entstehung von Neurosen sind nach DOLLARD und

MILLER, den Grundannahmen ihrer Theorie entsprechend, zwei Stadien zu unterscheiden: 1. das Zustandekommen der Basisproblematik und 2. das Erlernen der Symptome.

Hinsichtlich des ersten Stadiums nehmen DOLLARD und MILLER an, daß jeder Neurose ein unbewußter emotionaler Konflikt zugrunde liegt, der gewöhnlich in der frühen Kindheit entstanden ist. Diese Annahme entspricht weitgehend dem FREUDschen Neurosenmodell, doch werden von DOLLARD und MILLER im Gegensatz zur psychoanalytischen Schulmeinung sexuelle Momente nur als ein möglicher Kausalfaktor unter anderen Möglichkeiten anerkannt. Die vier wichtigsten Lernsituationen der frühen Kindheit, aus denen die meisten Neurosen resultieren, sind ihrer Auffassung nach Nahrungsaufnahme, Sauberkeitstraining, Sexualerziehung und Zorn-Angst-Konflikte beim Versuch, selbständig zu handeln. Die Fütterungssituation ist vor allem als Basis für Lernprozesse im Bereich sozialer Zuwendung wesentlich. Das Kind lernt in dieser Situation, die Befriedigung seines Hungers mit der Anwesenheit anderer Personen zu assoziieren, so daß allmählich zwischenmenschliche Kontakte an sich positiv affektbesetzt werden. Es kann aber dabei auch unerwünschte soziale Gewohnheiten ausbilden, bzw. in intensive Konflikte geraten, etwa wenn der Fütterung stets ein sehr langer unlustbetonter Hungerzustand, der mit «Alleinsein» gekoppelt ist, vorausgeht, so daß das Kind auf Grund dieser erhöhten Triebspannung auch das Alleinsein an sich als unlustbetont fürchten lernt und alles daransetzt, in Gesellschaft zu sein, auch wenn es nicht hungrig ist. Wird dieses Bestreben des Kindes dann von den Eltern bestraft, so geraten die Angst vor dem Alleinsein und die Angst vor der Strafe miteinander in Widerspruch.

In der Sauberkeits- und Sexualerziehung können auf Grund der Bestrafung von sozial unerwünschten Verhaltensweisen die entsprechenden Triebregungen für das Kind mit Unlust, d. h. mit Schuld- und Angstgefühlen gekoppelt werden. Ähnlich steht es mit Auflehnungs- und Durchsetzungsversuchen, die in strenger Weise unterdrückt werden.

In allen diesen Fällen ist es von wesentlicher Bedeutung, daß die Konflikte zur Zeit ihres Entstehens vom Kind aus

44

Altersgründen kaum verbal formuliert werden können und infolgedessen, da zwischen verbaler Formulierung und Bewußtheit eines Vorgangs enge Zusammenhänge bestehen, meistens unbewußt bleiben. Dazu kommt noch, daß dort, wo die Möglichkeiten einer verbalen Formulierung des Problems zumindest ansatzweise schon gegeben wären, durch die Bestrafung von diesbezüglichen Äußerungen (vor allem auf sexuellem Gebiet) die dabei hervorgerufene Angst auch auf das «innere Sprechen», das Denken, übertragen wird. Die «Verdrängung», die auf diese Weise gelernt wird, hindert das Individuum später daran, die Konflikte durch Einsatz seiner intellektuellen Fähigkeiten rational zu lösen.

Die eben besprochenen «Triebkonflikte» beziehen sich in den meisten Fällen auf die Konfrontation eines «angeborenen Bedürfnisses» (Hunger, Sexualität usw.) mit Angsttendenzen. Welche Rolle kommt dem Begriff der Angst in diesem Modell zu? Um diese Frage zu beantworten, müssen wir wieder auf die verstärkungstheoretischen Grundlagen zurückgreifen.

Die Lerntheorie von HULL, die, wie schon erwähnt, den Ausführungen von DOLLARD und MILLER zugrunde liegt, enthält im engen Zusammenhang mit dem «Gesetz der primären Verstärkung» zwei Annahmen, die für lernpsychologische Erklärungsversuche von Verhaltensstörungen von großer Bedeutung sind. Sie beziehen sich auf «sekundäre Motivation» und «sekundäre Verstärkung». Das Prinzip der sekundären Motivation beschreibt HULL 1951 folgendermaßen:

"*When neutral stimuli are repeatedly and consistently associated with the evocation of a primary or secondary drive and this drive stimulus undergoes an abrupt diminution, the hitherto neutral stimuli acquire the capacity to bring about the drive stimuli (S$_D$) which thereby become the condition (C$_D$) of a secondary drive or motivation.*" («Sekundäre Motivation», HULL 1951, S. 25)

Ursprünglich neutrale Reize können also durch gemeinsames Auftreten mit Triebreizen zu «gelernten Triebreizen» werden. In ähnlicher Form ergibt sich durch die Koppelung mit primären Verstärkungen die Möglichkeit einer Umwandlung neutraler Reize in «gelernte Verstärkungen»:

"*A neutral receptor impulse which occurs repeatedly and consistently in close conjunction with a reinforcing state of affairs, whether primary*

or secondary, will itself acquire the power of acting as a reinforcing agent."
(«Sekundäre Verstärkung», HULL 1951, S. 28)

DOLLARD und MILLER haben diese Annahmen, die natürlich die Basis für Lernvorgänge außerordentlich verbreitern, unter Einbeziehung von Beispielen folgendermaßen formuliert:

"When, as the result of learning, previously neutral cues gain the capacity to play the same functional role in the learning and performance of new responses as do primary drives, such as hunger and thirst, these cues are said to have *learned-drive-value*.

When, as the result of learning, previously neutral cues gain the capacity to play the same functional role in the learning and performance of new responses as other reinforcements such as food for the hungry animal or water for the thirsty one, they are described as *learned reinforcements*. They may also be called learned rewards or secondary reinforcements." (S. 78)

Zu den wichtigsten «gelernten Trieben» gehört die Angst, deren Herabsetzung ebenso wie die Reduktion von primären Trieben verstärkend wirken kann.

Wenden wir uns nach dieser theoretischen Einschiebung nun der speziellen Neurosenlehre von DOLLARD und MILLER zu!

Nach der Auffassung der Autoren beginnt jede Neurose mit einem ziemlich allgemeinen Krankheitsbild, das sich erst allmählich differenziert und verfestigt. Im Konflikt zwischen zwei Trieben (etwa zwischen Aggression und Angst) wird durch die hemmende Wirkung des einen Triebs die Befriedigung, d.h. Reduzierung des anderen Triebes verhindert. Dadurch entsteht ein Zustand chronischer erhöhter Triebspannung, der vom Individuum als stark unlustbetont erlebt wird. Der Unterdrückung von angstbesetzten Handlungen (Hemmung = Inhibition) entspricht die Unterdrückung von angstbesetzten Gedanken (Verdrängung = Repression). Letztere führt zur neurotischen «Beschränktheit», die die intelligente Lösung von Problemen verhindert.

Auf Grund der erhöhten Triebspannung kommt es nun zum zweiten Stadium in der Entstehung von Neurosen: zur Bildung von Symptomen. Dabei ist zwischen zwei Hauptgruppen von Symptomen zu unterscheiden: solchen, die *gelernte* Reaktionen auf einen Zustand erhöhter Triebspannung darstellen, und solchen, die *angeborene* physiologische Reaktionen auf einen Zustand erhöhter Triebspannung sind.

Die zweite Gruppe umfaßt die sogenannten psychosomatischen Symptome, während neurotische (und vermutlich auch manche psychotische) Symptome zur ersten Gruppe gehören. Die Symptome dieser ersten Gruppe entstehen nach dem Verstärkungsgesetz auf Grund der partiellen und vorübergehenden Reduktion der Triebspannung, die sie bewirken, d. h. sie werden gelernt, weil sie zumindest zeitweise Belohnungen im Sinn von Unlustverminderung einbringen. Beseitigt man sie, so entwickeln sich neue Symptome («Symptomsubstitution»). Auf dieses wichtige Problem werden wir später noch zu sprechen kommen.

DOLLARD und MILLER gehen dann in einem eigenen Kapitel auf die lerntheoretischen Hintergründe verschiedener Gruppen von neurotischen Symptomen ein. Bei phobischen Störungen wird dem Phänomen der *Generalisierung* eine primäre Rolle zugeschrieben. Unter Generalisierung versteht man die in zahlreichen empirischen Untersuchungen tier- und humanexperimenteller Art gesicherte Tatsache, daß eine einmal gelernte Reaktion auf einen bestimmten Reiz nicht nur von diesem, sondern auch von ihm ähnlichen oder mit ihm assoziierten Reizen ausgelöst werden kann (Reizgeneralisierung), bzw. daß ein bestimmter Reiz nicht nur die gelernte Antwortreaktion hervorzurufen vermag, sondern auch Reaktionen, die ihr ähnlich oder mit ihr assoziiert sind (Reaktionsgeneralisierung). Wir brauchen die verschiedenen hypothetischen Erklärungen, die die einzelnen Schulen diesem Faktum unterlegen, hier nicht zu diskutieren. Wesentlich ist in unserem Zusammenhang, daß Angstreaktionen im allgemeinen besonders leicht generalisieren, wodurch es zu Phobien kommen kann – so z.B., wenn ein Flieger, der einen schweren Luftkampf mit unmittelbarer Lebensbedrohung und entsprechender Furcht hinter sich hat, im Anschluß daran auch auf den Anblick von Flugzeugen, Flughäfen usw. mit intensiver Furcht und dem Versuch, ihnen auszuweichen, reagiert oder wenn ein Kind, das von einem Hund gebissen wurde, sich auch vor anderen Tieren zu fürchten beginnt, und zwar vor Hunden mehr als vor Pferden oder Katzen.

Da die gefürchteten Objekte in Wirklichkeit ja keine Schädigung des Individuums herbeiführen, sollten solche Phobien nach dem Prinzip der Extinktion[1] allmählich wieder verschwinden. Daß das bekanntlich nur selten der Fall ist, führen DOLLARD und MILLER auf verschiedene Faktoren zurück, unter denen vor allem die Tatsache, daß die Klienten gewöhnlich eben durch die gelernte Vermeidungsreaktion nicht die Möglichkeit haben, die Ungefährlichkeit der Situation zu erfahren, ohne Zweifel eine wesentliche Rolle spielt.

In ähnlicher Weise wird auch die Herkunft anderer Symptome (wie Zwangshandlungen, hysterische Symptomatik, Alkoholismus, Halluzinationen usw.) aus den zuerst diskutierten Grundannahmen und Lerngesetzen nachzuweisen versucht. Die Hauptschwierigkeit ist dabei die der klassischen Psychotherapie seit langem bekannte Tatsache, daß sich manche Symptome zwar sehr gut, andere aber nur sehr schwer im Hinblick auf die Belohnung, die sie einbringen, erklären lassen. Da wir aus der experimentellen Lernpsychologie wissen, daß unmittelbare Verstärkungen wirksamer sind als «verzögerte», d.h. solche, die erst nach einiger Zeit erfolgen, bietet die Erklärung von Symptomen, die zwar auf längere Sicht hin ungünstige Effekte, im Augenblick aber Erleichterung bringen, keine Schwierigkeiten (vgl. z.B. die Angstreduktion bei Alkoholgenuß). Wie steht es aber mit unlustbetonten Zwangsgedanken, Angstträumen und ähnlichen Symptomen? DOLLARD und MILLER bieten als vorläufige Erklärungsmöglichkeiten die Hypothesen an, daß diese Reaktionen entweder irgendwann in der Vergangenheit so nachdrücklich verstärkt wurden, daß es lange Zeit braucht, bis eine Löschung stattfindet, oder daß neben solchen unlustbetonten Erscheinungen in der betreffenden Situation unbewußte oder jedenfalls nicht mitgeteilte Triebreduktionen auftreten, deren belohnender Effekt den bestrafenden Effekten die Waage hält. Die Autoren räumen allerdings ein, daß hier noch schwerwiegende Fragen ungelöst sind.

[1] Bleibt der unbedingte Reiz nach der Darbietung des bedingten Reizes wiederholt aus, so verliert der bedingte Reiz allmählich die Fähigkeit, die dazugehörige Reaktion hervorzurufen, wieder; man spricht von *Extinktion* oder *Löschung*.

Wir haben schon zu Beginn dieses Abschnittes davon gesprochen, daß der Ansatz von DOLLARD und MILLER in gewisser Weise als «Übersetzung» der FREUDschen Neurosentheorie und -therapie in lernpsychologische Begriffe und Zusammenhänge aufgefaßt werden kann. Dabei wird das FREUDsche Modell in mancher Hinsicht sogar ganz beträchtlich modifiziert, präzisiert und erweitert, zum Unterschied von anderen lerntheoretischen Ansätzen auf dem Gebiet der Verhaltensstörungen jedoch keine neue therapeutische Technik vorgelegt. Vielmehr versuchen DOLLARD und MILLER, die üblichen Verfahren der klassischen Psychotherapie unter lerntheoretischem – speziell verstärkungstheoretischem – Aspekt zu sehen.

Die therapeutische Wirkung kommt danach vor allem dadurch zustande, daß, durch die Grundregel des freien Assoziierens des Patienten bedingt, in der positiven Atmosphäre der Therapiesituation stark angstbesetzte Gedanken gedacht und Formulierungen ausgesprochen werden, die bisher nicht bewußt (verdrängt) waren[1]. Dabei macht der Klient die Erfahrung, daß die gefürchtete Bestrafung ausbleibt – der Therapeut reagiert ruhig und freundlich. Mit dieser Erfahrung ist die Möglichkeit zur *Extinktion* der Angst nach dem bereits angeführten Prinzip gegeben. Neben diesem fundamentalen Mechanismus beinhaltet die Therapiesituation noch andere Mittel zur Beruhigung und Stabilisierung des Patienten, etwa die Möglichkeit der Nachahmung bestimmter Einstellungen und Äußerungen des Therapeuten, die der Patient dann sich selbst gegenüber in angsthemmender Weise verwenden kann.

Der grundlegende Gewinn der Angstreduktion liegt neben der Herabsetzung des Leidensdruckes darin, daß die zuvor geschilderte Unterdrückung von Denkvorgängen dadurch aufgehoben wird und dem Individuum neue intellektuelle Möglichkeiten zur Lösung seiner Konflikte zur Verfügung stehen. Diesem «kognitiven» Aspekt kommt nach DOLLARD

[1] Hinsichtlich des Bewußtmachens von traumatischen Erlebnissen aus der Vergangenheit des Patienten nehmen DOLLARD und MILLER eine Mittelstellung zwischen psychoanalytischen und verhaltenstherapeutischen Auffassungen ein, indem sie solche Rekonstruktionen zwar für vorteilhaft, jedoch nicht für unbedingt notwendig halten.

und MILLER in der Therapie ganz wesentliche Bedeutung zu. Im engen Zusammenhang damit steht, daß der Patient verbale Bezeichnungen für Emotionen lernt, die bis dahin unverbalisiert und daher einer rationalen Handhabung nicht zugänglich waren – sei es, daß er sie selbst findet oder daß er sie vom Therapeuten übernimmt (was traditionellerweise als «Interpretation» bezeichnet wird). Eine weitere Schärfung der kognitiven Fähigkeiten besteht darin, daß unter der Anleitung des Therapeuten verschiedene wichtige Diskriminationen gelernt werden. Der Begriff der *Diskrimination* oder *Differenzierung*, dem wir ebenfalls bereits begegnet sind, kann in gewisser Hinsicht als Gegenstück zur Generalisierung betrachtet werden, er bezieht sich ja auf das Erlernen verschiedener Reaktionen auf verschiedene Reizgegebenheiten. Solche Unterscheidungsprozesse sind im allgemeinen um so schwieriger, je geringer die Unterschiede zwischen den betreffenden Reizen sind.

Zu den wichtigsten der in der Therapiesituation zu erlernenden Diskriminationen zählen nach DOLLARD und MILLER die zwischen vergangener und gegenwärtiger Lebenssituation des Patienten. Die damalige Hilflosigkeit ist in der Erwachsensituation im allgemeinen nicht mehr gegeben, weshalb auch die Angst irrelevant ist – der Erwachsene hat weitgehend die Möglichkeit, seine Wünsche zu verwirklichen und seine Ziele zu erreichen. Freilich muß diese Diskrimination auch im Hinblick darauf gelernt werden, daß die Freiheit des kindlichen Daseins dem Verantwortungsbewußtsein des Erwachsenen Platz zu machen hat.

Eine weitere wichtige Diskrimination ist die zwischen Denken und Handeln. Dabei soll der Patient zu der Einsicht kommen, daß es einerseits nicht realitätsangepaßt ist, *Denkprozesse* aus Angst vor Bestrafung zu unterdrücken, daß der Therapeut ihm aber andererseits nicht Freiheit von Bestrafung durch die Gesellschaft für bestimmte *Aktionen* garantieren kann.

In der zuletzt besprochenen Diskrimination deutet sich bereits der Übergang von der ersten Phase der Therapie zur zweiten an. DOLLARD und MILLER unterscheiden (obwohl die beiden Phasen selbstverständlich nicht streng voneinander zu

50

trennen sind) zwischen dem «inneren» und dem «äußeren» Aspekt einer Psychotherapie, zwischen der Gesprächsphase und der Bewährung in der realen Lebenssituation, der Leistungsphase. Dabei kommt wieder das Konzept der Generalisierung ins Spiel. Das in der Therapie Gelernte soll auf die Außenwelt übertragen werden.

Die Hauptaufgaben des Patienten in Sexualsphäre, Beruf, Familie usw. in der Therapie direkt zu üben, ist aus naheliegenden Gründen nicht möglich. Hier soll versucht werden, die störenden Hemmungen vorbereitend herabzusetzen, die wesentlichen Belohnungen können aber nicht vom Therapeuten selbst verabreicht werden. Für den Erfolg der Therapie darf also der Einfluß der Umweltbedingungen nicht unterschätzt werden. Sind diese so ungünstig, daß der Patient tatsächlich keine Möglichkeit hat, die notwendigen Verstärkungen zu erreichen, so werden die Bemühungen des Therapeuten meistens ohne Erfolg bleiben.

Die Lösung der Konflikte muß im allgemeinen mit den moralischen Standards der Gesellschaft übereinstimmen, weil der Patient sonst nur einen unbewußten mentalen Konflikt gegen einen offenen sozialen Konflikt eintauscht. Allerdings sind die sozialen Normen meist beweglicher als der Neurotiker annimmt. Gewöhnlich ist es nicht das Problem des Patienten, die Rechte der Gesellschaft nicht zu verletzen, sondern im Gegenteil seine eigenen Rechte besser zu vertreten. In dieser Beziehung decken sich die Auffassungen der Autoren mit den bereits besprochenen von SALTER, doch sind DOLLARD und MILLER im Unterschied zu SALTER der Meinung, daß für Psychopathen und Kriminelle die hier diskutierte Behandlungstechnik nicht angemessen ist. Die fundamentalen Bedingungen der Gewissensbildung, die bei solchen Fällen Zentralproblem wäre, können in der Therapie kaum geschaffen werden: sie benötigen die Hilflosigkeit des Kindesalters und die entsprechenden Belohnungen und Bestrafungen.

Wir haben bisher wiederholt auf die Bedeutung verschiedener kognitiver Vorgänge in der Therapie nach DOLLARD und MILLER hingewiesen. Das darf allerdings nicht so aufgefaßt werden, daß bloß intellektuelles Lernen für eine Heilung ausreicht. Vielmehr muß jenes Phänomen hinzukommen, das dem Patienten im Rahmen der therapeutischen Beziehung direkte emotionale Erfahrungen, und zwar in großer Intensität, vermittelt, nämlich das Phänomen der «Übertragung». Zur lerntheoretischen Erklärung dieses psychoanalytischen Begriffs ziehen DOLLARD und MILLER wieder das Generalisierungsprinzip heran. Starke positive wie negative Emotionen, die in der frühen Kindheit Eltern oder Autoritätspersonen entgegengebracht wurden, werden, ohne daß der Vorgang dem Patienten bewußt ist, auf den Therapeuten übertragen. Dabei werden alle jene Konflikte wieder aktuell, auf denen die neurotische Störung beruht. Meistens handelt es sich dabei um Konflikte zwischen einer Annäherungs- und einer Vermeidungstendenz (approach-avoidance-conflict), z. B. zwischen aggressiver Auflehnung gegen eine Autoritätsperson und Angst vor der befürchteten Strafe. Gestützt auf die Ergebnisse aus zahlreichen tierexperimentellen Untersuchungen (vgl. MILLER, 1944) wird davon ausgegangen, daß in solchen Konflikten die Annäherungstendenz an das Ziel in der Nähe des Ziels schwächer ist, während die Vermeidungstendenz in der Nähe des Ziels stärker ist. Daher ist es in der Therapie vorrangig, zunächst die Angst des Patienten herabzusetzen. Erhöht man stattdessen zu früh die Annäherungstendenz, so wird er sich wohl der angestrebten Endhandlung nähern, dabei aber immer stärkere Angst empfinden, was sich auf den Verlauf der Therapie sehr ungünstig auswirken kann.

Daß in der Übertragung so regelmäßig starke negative Emotionen, die gegen die Person des Therapeuten gerichtet sind, zum Ausdruck kommen, hängt damit zusammen, daß auf Grund seiner akzeptierenden und ruhigen Haltung die Vermeidungsreaktionen ihm gegenüber weniger stark sind als in anderen Situationen. Auch hier muß wieder Benennungs- und Diskriminationsarbeit geleistet werden: diese bisher meist noch nie verbalisierten Gefühle werden in gemeinsamen Bemühungen von Therapeuten und Patienten sprachlich formuliert und Unterschiede zwischen der früheren und der jetzigen Situation auf diese Weise klargemacht.

Zusammenfassend kann gesagt werden, daß das Buch von DOLLARD und MILLER eine nicht nur hervorragend geschriebene, sondern auch außerordentlich fundierte Darstellung ist, in der eines der Hauptprobleme der Arbeit auf diesem Gebiet, nämlich die Kombination experimentalpsychologischer und psychotherapeutischer Erfahrungen, in glücklicher Weise durch die Zusammenarbeit zweier Experten gelöst werden konnte.

6. Die Entwicklung der Mowrerschen Neurosentheorie

Unter den Autoren, die im Rahmen des vorliegenden Buches Berücksichtigung finden, nimmt O. H. MOWRER eine besondere Stellung ein. MOWRER hat etwa seit 1930 auf der Basis der behavioristischen Lernpsychologie mehrere theoretisch und praktisch bedeutsame Beiträge zur Problematik von Verhaltensstörungen geliefert. In den Publikationen seit 1953 verschieben sich seine Auffassungen jedoch zunehmend in Richtung auf eine stark weltanschaulich-religiös geprägte und teilweise nicht nur nicht mehr behavioristisch, sondern auch nicht mehr naturwissenschaftlich orientierte allgemeine Neurosentheorie. Für die psychotherapeutischen Prinzipien, die sich daraus ergeben, wählt MOWRER ebenfalls den Ausdruck «Verhaltenstherapie» (vgl. MOWRER, 1965) – eine nicht sehr glückliche terminologische Festlegung, die häufig zu begrifflicher Verwirrung führt.

Wenden wir uns zunächst einigen besonders interessanten frühen Arbeiten MOWRERS zu! 1938 stellten MOWRER und WILLIE MAE MOWRER eine Versuchsanordnung zur Rekonditionierung von Enuretikern[1] vor, die zwar auf verschiedenen älteren Arbeiten aufbaut (vgl. dazu LOVIBOND, 1964), jedoch auf die weitere Entwicklung therapeutischer Methoden auf diesem Gebiet ganz zweifellos von besonderem Einfluß war. In seiner theoretischen Arbeit aus dem Jahr 1939 («A stimulus-response analysis of anxiety and its role as a reinforcing agent») vertritt MOWRER die auch von zahlreichen späteren Autoren (vgl. z. B. DOLLARD und MILLER, 1950) verwendete Auffassung von Angst und Furcht als *gelernten* Motiven (im Gegensatz zu der Annahme ihrer instinktmäßigen Fixie-

[1] D. h. zu einem Training mangelhafter Blasenkontrolle auf lernpsychologischer Basis.

rung an phylogenetisch festgelegte Objekte oder Situationen; vgl. JAMES, 1890). Dabei wird besonderer Wert auf die Rolle der Angst beim Lernen von Signalen gelegt (diese Thematik hat in MOWRERS späteren lerntheoretischen Systemen zentrale Bedeutung) und die wichtige biologische Schutzfunktion der Angst als antizipatorischer Reaktion, wenn Schmerz und Schädigung für das Individuum drohen, betont.

Gelegentlich können die Proportionen zwischen der objektiv gegebenen Gefahr und der erlebten Angst jedoch in irrealer Weise verzerrt werden. Eine solche «Disproportionalität der Affekte» wird von MOWRER zur Erklärung neurotischen Fehlverhaltens herangezogen, wobei er versucht, zwischen den Ansätzen von PAWLOW bzw. denen der behavioristischen Psychologie und denen von FREUD, der die antizipatorische Funktion der Angst ja ebenfalls unterstreicht (FREUD, 1936), eine Brücke zu schlagen. Angst wird dabei, kurz formuliert, als «konditionierte Form der Schmerzreaktion» aufgefaßt, d.h. es wird angenommen, daß neutrale Reize, die öfter gemeinsam mit schmerzerzeugenden Reizen aufgetreten sind, allmählich im Sinn der PAWLOWschen Konditionierung zu Signalen für «Gefahr» werden und selbst unlustbetonte Reaktionen hervorrufen. Der biologische Sinn dieser Angstreaktionen liegt darin, bereits vorbeugend Abwehrmaßnahmen des Organismus gegen den schädlichen unbedingten Reiz einzuleiten.

Die eben besprochene theoretische Analyse der Rolle der Angst im Lernen wurde von MOWRER (1940a und b) in zwei experimentellen Arbeiten zu stützen gesucht. Wir wollen auf die zweite dieser Arbeiten (MOWRER, 1940b) hier etwas näher eingehen, weil sie ein illustratives Beispiel für Darstellungsmöglichkeiten psychotherapeutischer Begriffe im Tierversuch bietet. An die Untersuchungen von HAMILTON & KRECHEVSKY (1933) und SANDERS (1937) anschließend, sollte darin eine «experimentelle Analogie der Regression» aufgezeigt werden. Regression umschreibt MOWRER in Anlehnung an FREUD als Rückkehr zu genetisch früheren Formen der Bedürfnisbefriedigung, wenn die Ausübung genetisch später erworbener Verhaltensweisen dieser Art durch irgendwelche Ereignisse erschwert oder verhindert wird.

Eine Untersuchung dieses Phänomens im Tierexperiment sollte mit Hilfe folgender Versuchsanordnung unternommen werden: Fünf Ratten (die Kontrollgruppe) wurden drei Tage hintereinander zehnmal täglich im Einzelversuch in einen Käfig gesetzt, dessen Boden elektrisch geladen werden konnte. Diese langsam bis zu schmerzhafter Intensität ansteigende Stromladung wurde unterbrochen, wenn die Ratte ein im Käfig angebrachtes Pedal drückte. Kehrte das Pedal wieder in die Ausgangslage zurück, so begann die Stromstärke von neuem anzusteigen. (Wir haben es hier mit einer Versuchssituation zu tun, die der der berühmten «trial and error»-Experimente von THORNDIKE, 1898, mit Katzen ähnlich ist.) Nahm die Stromstärke zu, so begannen die Versuchstiere im Käfig herumzuspringen, in die Wände zu beißen und allgemeine motorische Unruhe zu zeigen. Dabei wurde meist nach einigen Minuten durch Zufall das betreffende Pedal gedrückt und dadurch der Schock für die Dauer des Drucks beendet. Verließ die Ratte das Pedal, so begannen Schock und Aktivität langsam wieder von neuem, doch wurden die Zeiten bis zu einem neuerlichen Pedaldruck immer kürzer. Nach etwa zehn Wiederholungen hatten die Ratten gelernt, dem Schock prompt durch Pedaldruck zu entgehen, was als Verhaltensweise B bezeichnet wird. Fünf weitere Ratten (die Experimentalgruppe) wurden nun sechs Tage hintereinander in den Käfig gebracht, ohne daß ihnen das Pedal, das die Stromspannung unterbrach, zugänglich war. Stattdessen wurde der Käfigboden 15 Minuten hindurch unter Strom gesetzt, ohne daß das Tier etwas dagegen unternehmen konnte. Unter diesen Bedingungen reagierten die Ratten auf den Beginn des Schocks normalerweise damit, sich auf die Hinterpfoten zu setzen und die Vorderpfoten in die Luft zu halten. Diese Reaktion wird als Verhaltensweise A bezeichnet. Nach den sechs Tagen des Vortrainings wurden die Ratten der Experimentalgruppe in dieselbe Lernsituation versetzt wie die Ratten der Kontrollgruppe, d. h. das Pedal, dessen Druck den Stromkreis unterbrach, war ihnen jetzt zugänglich. Obwohl einige der Ratten zuerst konsistent mit Verhaltensweise A reagierten, was ihre Aktivität und die Wahrscheinlichkeit eines zufälligen Pedaldrucks natürlich einschränkte, wurde Verhaltensweise B, d. h.

der Pedaldruck (als entschieden günstigere Anpassungsreaktion), schließlich auch von den Ratten der Experimentalgruppe erlernt. Zu diesem Zeitpunkt unterschieden sich die Ratten beider Gruppen in ihrem aktuellen Verhalten nicht voneinander, wohl aber in ihrer Vorgeschichte.

Im nächsten Versuchsabschnitt wurden sowohl die Ratten der Kontrollgruppe als auch die der Experimentalgruppe wieder der Prozedur unterzogen, die zum Erlernen von Verhaltensweise B geführt hatte. Diesmal erhielten sie jedoch beim Berühren des Pedals von dessen Oberfläche selbst einen leichten elektrischen Schlag. Um die zunehmende Schmerzreizung vom Käfigboden her zu beenden, mußte also zunächst ein kurzer zusätzlicher Schmerzreiz durch den Kontakt mit dem Pedal in Kauf genommen werden. Unter diesen «Konfliktbedingungen» blieben die Tiere der Kontrollgruppe dabei, in zehn Versuchen hintereinander Verhaltensweise B auszuführen. Von den fünf Tieren der Experimentalgruppe kehrten dagegen vier prompt zu Verhaltensweise A zurück.

MOWRER stellt in der Interpretation dieser Ergebnisse vor allem zwei Aspekte in den Vordergrund. Er betont zunächst die *historische* Determiniertheit einer solchen Regression, d. h. ihre Rückführbarkeit auf die individuelle Vorgeschichte, wobei er auf die Übereinstimmung dieser Interpretation mit den diesbezüglichen Auffassungen FREUDS gegenüber der «ahistorischen» Regressionsinterpretation LEWINS, der unter Regression lediglich die «Entdifferenzierung» und «Disorganisation» einer Persönlichkeit unter Druck (ohne Rücksicht auf die Eigenart ihrer persönlichen Vorgeschichte) verstanden haben will (vgl. LEWIN, 1937), hinweist. Die Frage, ob der Rückgriff auf Verhaltensweise A wirklich eine Regression in dem Sinn sei, daß eine günstigere Reaktion für eine ungünstigere eingetauscht wird, betrachtet er als der Situation nicht adäquat. Da Verhaltensveränderungen psychodynamisch gesehen immer progressiv seien (d. h. nach dem Lustprinzip den größten Gewinn für das Individuum anstreben), könne Regression nur im *genetischen* Sinn verstanden werden: wenn eine später erworbene Verhaltensweise zugunsten einer früher erworbenen aufgegeben wird, ist man berechtigt, von Regression zu sprechen.

MOWRER schließt dann einige Beobachtungen zum Problem der Symptombildung an, auf die wir nicht näher einzugehen brauchen. Wichtig ist jedoch, noch einmal hervorzuheben, daß das eben geschilderte Experiment eine der am meisten umstrittenen Fragen im Hinblick auf lerntheoretische Ansätze in der Psychotherapie aktuell werden läßt: nämlich die nach der Möglichkeit, Ergebnisse des Tierexperiments und der klinischen Erfahrung miteinander in Beziehung zu bringen. MOWRER selbst äußert sich hier zwar positiv, aber, seine spätere Betonung der Besonderheit von Fehlhaltungen im Humanbereich andeutungsweise bereits vorwegnehmend, auch sehr vorsichtig. Obwohl er es als äußerst nützlich bezeichnet, im Tierversuch «gute experimentelle Analogien» zu Phänomenen des Humanverhaltens herzustellen, warnt er doch nachdrücklich vor vorschnellen Verallgemeinerungen auf diesem Gebiet – eine Warnung, die in der Tat heute ebenso ihre Berechtigung hat wie vor 30 Jahren.

Weitere experimentelle Untersuchungen ähnlicher Art hat MOWRER 1942 und 1946 gemeinsam mit LAMOREAUX sowie 1945 gemeinsam mit ULLMAN und 1948 gemeinsam mit VIEK vorgelegt. Die Arbeit aus dem Jahre 1945 bezieht sich auf die Rolle des Zeitfaktors bei der Wahl zwischen verschiedenen lustbetonten und unlustbetonten Verhaltenskonsequenzen. Die menschliche Fähigkeit, unmittelbare und zeitlich abgerückte Verhaltenskonsequenzen symbolisch, d. h. im Denkprozeß, gegeneinander abzuwägen, wird als «rational» bezeichnet; demgegenüber ist das Verhalten von ganz jungen Kindern sowie das von Tieren «prä-rational». Neurotische und kriminelle Verhaltensweisen sind als Fixierung oder Regression auf ein solches prärationales Niveau aufzufassen, während Konflikte in der Psychose in der entgegengesetzten Richtung gelöst werden: die symbolischen Prozesse finden hier übermäßige «irrationale» Betonung.

Auch in den theoretischen Arbeiten aus dieser Periode (vgl. vor allem Kapitel 21 «Identification: A link between learning theory and psychotherapy» des 1950 erschienenen Buches sowie den Artikel «Learning theory and the neurotic paradox» von 1948) versucht MOWRER, Begriffe der Psychoanalyse in die lernpsychologische Terminologie zu übertragen, wobei er immer wieder betont, wie wichtig es für die Zukunft der Klinischen Psychologie sei, solche Verbindungen herzustellen. In den Kapiteln 19 und 20 der eben erwähnten Monographie von 1950 («The problem of anxiety» und «Biological vs. moral ‚frustration' in the causation of personality disturbances») kommen jedoch schon sehr deutlich Gedanken zum Ausdruck, die dann in den späteren Arbeiten MOWRERS eine beherrschende Rolle spielen: nämlich die Miteinbeziehung ethisch-theologischer Begriffe wie «Schuld» und «Gewissen» in die Diskussion des Neurosenproblems.

In dem 1953 erschienenen Buch «Psychotherapy: Theory and research» bringt MOWRER seine Zweifaktorentheorie des Lernens ausführlich in eine direkte Beziehung zum psychotherapeutischen Prozeß. Nach der Zweifaktorentheorie in der damals von MOWRER vertretenen Form[1] müssen zwei verschiedene Arten von Lernprozessen angenommen werden, von denen die eine für das Lernen von Problemlösungen («solution learning») und die andere für das Lernen von Signalen («sign learning») ausschlaggebend ist. «Lernen von Problemlösungen» bezieht sich auf instrumentelles Lernen, d.h. auf den Erwerb willkürlicher motorischer Reaktionen nach den Verstärkungsprinzipien von THORNDIKE und HULL. «Lernen von Signalen» spielt sich im wesentlichen nach den PAWLOWSCHEN Prinzipien der klassischen Konditionierung, d.h. nach dem Gesetz der Gleichzeitigkeitsassoziation von Reizen, auf der Basis des autonomen Nervensystems ab und führt zu unwillkürlichen Reaktionen wie Gefühlen oder Einstellungen. Normalerweise hängen beide Arten des Lernens eng zusammen und zwar insofern, als das Individuum durchaus bereit ist, durch Konditionierung neue gefühlsmäßige Erfahrungen zu machen, d.h. neue Risiken auf sich zu nehmen, die dann durch Problemlösungsprozesse bewältigt werden.

[1] Ähnlich wie seine neurosenpsychologischen Auffassungen hat MOWRER auch seinen lerntheoretischen Standpunkt wiederholt in einschneidender Weise geändert. Wir brauchen auf die sogenannte «revidierte Zweifaktorentheorie» (MOWRER 1960 a, b), die, global formuliert, alles Lernen auf Konditionierung im klassischen Sinn, d. h. auf Kontiguität, zurückführt, jedoch nicht einzugehen, da sie im Hinblick auf das Problem der Verhaltensstörungen keine wesentlich neuen Aspekte bietet.

Im psychopathologischen Bereich ist diese Synchronisation dagegen verlorengegangen – hier setzt der Mensch seine Fähigkeit zur Lösung von Problemen in defensiver Weise ein, d.h. er versucht sich mit ihrer Hilfe vor neuen Konditionierungsvorgängen im emotionalen Bereich zu schützen.

Der Erwerb gestörter Verhaltensweisen beruht also nicht auf einer «Überkonditionierung» wie in den meisten anderen lerntheoretisch-psychotherapeutischen Ansätzen, sondern auf einer «Perversion des Problemlösungs-Prozesses». Die Aufgabe der Psychotherapie bezieht sich entsprechend in erster Linie auf die Veränderung des intellektuellen, nicht des emotionalen Verhaltens. Auf der Grundlage der eben skizzierten Zweifaktorentheorie entwickelt MOWRER folgendes Neurosenmodell: neurotische Störungen entstehen dann, wenn die primären Triebe ihre ursprüngliche Dominanz über die Problemlösungsprozesse beibehalten und diese dazu einsetzen, die erworbenen sekundären Triebe des Schuld-, Angst- und Pflichtgefühls zu hemmen und zu unterdrücken. Hier findet eine Auffassung Ausdruck, die MOWRER nicht nur von FREUD und den anderen Vertretern tiefenpsychologischer Richtungen, sondern auch von allen verhaltenstherapeutisch orientierten Autoren unterscheidet. Verdrängt, unterdrückt, vernachlässigt werden vom Neurotiker nicht die biologischen Triebe, die natürlichen «egoistischen» Reaktionstendenzen (das «Es»), sondern im Gegenteil die «höheren» ethischen und sozialen Einstellungen, die im Lauf der Erziehung durch Identifikation erworben und zum Gewissen («Überich») werden. Das «Ich» wird nach dieser Auffassung vor allem durch den Intellekt repräsentiert. Stehen Es und Überich im Konflikt, so kommt es zu Angst; wird eine der beiden Triebkräfte verdrängt, d.h. ins Unbewußte abgeschoben, so wird die Angst durch Herabsetzung der Spannung reduziert, die Dissoziation dadurch belohnt und der Verdrängungsmechanismus gelernt, d.h. immer häufiger angewendet.

Bezüglich der therapeutischen Technik denkt MOWRER hier nach wie vor an die klassische Psychoanalyse mit freier Assoziation. Das Ziel der Therapie ist aber den vorhergehenden Ausführungen entsprechend ein wesentlich anderes: wenn nach FREUD in der Verdrängung Ich und Überich gegen das Es (vor allem gegen Sexualität und Aggression) kämpfen, so verdrängen nach MOWRER Ich und Es das Überich. Der Therapeut muß daher Überich-Funktionen übernehmen und darf den Patienten keinesfalls ermutigen, sozial nicht gebilligte Aktionen auszuführen. Um es noch einmal in MOWRERS Worten zu sagen:

"... it would appear that often, perhaps *always*, pathogenic dissociation is in the reverse direction to what Freud supposed, i.e., consists of an attempt on the part of an *id-dominated ego* to 'wall off' and 'still the voice of conscience'." (1953, S. 82)

In MOWRERS Arbeiten aus den letzten Jahren kommt die Wendung zum Ethisch-Weltanschaulichen, die sich hier bereits abzeichnet, mit aller Deutlichkeit zum Ausdruck. Das 1961 erschienene Buch «The crisis in psychiatry and religion» diskutiert das Problem der Neurosen und Psychosen weitgehend auf religiöser Ebene. Widerstände gegen die Anforderungen des Gewissens haben Selbstbestrafungen in Form mentaler Erkrankungen, für die das Individuum voll verantwortlich ist, zur Folge. Depressionen, die ja gewöhnlich nur kürzere Zeit dauern, sind dabei die Krankheit der prinzipiell Einsichtigen und Reuewilligen, Schizophrenie und Psychopathie dagegen die derjenigen, die ihre Schuld nicht auf sich nehmen wollen. In der Therapie steht vor allem der Gesichtspunkt des «Bekennens» im Vordergrund, da Unaufrichtigkeit der Gemeinschaft gegenüber als Hauptgrund für die Genese von Verhaltensstörungen aufgefaßt wird. Im Unterschied zur üblichen Auffassung des «Normalen» als einer Person, die zwischen dem Psychopathen mit dem zu schwach entwickelten Gewissen und dem Neurotiker mit dem zu stark entwickelten Gewissen steht (vgl. etwa EYSENCK, 1960), lautet die entsprechende Anordnung bei MOWRER: Normaler – Neurotiker – Psychopath; d.h. beim Neurotiker kämpfen die gesunden Reste des Gewissens noch gegen seine selbstzerstörerische Vernachlässigung.

Diese Auffassungen gehen – nicht wegen ihres hypothetischen Charakters, sondern wegen ihrer wertenden Haltung unter Verzicht auf empirische Fundierung – über den Rahmen der naturwissenschaftlichen Psychologie und damit an sich auch über den des vorliegenden Buches hinaus. Daß sie trotzdem skizziert werden, hat zweierlei Gründe: a) daß es die Stellungnahmen eines Autors sind, der im ersten Abschnitt seiner Publikationstätigkeit unzweifelhaft bedeutsame lerntheoretische Ansätze in die Psychotherapie gebracht hat und daß es gerade deshalb wichtig ist, auf die Besonderheit ihrer Entwicklung hinzuweisen, und b) daß, wie schon erwähnt, MOWRER seine Behandlung von Fehlanpassungen explicit als «Verhaltenstherapie» bezeichnet, was leicht zu Unklarheiten führen kann. Punkt a ist im vorhergehenden bereits behandelt worden. Zu Punkt b betont MOWRER 1965 noch einmal, daß die neurotische Störung die gesetzmäßige und «verdiente» Folge von Verstößen gegen die soziale und moralische Ordnung ist. Die Symptome stellen Versuche des Individuums dar, seine Schuld- und Angstreaktionen zu bewältigen und zu verbergen. Daraus folgt, daß jede Psychotherapie «Verhaltenstherapie» sein muß, indem sie sowohl die Änderung des zugrunde liegenden schuldhaften Verhaltens als auch des daraus resultierenden symptomatischen Verhaltens anstrebt.

Das Wesen der Therapie besteht, diesem Grundmodell entsprechend, vor allem in der Hinführung zur «Aufrichtigkeit». Im Gegensatz zu SALTER, der die Restitution einer «aufrichtigen» Lebensführung in dem Sinn, daß man endlich tut, was man wirklich zu tun wünscht, anstrebt, bedeutet «Aufrichtigkeit» für MOWRER ein Schuldgeständnis, und zwar nicht nur dem Therapeuten gegenüber, sondern vor den involvierten Beziehungspersonen – etwa den Eltern oder dem Ehepartner. Dieses Schuldgeständnis muß mit der Abkehrung von den fehlerhaften Verhaltensweisen (die auf recht unklare Art gleichzeitig als Übertretungen sozialer Konventionen definiert und als Vergehen gegen eine absolut gesetzte Ordnung behandelt werden) verbunden sein. Besonders wirkungsvoll ist das Bekenntnis der Schuld im Kreis von Personen, die sich in ähnlichen Schwierigkeiten befinden (vgl. MOWRER, 1964b, 1965).

"What we are talking about ... is thus an approach which exemplifies the much discussed but seldom actualized Protestant doctrine of the 'priesthood of all believers', i. e. the ability and the obligation, on the part of everyone, to be a priest ('therapist') to himself and to others." (1965, S. 249)

MOWRERS Auffassungen in diesen letzten Arbeiten sind so wenig wissenschaftlicher Natur (z. B. im Hinblick auf die Ausklammerung des Problems kindlicher Verhaltensstörungen, bei denen von «Schuld» im üblichen Sinn doch wohl nicht gesprochen werden kann), daß sie auf sachlicher Ebene kaum adäquat diskutiert werden können. Es erscheint daher angebracht, abschließend den Autor selbst im Hinblick auf die Veränderungen in seiner Haltung zu Wort kommen zu lassen:

"To some it may seem remarkable that a 'learning theorist' who has himself been identified with past efforts to articulate learning principles with the domain of psychopathology should now be writing as I have written in the preceding pages...

A ... hiatus, it seems to me now exists between 'learning theory', as it has evolved as a result of animal studies, and psychopathology as it manifests itself at the distinctively human level. I assume that there is a continuity (i. e. a basic 'structural' connexion) here, but I am not willing, at this time, either to over-extend what we today know about learning or to over-simplify the facts of psychopathology just for the sake of closing this 'gap' in our knowledge." (MOWRER 1964a, S. 335f.)

Der ursprüngliche spezifische Zusammenhang zwischen den Ergebnissen der experimentellen Lernpsychologie und psychopathologischen Problemen bzw. psychotherapeutischen Methoden ist hier für MOWRER nicht mehr gegeben.

7. Wolpes «Psychotherapie durch reziproke Hemmung»

Unter den bisher vorliegenden lerntheoretischen Ansätzen zur Therapie von Neurosen hat der des südafrikanischen Psychiaters J. WOLPE besonders weite Verbreitung gefunden. WOLPE formuliert seine Auffassungen in entschiedenem Gegensatz zu Theorie und Praxis der Psychoanalyse und betont ihre Fundierung durch die moderne Lerntheorie unter besonderer Berücksichtigung der Arbeiten von PAWLOW und HULL. Er geht dabei ähnlich wie seinerzeit PAWLOW[1] vom Studium experimentell

[1] WOLPE faßt die experimentellen Neurosen allerdings als «gelernt» in einem anderen Sinn auf, als es die russische Schule tut: für ihn besteht das Wesentliche dabei darin, daß jetzt auf neue Reize (z. B. den Versuchsraum) mit der Reaktion «Angst» geantwortet wird, die zunächst nur als Reaktion auf den elektrischen Schlag aufgetreten ist. Nach PAWLOW besteht, wie bereits ausgeführt, das Wesen der experimen-

hervorgerufener Verhaltensstörungen bei Tieren aus (vgl. WOLPE, 1952, «Experimental neuroses as learned behaviour»), die er sowohl hinsichtlich ihrer Entstehung als auch hinsichtlich ihrer Heilungsmöglichkeiten als den Humanneurosen prinzipiell vergleichbar betrachtet. Das dabei verwendete Prinzip wird von WOLPE in Anlehnung an SHERRINGTON (1906), der den Begriff als Physiologe freilich sehr viel enger faßt, als «reziproke Hemmung» bezeichnet.

WOLPE neigt ursprünglich, wie schon in seinem theoretischen Artikel von 1950 «Need-reduction, drive-reduction, and reinforcement: A neurophysiological view» deutlich zum Ausdruck kommt, im Hinblick auf das Problem des Lernens stark zur Bildung neurophysiologischer Hypothesen; er unterscheidet sich darin von den meisten amerikanischen Lerntheoretikern, die, wie etwa THORNDIKE und HULL, Spekulationen über die neurophysiologischen Zwischenglieder des Lernprozesses nur in sehr globaler Form anstellen oder sie, wie SPENCE und SKINNER, derzeit überhaupt noch für verfrüht halten. Dementsprechend ist auch seine Theorie der experimentellen wie klinischen Neurosen eine physiologische. Er wendet sich dabei jedoch entschieden gegen die Annahme *pathologischer* Veränderungen im Nervensystem, wie sie von PAWLOW (1953), ANDERSON & LIDDELL (1935) oder in gewisser Weise auch von MASSERMAN (1943) und SOLOMON & WYNNE (1954) vertreten wird. Für ihn ist neurotisches Verhalten prinzipiell ebenso gelernt wie jedes andere Verhalten, wobei als grundlegender Prozeß die Bildung von Synapsen zwischen den Neuronen angenommen wird.

In seinem Buch von 1958 («Psychotherapy by reciprocal inhibition») führt WOLPE diese neurophysiologische Hypothese vor allem unter Bezugnahme auf SHERRINGTON (1947), ECCLES (1953) und LORENTE DE NO (1938 u. a.) näher aus:

"In the central nervous system almost every presynaptic fiber has many branches and establishes anatomical contact with numerous nerve cells (Lorente de No, 1938). When conditions at a point of contact are such that neural excitation may be transmitted across it, the conjunction is a functional one and is called a *synapse*. Nonfunctional con-

---

tellen Neurose jedoch primär in einer globalen Zerrüttung des Balance-Zustands des Nervensystems.

junctions that have the potentiality of becoming functional are the anatomical basis for learning." (S. 10)

Der Lernprozeß selbst wird dabei folgendermaßen definiert:

"Learning may be said to have occurred if a response has been evoked in temporal contiguity with a given sensory stimulus and it is subsequently found that the stimulus can evoke the response although it could not have done so before. If the stimulus could have evoked the response before but subsequently evokes it more strongly, then, too, learning may be said to have occurred ..." (S. 19)

Im Hinblick auf das Verstärkungsproblem tendiert WOLPE zwar prinzipiell zu einer modifizierten Triebreduktionshypothese im Sinn HULLS, begnügt sich aber doch mit einer operationalen Definition des Begriffs «Verstärkung» in der Art von THORNDIKE, SPENCE und SKINNER, d.h. hier, daß als «Verstärker» jedes Ereignis aufgefaßt wird, das funktionale neurale Verbindungen festigt (vgl. zur Diskussion des «Reinforcement»-Begriffs BLÖSCHL, 1969).

Dem Prozeß des *Erlernens* durch Erhöhung der Leitungsfähigkeit in bestimmten neuralen Ketten entspricht unter negativem Vorzeichen der Prozeß des *Verlernens* durch Hemmungsmechanismen. Hier bedient sich WOLPE weitgehend der HULLschen Begriffe, doch spezifiziert er sie durch die Annahme einer Herabsetzung der neuralen Leitungsfähigkeit.

Vom HULLschen Konzept der konditionierten Hemmung ausgehend, das wir bereits kennengelernt haben, argumentiert WOLPE folgendermaßen: wenn die Beendigung einer Tätigkeit durch die zeitliche Kontiguität von «reaktiver Hemmung» (= Ermüdung) und bestimmten Umweltreizen diese Reize zu Auslösern einer «konditionierten Hemmung» (= gelernte Hemmung) machen kann, so müßten auch andere als durch Ermüdung ausgelöste unbedingte Hemmungen konditionierbar, übertragbar, lernbar sein. WOLPE denkt dabei in erster Linie an jene grundlegende Form einer unbedingten Hemmung, die durch zwei miteinander unvereinbare Reaktionstendenzen hervorgerufen wird: in furchterregenden Situationen verweigerten die Katzen in seinen Experimenten die Futterannahme.

Das Grundprinzip einer «Verlerntherapie» unerwünschter Verhaltensweisen muß nach WOLPE also darin bestehen, zum

Zeitpunkt des Auftretens einer solchen unerwünschten Reaktion eine andere Reaktion hervorzurufen, die die unerwünschte Verhaltensweise ausschließt. Die zu eliminierende Reaktion wird bei mehrmaliger Wiederholung der Koppelung durch die dabei entstehenden konditionierten Hemmungen abgeschwächt und schließlich zum Verschwinden gebracht. In einfacher Form haben wir Theorie und Technik einer solchen Therapie durch reziproke Hemmung bereits bei MARY C. JONES (1924b) kennengelernt. Sehr ähnliche Auffassungen finden sich auch bei GUTHRIE (1938, 1952).

Bezüglich der Genese der Humanneurosen nimmt WOLPE an, daß die meisten von ihnen in gewisser Analogie zu den experimentellen Neurosen im Tierexperiment dadurch entstehen, daß das Individuum in einer Situation, der es sich aus äußeren oder inneren Gründen nicht entziehen kann, entweder extrem negativen Reizen oder extrem ambivalenten Reizen ausgesetzt ist. In beiden Fällen kommt es zur Grundbedingung der Neurose, nämlich zu intensiver Angst. Durch Konditionierungs- und Generalisierungsprozesse wird diese Angst dann auch auf an sich neutrale Gegenstände oder Situationen übertragen. Handelt es sich dabei um relativ klar definierte Reizgegebenheiten, so wird von *Phobien* gesprochen; sind sie weniger scharf umrissen, von «frei-flottierender» oder «pervasiver» Angst, z. B. wenn eine Angstgeneralisation auf so diffuse Eigenschaften der Umwelt wie «Helligkeit» oder «Geräusche» stattgefunden hat.

Das Entstehen *hysterischer Symptome* wird auf einen ähnlichen Lernvorgang zurückgeführt. In diesen Fällen werden sensorisch-motorische Reaktionen, die in einer Belastungssituation aufgetreten sind, mit in dieser Ausgangssituation vorhandenen neutralen Reizen gekoppelt.

Warum manche Personen Angst, andere hysterische motorisch-sensorische Reaktionen entwickeln, wird hypothetisch konstitutionellen Faktoren zugeschrieben. Hier (wie an vielen anderen Stellen) berührt sich WOLPES Standpunkt mit dem von EYSENCK (1955), auf den wir im nächsten Kapitel eingehen werden.

Zwangsneurotische Symptome werden von WOLPE im engen Zusammenhang mit hysterischen Phänomenen gesehen. Wie diese sind sie vor allem durch ihren perseverativen Charakter definiert. Der Unterschied besteht im wesentlichen in der Komplexität der betreffenden Reaktionen – sind sie relativ einfach und invariabel (z.B. motorische Tics), so spricht der Autor von hysterischen Symptomen. Sind sie relativ komplex (etwa ein Ritual vor dem Schlafengehen), so spricht er von Zwangshandlungen. Dabei werden klinisch zwei Typen unterschieden: a) angsterhöhende Zwänge (etwa der Impuls, jemanden zu verletzen) und b) angstreduzierende Zwänge (Waschzwänge usw.).

Positive wie negative Veränderungen in der neurotischen Symptomatologie spielen sich vor allem auf drei Dimensionen ab. Es handelt sich dabei a) um die Anzahl der Reizbedingungen, die die neurotische Reaktion hervorrufen können, b) um die Stärke der Reaktion auf eine spezielle Reizsituation und c) um die qualitative Eigenart der neurotischen Reaktion, wie sie durch ihre Zusammensetzung aus verschiedenen Komponenten gegeben ist. Der zweite Teil von Wolpes Buch von 1958 ist der Erzielung von positiven Veränderungen in diesem Sinn, d.h. dem therapeutischen Vorgang, gewidmet. Zunächst wird in einigen einleitenden Interviews (die Anzahl dieser Sitzungen liegt gewöhnlich zwischen 1 und 12) die Anamnese erhoben, wobei neben den üblichen Fragen nach den verschiedenen Lebensbereichen Wert auf Details über die Symptome sowie ihre etwaige Veränderung im Lauf der Zeit gelegt wird. Gibt der Klient jedoch trotz Ermutigung an, sich an derartiges nicht erinnern zu können, so wird nicht weiter nachgefragt. Am Ende der letzten Anamnesestunde (die Sitzungen dauern üblicherweise etwa 45 Minuten) erhält der Klient einen Persönlichkeitsfragebogen («self-sufficiency questionnaire» von Bernreuter, 1933), den er daheim beantworten soll. (Niedrige Werte in diesem Fragebogen lassen nach Wolpe Schwierigkeiten im Hinblick auf die aktive Mitarbeit des Klienten in der Therapie erwarten.)

Die nächste Sitzung beginnt mit einem weiteren Fragebogentest (Willoughby, 1932, 1934), der zur Erfassung von Neurotizismus, speziell von Angsttendenzen, bestimmt ist. Die 25 Fragen beziehen sich auf verschiedene Schwierigkeiten und Ängste (Lassen Sie sich leicht entmutigen? Sind Sie

gern allein? usw.). Nach der Beantwortung dieses Frage-
bogens, der zu Verlaufsstudien während der Therapie benützt
wird, gibt der Therapeut dem Klienten eine kurze populäre
Einführung in das Wesen der Behandlung, die ihn erwartet.
Seine Schwierigkeiten werden darauf zurückgeführt, daß sich
die Angst vor bestimmten gefährlichen und schmerzhaften
Objekten oder Situationen durch Lernen auf ähnliche, aber
ungefährliche Objekte oder Situationen ausgebreitet hat. Dieser Angst soll durch das Hervorrufen konträrer Gefühle entgegengewirkt werden.

Anschließend geht WOLPE auf einige besonders wichtige,
durch Falldarstellungen illustrierte Einzeltechniken ein, wobei er darauf hinweist, daß die therapeutischen Möglichkeiten des Ansatzes damit sicher nicht erschöpft seien. Wir wollen diejenigen Verhaltensweisen, die als wirksame Gegenspie-
ler von Angstreaktionen angeführt werden, im folgenden kurz
besprechen.

7.1 Durchsetzungsreaktionen («assertive responses»)

Unter «assertive responses» versteht WOLPE Verhaltensweisen der Art, wie wir sie bereits bei SALTER als «excitatory
responses» kennengelernt haben. Gefühle (sowohl positive
als auch negative, vor allem aber solche aggressiver und
selbstbewußter Art), sollen im sozialen Kontakt deutlich zum
Ausdruck gebracht werden. Im Gegensatz zu SALTER, der die
Methode des «Durchsetzungstrainings» fast ausschließlich
anwendet, empfiehlt sie WOLPE nur für die Überwindung unangepaßter Angst im Umgang mit anderen Menschen. Auf
diesem Gebiet hält er sie jedoch für sehr effektiv. Wir haben
die Einzelheiten der Technik bereits bei SALTER ausführlich
beschrieben, sie basiert auch hier darauf, daß der Therapeut
den Klienten auf die Sinnlosigkeit seiner Ängste (natürlich
nur dort, wo sie wirklich sinnlos sind) hinweist und ihn zur
Verbalisierung seiner Gefühle ermuntert. Im Rahmen der
Theorie der reziproken Hemmung interpretiert WOLPE die
Wirkung eines solchen Trainings dahingehend, daß bei mani-
festen Aggressionen parasympathische nervöse Aktivität auftritt, die den vom sympathischen Anteil des autonomen Ner-

vensystems gesteuerten Angstreaktionen entgegenwirkt, d. h. diese Angstreaktionen hemmt. Die Rolle des Therapeuten besteht darin, daß er durch seine Ermutigung das Auftreten offener Aggressionen und damit die wiederholte Hemmung der unerwünschten Verhaltensweisen ermöglicht. Dadurch kommt es zur Bildung konditionierter Hemmungen, die das Potential der Angstreaktionen allmählich eliminieren.

Ebenso wie bei SALTER geht das eigentliche Durchsetzungstraining im Alltagsleben, also außerhalb der Therapie, vor sich. In manchen Fällen hält es WOLPE für günstig, mit dem Patienten bestimmte angstbesetzte interpersonale Situationen in der Therapiestunde durchzuspielen. (In dem 1966 erschienenen Buch von WOLPE & LAZARUS wird dieser Möglichkeit unter der Bezeichnung «Exaggerated-role training» noch größere Bedeutung zuerkannt.) Häufig verwendet der Autor die Technik auch zusammen mit anderen therapeutischen Methoden. Dabei fällt allerdings auf, daß WOLPE in seiner theoretischen Interpretation auf den naheliegenden sozialpsychologischen Aspekt – daß nämlich eine solche «practice of appropriate counterattack» (S. 117) vielleicht deshalb zur Verbesserung der sozialen Beziehungen führt, weil die Partner sich jetzt dem Klienten gegenüber aus begreiflichen Gründen angepaßter verhalten als früher – nicht eingeht. Auch bei WOLPE & LAZARUS (1966) wird dieser Gesichtspunkt nur beiläufig in Betracht gezogen.

7.2 Sexuelle Reaktionen

Ähnlich wie bei den eben besprochenen Durchsetzungsreaktionen müssen auch Umlernprozesse, die Schwierigkeiten auf sexuellem Gebiet betreffen, verständlicherweise zum Teil außerhalb der Therapiestunde vor sich gehen. Dabei lautet das zugrunde liegende Rationale, daß die Angst, die mit einzelnen Komponenten des sexuellen Kontakts verbunden ist, nach dem Prinzip der reziproken Hemmung durch zur selben Zeit auftretende positive Emotionen abgeschwächt werden kann. Wie bei allen neurotischen Störungen ist es auch hier notwendig, zuerst mit ganz leichten Graden der Angst zu operieren, für deren Hemmung die auftretenden lustbetonten Gefühle ausreichen. Allmählich entstehen dadurch nach dem schon besprochenen Modell konditionierte Hemmungen, die die Schwierigkeiten schließlich beseitigen. WOLPE beschreibt den therapeutischen Vorgang folgendermaßen:

"Such a patient is instructed to expose himself only to sexual situations in which pleasurable feelings are felt exclusively or very predominantly. The decision regarding the suitability of a situation is made *on the basis of the feelings experienced when the situation is in prospect...*
The patient is told to inform his sexual partner (quoting the therapist if necessary), that his sexual difficulties are due to absurd but automatic fears in the sexual situation, and that he will overcome them if she will help him, i. e., if she will participate on a few occasions in situations of great sexual closeness without expecting intercourse or exerting pressure toward it... It is found that from one love session to the next there is a decrease in anxiety and an increase in sexual excitation and therefore in the extent of the caresses to which the patient feels impelled." (S. 130 f.)

Ein Training dieser Art ist vor allem dann nützlich, wenn die sexuelle Hemmung nur partiell ist. Handelt es sich um sehr hohe Grade von Angst, die eine völlige Hemmung auf sexuellem Gebiet bedingen, so müssen andere Methoden, auf die in den nächsten Abschnitten eingegangen wird, Anwendung finden.

7.3 Entspannungsreaktionen nach JACOBSON

Nach den Auffassungen von JACOBSON (1938) besteht ein wesentliches Element neurotischer Störungen in übermäßiger Muskelspannung. Er entwickelte daher eine Trainingsmethode, die es dem Klienten ermöglichen soll, seine täglichen Obliegenheiten unter Bedingungen optimaler Entspanntheit auszuüben. Dabei soll jede Handlung mit minimaler Spannung durchgeführt werden und von maximaler Entspannung der nicht beteiligten Muskelpartien begleitet sein.

WOLPE erklärt die Erfolge, über die JACOBSON berichtet, im Rahmen seiner Theorie der reziproken Hemmung dadurch, daß die parasympathischen Effekte der Muskelentspannung den sympathikoton bedingten Angstreaktionen entgegenwirken. So betrachtet, haftet dem generellen Entspannungstraining natürlich eine gewisse Ungezieltheit an: die speziellen angstauslösenden Stimuli treten im allgemeinen nicht so oft zufällig gemeinsam mit Entspannungszuständen auf, wie es für die Entstehung konditionierter Hemmungen wünschenswert wäre. Auf der Modifikation des JACOBSONschen Ansatzes in dieser Richtung beruht jene Technik, die das Kernstück der Neurosentherapie von WOLPE bildet: die systematische Desensitivierung oder Desensibilisierung auf Entspannungsbasis.

7.4 Systematische Desensitivierung auf Entspannungsbasis

Diese Methode erfordert zunächst für jeden Klienten die Aufstellung einer individuellen «Angsthierarchie». Man versteht darunter eine Reihe von Reizen, auf die der Klient mit zunehmenden Graden der Angst reagiert. (Erinnern wir uns dabei an die «Toleranzskala» von MARY C. JONES, 1924 b!) Das Material für die Angsthierarchie stammt einerseits aus den anamnestischen Angaben des Klienten, andererseits aus seinen Antworten im Persönlichkeitsfragebogen nach WILLOUGHBY. Außerdem erhält der Klient den Auftrag, zwischen zwei Sitzungen zu Hause eine Liste aller Situationen aufzustellen, die ihn in irgendeiner Weise in Angst oder Verwirrung versetzen. (Situationen, die tatsächlich so gefahrvoll sind, daß man sie fürchten muß, sind natürlich ausgenommen.) Der Therapeut ordnet die Angaben, falls es notwendig ist, nach verschiedenen thematischen Gesichtspunkten und läßt die einzelnen Situationen innerhalb dieser Gruppen dann vom Klienten nach dem Grad ihrer Angstbesetztheit in eine Rangreihe bringen. Vor Beginn der Desensitivierungssitzungen wird mit dem Klienten in einigen Vorbereitungsstunden ein Relaxationstraining, das im wesentlichen den Richtlinien von JACOBSON folgt, durchgeführt. Dabei wird der Klient angeleitet, die einzelnen Muskelpartien seines Körpers systematisch zu entspannen. Im eigentlichen Desensitivierungsvorgang fordert der Therapeut dann den Klienten, der im maximal entspannten Zustand[1] zurückgelehnt in seinem Stuhl sitzt, dazu auf, sich den schwächsten Angstreiz der Hierarchie vorzustellen und durch ein Handzeichen sofort zu signalisieren, ob und wann bei dieser Vorstellung aktuell

[1] Die Anwendung von Hypnose ist möglich, aber nicht notwendig.

Angst auftritt. Kommt es zu Angstreaktionen, muß der Klient seine Aufmerksamkeit von der betreffenden Vorstellung abwenden und sich wieder völlig entspannen. Diese Prozedur wird so oft wiederholt, bis die angstfreie Imagination der Szene möglich ist und zum nächsten Item fortgeschritten werden kann.

Das Vorgehen bei der zweiten Sitzung hängt dann im wesentlichen vom Verlauf der ersten Sitzung ab; die Szenen, die keine Angst hervorgerufen haben, werden weggelassen, die anderen werden in der durch den Grad ihrer Angstbesetztheit gegebenen Reihenfolge präsentiert. Hat jedes Glied der Hierarchie beträchtliche Schwierigkeiten bereitet, so muß ein Stimulus gefunden werden, der noch weniger Angst hervorruft. Gewöhnlich sind insgesamt 10–25 Sitzungen notwendig, bis auch die am stärksten angstbesetzten Stimuli ihren negativen Charakter verloren haben. Diese Veränderung ist nach WOLPE für den Klienten in fast allen Fällen mit einer entsprechenden Abnahme seiner Sensitivität gegenüber den betreffenden Situationen im normalen Leben außerhalb der Therapie verbunden. Die Reaktion auf den vorgestellten und die auf den realen Reiz werden also als einander in substantieller Weise ähnlich betrachtet, was natürlich ein Punkt von größter Wichtigkeit ist. Folgendes von WOLPE (S.142) gegebene Beispiel soll den Aufbau einer Angsthierarchie veranschaulichen, wobei das zuerst angeführte Symptom das am meisten störende ist:

Fear of Hostility

1. Devaluating remarks by husband.
2. Devaluating remarks by friends.
3. Sarcasm from husband or friends.
4. Nagging.
5. Addressing a group.
6. Being at social gathering of more than four people (the more the worse).
7. Applying for a job.
8. Being excluded from a group activity.
9. Anybody with a patronizing attitude.

Da der Methode der systematischen Desensitivierung, wie bereits betont, in WOLPES Arbeiten besondere Bedeutung zukommt, seien die ihr zugrunde liegenden Hypothesen abschließend noch einmal in WOLPES eigenen Worten zusammengefaßt:

"If a stimulus constellation made up of five equipotent elements $A_1A_2A_3A_4A_5$ evokes 50 units of anxiety response in an organism proportionately less anxiety will be evoked by constellations made up of fewer elements. Relaxation that is insufficient to counter the 50 units of anxiety that $A_1A_2A_3A_4A_5$ evokes may be well able to inhibit the 10 units evoked by A_1 alone. Then if the anxiety evoked by A_1 is repeatedly inhibited through being opposed by relaxation, its magnitude will drop, eventually to zero. In consequence, a presentation of $A_1 A_2$ will now evoke only 10 units of anxiety, instead of 20, and this will similarly undergo conditioned inhibition when opposed by relaxation. Through further steps along these lines the whole combination $A_1A_2A_3A_4A_5$ will lose its power to arouse any anxiety." (S. 139)

7.5 Behandlung pervasiver Angst durch respiratorische Reaktionen

1947 hatte MEDUNA in seinem Buch «Carbon Dioxide Therapy» über die Behandlung von Neurosen durch Inhalation von Karbondioxid berichtet. Die Mischung, die eingeatmet wurde, bestand aus 30% Karbondioxid und 70% Sauerstoff. Obwohl die Methode durchaus erfolgversprechend schien, wurde ihre Anwendung doch dadurch beeinträchtigt, daß die gelegentlichen Unannehmlichkeiten der Versuchssituation (Erstickungsgefühle, Bewußtseinsverlust usw.) bei den Klienten selbst wieder Angst hervorriefen. Solche negativen Begleiterscheinungen werden durch eine Modifikation der Technik nach LA VERNE (1953), die eine Inhalation von 70% Karbondioxid und 30% Sauerstoff vorsieht, vermieden. Diese Methode wird von WOLPE (mit einigen kleineren weiteren Veränderungen) zur Behandlung freiflottierender oder «pervasiver» Angst verwendet. Er berichtet dabei über sehr gute, gelegentlich geradezu erstaunliche Erfolge, allerdings mit der Einschränkung, daß bei einer neuerlichen Begegnung mit den angsterzeugenden Stimuli Rückfälle sehr wahrscheinlich sind; es ist daher wichtig, sich gleichzeitig um eine Eliminierung dieser Angstreize durch

Desensitivierung zu bemühen. Ist die Begegnung mit solchen Stimuli häufig und unvermeidlich, so empfiehlt sich die Technik nicht, da es fortwährend zu Rückfällen kommt.

Im Gegensatz zu MEDUNA und LA VERNE, die pharmako-neurologische Erklärungen für die Effekte der Karbondioxid-Therapie zu geben versuchen, zieht WOLPE auch hier seine Theorie der reziproken Hemmung heran, wobei die der Angst entgegenwirkenden Faktoren entweder in der durch die Inhalation hervorgerufenen intensiven Atmungstätigkeit oder in der gleichzeitig auftretenden weitgehenden Muskelentspannung zu suchen wären.

7.6 Spezielle Konditionierungstechniken

Schließlich berichtet WOLPE über einige Methoden, die als «spezielle Konditionierungstechniken» bezeichnet werden. Dabei handelt es sich im Unterschied zu den bisher geschilderten Verfahren um die klinische Anwendung der Ergebnisse jeweils eines ganz spezifischen tierexperimentellen Lernversuchs. Obwohl die betreffenden Ansätze erst in ganz wenigen Fällen angewendet wurden, sollen sie hier trotzdem referiert werden, da sie gute Beispiele dafür liefern, wie Anregungen aus dem tierexperimentellen Bereich der Lernpsychologie auf Analogiebasis in die klinische Praxis übersetzt werden können.

a) Reziproke Hemmung von Angst durch eine dominante motorische Reaktion

Dabei ist nicht die generelle Verwendung motorischer Reaktionen wie in den üblichen Arbeits- und Spieltherapien gemeint, sondern eine Lernprozedur, die von einem Experiment von MOWRER & VIEK (1948) abgeleitet wurde. Wir haben dieses Experiment bereits in dem MOWRER gewidmeten Abschnitt erwähnt. Es zeigte, daß Ratten, die eine bestimmte motorische Reaktion zur Beendigung eines Elektroschocks erlernt hatten, verhaltensmäßig weniger Irritation aufwiesen als solche, die dasselbe Ausmaß an Schocks ohne eigene diesbezügliche Aktivität zu ertragen hatten. WOLPE stellt davon ausgehend die Hypothese auf, daß neurotische Angst dadurch eliminiert werden kann, daß der angstauslösende Reiz wiederholt mit einem leichten elektrischen Schlag für den Klienten gekoppelt wird. Wird dieser elektrische Schlag regelmäßig durch eine bestimmte motorische Reaktion des Klienten (z.B. ein Zurückziehen des Arms) beendet, so wirkt die motorische Reaktion der autonomen Angstreaktion allmählich hemmend entgegen. Von den zwei Fällen, die von WOLPE bis 1958 mit dieser Methode behandelt wurden, zeigte einer merkliche Besserung, der andere (eine schwere Agoraphobie) konnte geheilt werden.

b) Konditionierung von «Angst-Unterbrechungsreaktionen»

Die Technik der «anxiety-relief-responses» geht von einem 1953 durchgeführten Experiment von ZBROZYNA aus, in dem beobachtet wurde, daß ein Reiz, der einem Tier wiederholt vor Beendigung der Fütterung gezeigt wird, allmählich bedingte Hemmungsfunktionen erwirbt, d. h. daß seine Darbietung das Tier veranlaßt, mit dem Fressen aufzuhören, auch wenn es sich eben mitten in einer Mahlzeit befindet.

In Analogie dazu wird dem Klienten über Arm- und Handelektroden ein elektrischer Schock verabreicht. Zugleich erhält er den Auftrag, laut «Calm» («Ruhig!») zu sagen, wenn das damit verbundene Unlustgefühl sehr stark wird. In dem Augenblick, in dem er das Wort ausspricht, wird der Schock beendet. Der Vorgang wird in einer Sitzung 10- bis 20mal wiederholt. WOLPE berichtet, daß nach einigen Trainingssitzungen das bloße Aussprechen des Wortes «Ruhig!» für einen nicht unbeträchtlichen Prozentsatz von Patienten die Eigenschaft gewinnt, Angstgefühle herabzusetzen. Erfolge mit dieser Methode (vor allem bei Phobien) hatten auch EYSENCK und MEYER (nach persönlicher Mitteilung an WOLPE) zu verzeichnen.

Alle bisher besprochenen Methoden waren primär zur Eliminierung von Angst bestimmt. Im nächsten Abschnitt wird kurz auf die *Behandlung von Zwangszuständen und Hysterien* eingegangen, für die folgende Techniken vorgeschlagen werden:

1. Vermeidungstraining bei Zwangsreaktionen

Hier ist die Reaktion, die durch reziproke Hemmung eliminiert werden soll, nicht Angst, sondern eine starke Annäherungsreaktion, d. h. eine positive Tendenz, der entgegengewirkt werden muß. In Gegenwart des Reizes, der die Zwangsreaktion auslöst, wird dem Klienten ein für ihn deutlich unlustvoller elektrischer Schlag verabreicht. WOLPE weist auf die Verwendung dieser Methode durch MAX (1935) zur Behebung einer fetischistischen Verhaltensstörung sowie auf die Behandlung eines ähnlichen Falles durch RAYMOND (1956) unter Verwendung von Apomorphininjektionen, die Übelkeit hervorrufen, hin. Einen Überblick über solche «Aversionskuren» bei Alkoholikern gibt FRANKS (1958). Auf neuere Entwicklungen im Bereich der Aversionstherapien (die auf verschiedenen theoretischen Modellen beruhen können) wird in den Kapiteln 15 und 17 eingegangen werden.

WOLPE bedient sich ebenfalls der Methode des Elektroschocks, läßt aber die Objekte oder Situationen, auf die sich der Zwang bezieht, nur vorstellen. Innerhalb einer Sitzung wird die Prozedur 5- bis 20mal wiederholt. Von den vier Fällen, über die er berichtet, zeigte sich in einem sehr guter, in einem anderen kein Erfolg; die zwei restlichen wiesen Besserungen auf[1].

2. Die Behandlung von hysterischen Symptomen ohne begleitende Angst

Hysterische Symptome, die zusammen mit Angstreaktionen auftreten, verschwinden häufig zugleich mit diesen Angstreaktionen. Hysterische Symptome ohne begleitende Angst erfordern jedoch eine gesonderte Behandlung. Dabei muß je nach der Art des Symptoms entweder ein «Verlernprozeß» oder ein «Erlernprozeß» (z. B. bei sensorischen Ausfällen) initiiert werden.

Der ersten Möglichkeit entspricht dieselbe theoretische Basis, die bereits bei der Behandlung von Zwangsneurosen besprochen wurde. Die zweite Möglichkeit, für die WOLPE

[1] Vgl. auch die Methode des «Gedankenstoppens» (WOLPE 1958, 1969).

75

einige Fälle aus der Literatur berichtet (SEARS & COHEN, 1933; MALMO, DAVIS & BARZA, 1952 u. a.), sieht konkret so aus, daß beispielsweise ein elektrischer Schock, der der anästhetischen Hand zugeführt wird, als bedingter Reiz mit der Reaktion der normalen Hand auf einen Schock (nämlich Zurückziehen) gekoppelt wird. Allmählich gewinnt der bedingte Reiz Signalcharakter, die normale Hand wird bereits zurückgezogen, wenn die hysterisch anästhetische Hand geschockt wird, d. h. bevor die normale Hand den Schock erhält.

Zur Erklärung dieser Vorgänge schlägt WOLPE eine etwas umständliche neurophysiologische Hypothese vor, auf die wir hier nicht näher eingehen wollen.

Den nächsten Abschnitt hat WOLPE mit «Therapy without reciprocal inhibition procedures» überschrieben. Dabei muß die Betonung auf dem Wort «procedures» im Titel liegen, denn als Wirkungsbasis wird auch für diese Faktoren eine reziproke Hemmung angenommen. Bei den anscheinend allen psychotherapeutischen Richtungen gemeinsamen günstigen Effekten wirken nach WOLPE «interview-induced emotional responses», wie sie etwa durch das Verständnis und die Freundlichkeit des Therapeuten hervorgerufen werden, der neurotischen Angst entgegen. Ein Sonderfall dieser Reaktionen wäre die sogenannte *Abreaktion*, die als «emotional re-evocation of a fearful past experience» bezeichnet wird. Auch hier hängt die Wirkung jedoch davon ab, daß gleichzeitig antagonistische Reaktionen ins Spiel kommen. Das Aufdecken «verdrängter Bewußtseinsinhalte» ist dabei für den Heilerfolg nicht essentiell. In ähnlicher Form können natürlich auch bestimmte Ereignisse im Alltagsleben (etwa eine günstige Heirat oder eine Beförderung) neurotischen Reaktionsmustern entgegenwirken.

Abschließend versucht WOLPE einen Vergleich zwischen den Ergebnissen seiner Behandlung und denen anderer therapeutischer Schulen zu geben. Er geht dabei nach den Kriterien von KNIGHT (1941) vor (fünfstufige Skala von «geheilt» bis «ungebessert»). Von den 210 Patienten der verwendeten Stichprobe konnten etwa 90% zu Abschluß der Behandlung mit den Noten 1 (39%) oder 2 (50,5%) beurteilt werden. In den beiden zum Vergleich herangezogenen Erfolgskontrollen von Therapien anderer Provenienz – der psychoanalytischen von KNIGHT (1941) und einer traditionellen nicht-psychoanalytischen von HAMILTON & WALL (1941) – ergaben sich je etwa 60% Heilungen oder deutliche Besserungen. WOLPE führt die 30% von zusätzlichen Erfolgen auf die Wirksamkeit spezifischer reziproker Hemmungsmethoden zurück.

Unter den 45 geheilten oder deutlich gebesserten Fällen (eine systematische Nachverfolgung liegt nicht vor) fand sich bei einer Erhebung 2–7 Jahre nach Behandlungsabschluß nur ein Rückfall. Die durchschnittliche Behandlungsdauer betrug 10 Monate, die durchschnittliche Anzahl der Interviews 46.

Das 1966 erschienene Buch von WOLPE und LAZARUS «Behavior therapy techniques. A guide to the treatment of neuroses» stellt in mehrfacher Hinsicht eine Ergänzung zu WOLPES Monographie von 1958 dar. Vor allem zur «Selbst-Einführung» für den Praktiker gedacht, ist es ganz im Stil einer Handanweisung gehalten; die Angaben über die Durchführung der einzelnen Verfahren sowie über die Rolle von Drogen und hypnotischen Prozeduren sind wesentlich detaillierter, und im Anhang werden die verwendeten anamnestisch-diagnostischen Hilfsmittel sowie Anleitungen für die Entspannungsübungen mitgeteilt. Darüber hinaus informieren die Autoren über Methoden, die seit 1958 das Instrumentarium der Verhaltenstherapie vermehrt haben, sowie über einige neue Kontrolluntersuchungen.

Das Kernstück der angewendeten Techniken bildet nach wie vor die systematische Desensitivierung. Dabei wird zur Erstellung der Angsthierarchien wie auch zur Information über den Behandlungsfortgang die Benützung einer «subjektiven Angst-Skala» empfohlen. Der Klient wird aufgefordert, sich das höchste Ausmaß an Angst vorzustellen, das er jemals empfunden hat, und ihm auf einer Skala den Wert 100 zuzuordnen. Am anderen Ende dieser Skala ist, mit Null bezeichnet, die Vorstellung völliger Ruhe und Angstfreiheit zu lokalisieren. Das jeweilige Ausmaß der Angst, die der Klient zu einem bestimmten Zeitpunkt erlebt, soll von ihm in Werten dieser Skala ausgedrückt werden, wobei die zugrunde liegende

Einheit ein «*sud*» («subjective unit of disturbance») genannt wird.

Als neue Varianten der Desensitivierungstechnik führen die Autoren folgende Methoden an:

a) «*In vivo*»-*Desensitivierung*. Darunter wird die Konfrontation des Klienten mit *realen* Stimuli (im Gegensatz zu der üblichen Präsentation der angstauslösenden Reize in der Vorstellung) verstanden. Arbeiten dieser Art haben u. a. MEYER (1957), FREEMAN & KENDRICK (1960) und MURPHY (1964) vorgelegt. Ein Klient mit phobischer Katzenfurcht wird dabei beispielsweise wie bei KENDRICK und FREEMAN zunächst an Bilder von Katzen und Stoffkatzen «gewöhnt», bis allmählich zu lebendigen Kätzchen und schließlich erwachsenen Katzen übergegangen werden kann. (Wir werden dabei wieder an die Arbeit von MARY C. JONES [1924b] erinnert.)

b) *Gruppen-Desensitivierung*. Diese zuerst von LAZARUS (1960a, 1961) verwendete Methode sieht vor, daß die übliche Desensitivierungstechnik an mehreren Klienten mit derselben Art von phobischen Störungen gleichzeitig durchgeführt wird. Der Therapeut geht jeweils erst dann in der Hierarchie um einen Schritt weiter, wenn sich jeder Klient das eben durchgearbeitete Item ohne Angst vorstellen kann.

c) *Emotive Vorstellungen*. In der Behandlung phobischer Kinder hat sich die Verwendung von angsthemmenden positiv affektbesetzten Vorstellungen bewährt (LAZARUS & ABRAMOVITZ, 1962). Unter «emotive images» verstehen die Autoren Vorstellungen, die im Kind positive Gefühle (z. B. der Bewährung oder der Geborgenheit) hervorrufen. Nachdem in der üblichen Weise eine Angsthierarchie erstellt wurde und der Therapeut im Interview Wunschbilder und «Traumhelden» des Kindes erfragt hat, wird das Kind aufgefordert, mit geschlossenen Augen in der Vorstellung einer vom Therapeuten erzählten Geschichte zu folgen. Dabei wird etwa einem Jungen mit einer Hundephobie, der davon träumt, ein berühmter Rennfahrer zu sein, ausgemalt, wie er mit dem ersehnten Rennwagen, von seinen Freunden bewundert, durch die Straßen fährt. Sind die entsprechenden positiven Emotionen geweckt, so werden vorsichtig in gesteigerter Intensität

Begegnungen mit Hunden (etwa zunehmender Größe) in die Geschichte eingeflochten.

Da es nicht selten schwer oder unmöglich ist, Kinder zu entsprechender Entspannung zu bringen, erscheint diese Methode unter Umständen als eine nützliche Ergänzung. Sie kann gelegentlich auch bei Erwachsenen und mit Relaxationsübungen gekoppelt angewendet werden.

d) Desensitivierung auf der Basis galvanischer Schocks. Auf Grund von Hinweisen von PHILPOTT (persönliche Mitteilung 1964 an die Autoren) wurde sowohl gegen pervasive Angst als auch gegen phobische Störungen folgendes Verfahren entwickelt: dem Klienten werden über Armelektroden elektrische Schläge zugeführt, die deutlich fühlbar, aber noch nicht unangenehm sein sollen. Bei pervasiver Angst werden 8–10 Schläge pro Minute erteilt, bei der Verwendung von Angsthierarchien 2–3 Schläge während jeder Darbietung eines Items. In einzelnen Fällen der letzten Art empfiehlt sich auch die Anwendung höherer Stromstärken. Gelegentlich sind im Lauf dieser Prozedur deutliche Angstabnahmen zu verzeichnen, die nach der Annahme der Autoren auf «äußere Hemmung» im Sinne PAWLOWS, d.h. in diesem Zusammenhang auf Ablenkungsphänomene, zurückgeführt werden können.

An neuen Methoden außerhalb des Rahmens der systematischen Desensitivierung sind vor allem die zusammen mit DUNLAPS negativer Übung unter dem Oberbegriff der «Intensivierung neurotischer Reaktionen» dargestellten Techniken «emotionaler Überflutung» zu erwähnen[1]. MALLESON (1959) berichtet über die Löschung von Angstreaktionen durch die wiederholte Vorstellung stark angstbesetzter Reize. WOLPE und LAZARUS stehen dieser Methode jedoch sehr vorsichtig gegenüber. Sie weisen darauf hin, daß sowohl ihre klinischen Erfahrungen als auch die Ergebnisse des Tierexperiments eine Überlastung mit negativen Reizen (jedenfalls solange keine differenzierten Möglichkeiten zur individuellen Prognose bestehen) als therapeutisch fragwürdig erscheinen lassen. (Auf

---

[1] Wie die Autoren hervorheben, ergeben sich hier interessanterweise Berührungspunkte mit bestimmten Ansätzen der existentiellen Psychotherapie (vgl. FRANKLS «paradoxical intention» 1960).

die jüngsten Entwicklungen auf diesem Gebiet werden wir in Kapitel 16 näher eingehen.)

Auch hier wird abschließend wieder über die Ergebnisse von Erfolgskontrollen berichtet. Der bereits erwähnten statistischen Übersicht von WOLPE (1958) mit 90% positiven Beurteilungen sind inzwischen weitere klinische Berichte dieser Art gefolgt: LAZARUS teilt 1960b 100% Heilungen bzw. deutliche Besserungen bei einer Gruppe von 18 phobischen Kindern, 1963 78% Heilungen oder deutliche Besserungen bei 408 Patienten aus seiner Privatpraxis mit. Die Resultate einiger weiterer Untersuchungen (HUSSAIN, 1964; BURNETT & RYAN, 1964) sind ebenfalls insgesamt positiv zu beurteilen. Dagegen erbrachte die Arbeit von MCCONAGHY (1964), gegen die WOLPE und LAZARUS freilich Einwände methodischer Art erheben, in 18 Fällen nur 4 deutliche Besserungen.

Neben solchen klinischen Ergebnisberichten liegen zu dieser Zeit auch bereits einige Arbeiten vor, in denen ein gezielter Vergleich mit anderen therapeutischen Methoden angestrebt wurde. Dabei werden die Patienten nach Zufall Gruppen mit verhaltenstherapeutischer Behandlung, mit konventioneller psychotherapeutischer Behandlung oder ohne Behandlung im eigentlichen Sinn des Wortes zugeteilt. In den Untersuchungen von LAZARUS (1961), PAUL (1967), LANG & LAZOVIK (1963) und LANG, LAZOVIK & REYNOLDS (1965) erwies sich das verhaltenstherapeutische Vorgehen (systematische Desensitivierung) als den in den Vergleichsgruppen angewandten Methoden deutlich überlegen. Dagegen zeigten die Studien von COOPER (1963), GELDER, MARKS, SAKINOVSKY & WOLF (1964) und GELDER & MARKS (1965) nach einem Jahr keine Superiorität verhaltenstherapeutischer Verfahren gegenüber den Ergebnissen dynamischer Psychotherapie.

In den letzten Jahren ist die systematische Desensitivierung als eine der zentralen Methoden der Verhaltenstherapie Gegenstand zahlreicher weiterer Untersuchungen geworden, die sich sowohl mit Effizienzvergleichen als auch mit Analyse und Ausbau des Verfahrens beschäftigen (vgl. auch WOLPE, 1969). Kapitel 14 ist der Darstellung dieser neueren Arbeiten gewidmet.

8. Eysencks Beiträge zur Verhaltenstherapie

Obwohl H.J.EYSENCK keine speziellen verhaltenstherapeutischen Techniken entwickelt hat, kommt seinen Arbeiten doch im Gesamtbild lerntheoretischer Bestrebungen in der Psychotherapie große Bedeutung zu. Er selbst charakterisiert seine Beiträge zu diesen Fragen 1959 dahingehend, daß sie vor allem in der Zusammenfassung zahlreicher Ansätze zu einer allgemeinen Theorie sowie in der Einführung persönlichkeitspsychologischer Konzepte wie Neurotizismus und Extraversion-Introversion bestünden.

Tatsächlich muß in der Verbindung persönlichkeitspsychologischer und lerntheoretisch-psychotherapeutischer Gesichtspunkte, die seit den typologischen Bemühungen PAWLOWS (vgl. dazu GRAY, 1964) sehr im Hintergrund stand, eine wesentliche Bereicherung gesehen werden. EYSENCKS besonderes Verdienst liegt jedoch ohne Zweifel auf dem Gebiet der wissenschaftlichen Kommunikationsleistung. Durch seine Publikations- und Herausgebertätigkeit (vor allem durch die beiden Sammelbände von Standardartikeln der verhaltenstherapeutischen Literatur 1960 und 1964) hat EYSENCK entscheidend dazu beigetragen, verhaltenstherapeutischen Bemühungen innerhalb und außerhalb des engeren Fachkreises zum Durchbruch zu verhelfen.

EYSENCKS eigene Auffassungen zum Problem der Verhaltenstherapie sind, wie schon erwähnt, stark von seinen persönlichkeitspsychologischen Interessen beeinflußt. 1955 erschien sein Artikel «A dynamic theory of anxiety and hysteria», der ausdrücklich dem Versuch gewidmet ist, Lerntheorie, Persönlichkeitstheorie und Neurosenlehre miteinander in Beziehung zu bringen. EYSENCK geht dabei von dem offensichtlichen Widerspruch aus, den die beiden 1950 erschienenen Bücher von DOLLARD & MILLER(«Personality and psychotherapy») und MOWRER («Learning theory and personality dynamics») in theoretischer Hinsicht enthalten. Obwohl beide Male angenommen wird, daß die Entstehung von Neurosen aufs engste mit dem Sozialisierungsprozeß zusammenhängt, sind die Autoren, wie wir bereits ausgeführt haben, über das «Wie» dieser Genese doch ganz verschiedener Meinung.

Psychoanalytisch formuliert unterdrücken nach DOLLARD und MILLER im Anschluß an FREUD «Überich» und «Ich» dabei das «Es», während nach MOWRER «Es» und «Ich» das «Überich» unterdrücken. Daraus ergeben sich natürlich entsprechend verschiedene Schlußfolgerungen für die Therapie.

EYSENCK sieht die Ursache solcher Widersprüche vor allem darin, daß die zugrunde liegenden Persönlichkeitstheorien noch sehr viel weniger fortgeschritten sind als die lerntheoretischen Konzepte, und bietet als Alternative sein eigenes persönlichkeitspsychologisches Modell an (EYSENCK, 1947, 1952, 1953). Dieses Modell beruht auf der von zahlreichen faktorenanalytischen Studien ausgehenden Annahme, daß Neurotizismus einerseits, Extraversion-Introversion andererseits die Hauptdimensionen der Persönlichkeit darstellen. Den Extravertierten und Introvertierten entsprechen im Fehlanpassungsbereich, d. h. im Bereich hoher Neurotizismuswerte, Hysteriker und Psychopathen einerseits, Angst- und Zwangsneurotiker andererseits.

Von besonderer Bedeutung ist dabei die theoretische Grundlage der Extraversions-Introversions-Dimension, nämlich der Hemmungsbegriff. Es gibt kaum einen anderen Begriff in der Lerntheorie und vor allem in den lerntheoretischen Ansätzen zur Psychotherapie, der so schwierig zu fassen ist und der zu so vielen Meinungsverschiedenheiten und Mißverständnissen Anlaß gegeben hat. Wir haben ihn im Lauf unserer Übersicht bereits wiederholt an zentraler Stelle vorgefunden. EYSENCK bezieht sich in der Hemmungsfrage vor allem auf PAWLOW und auf HULL. Er führt jedoch verschiedene neue Gesichtspunkte ein, die es erforderlich machen, seine Position in dieser Hinsicht zunächst einer Klärung zu unterziehen.

Dabei ist es besonders wichtig, auf ein Faktum hinzuweisen, das leicht Verwirrung stiften kann. EYSENCK setzt im Anschluß an HULL den PAWLOWschen und den HULLschen Hemmungsbegriff einander in gewisser Weise gleich, was nicht ohne weiteres möglich ist.

Für HULL gibt es zwei Arten der Hemmung, die wir bereits an früherer Stelle besprochen haben: die reaktive Hemmung, ein Konzept, das große Ähnlichkeit mit dem Ermüdungsbegriff hat, und in enger Verbindung damit die konditionierte Hemmung, daß man nämlich auf ein Signal hin lernen kann, etwas *nicht* zu tun. Auf eine weitere Hemmungsmöglichkeit, nämlich die von ihm sogenannte assoziative Hemmung, die in etwa WOLPES reziproker Hemmung und PAWLOWS unbedingter Hemmung entspricht, geht er nur ganz flüchtig ein (1943, S. 341).

Für PAWLOW ist «Hemmung» ein sehr viel weiterer und vielfältigerer Begriff. Wohl spricht er unter anderem (vgl. etwa PAWLOW, 1953, III/2, S. 541) von einer Art der Hemmung, nämlich der Überbelastungshemmung, die man in Beziehung zu HULLS reaktiver Hemmung bringen kann, doch handelt es sich dabei keineswegs um das Kernstück seiner Hemmungstheorie.

Die Ausführungen PAWLOWS, auf die sich HULL (1943) stützt, lauten in der von HULL zitierten englischen Ausgabe der «Vorlesungen über die Arbeit der Großhirnhemisphären» von 1927:

"The development of inhibition in the case of conditioned reflexes which remain without reinforcement must be considered only as a special instance of a more general case, since a state of inhibition can develop also when the conditioned reflexes are reinforced. The cortical cells under the influence of the conditioned stimulus always tend to pass, though somewhat very slowly, into a state of inhibition... This inhibition is of the same character as the internal inhibition which has been described in previous lectures, and it exhibits the same properties of irradiating to other cortical elements, which were not primarily involved." (S. 234–248)

Dieses Zitat legt tatsächlich eine Verbindung zum HULL-schen Konzept der reaktiven Hemmung nahe. Es hätte aber manchen Mißverständnissen vorgebeugt, wenn darauf hingewiesen worden wäre, daß PAWLOWS Ausführungen auf S. 249 folgendermaßen fortgesetzt werden:

"It is obvious that only certain cases of the development or disappearance of inhibition can be brought into relation with a supposed functional exhaustion and recovery of the cortical elements, and we cannot interpret in this fashion the cases of permanent and unvarying inhibitions in which the activity of the cortex is so rich–for example, all cases where an established inhibitory conditioned stimulus evokes an inhibition of the cortical elements directly and without a preceding phase of excitation–as, for instance, in the case of differentiation and conditioned inhibition." (S. 249)

Zusammenfassend können wir also sagen: HULLS Annahme, daß das Auftreten jeder Reaktion zugleich eine reaktive Hemmung, eine Tendenz zum Nicht-Wiederauftreten hervorruft, entspricht in etwa PAWLOWS Annahme von der Überbelastungshemmung, die bei Erschöpfung der Nervenzellen durch wiederholte Darbietung eines Reizes entsteht. Die Überbelastungshemmung ist für PAWLOW jedoch nur eine von mehreren Arten der Hemmung, für die zwar dieselben physikalisch-chemischen Grundlagen, aber verschiedene Entstehungsbedingungen angenommen werden. In seinem Gesamtwerk (die amerikanischen Lerntheoretiker beziehen sich weitgehend nur auf die 1924 abgehaltenen «Vorlesungen über die Arbeit der Großhirnhemisphären») nehmen die anderen Hemmungsarten, darunter vor allem die Differenzierungshemmung, mindestens ebenso großen Raum ein. Daß sich in der Weiterentwicklung der PAWLOWschen Lehre mit den Methoden der modernen Neurophysiologie zudem gerade in der Frage der Überbelastungs- oder Schutzhemmung gewichtige Einwände gegen die ursprüngliche Auffassung ergeben haben (und zwar nicht gegen das Phänomen an sich, sondern gegen die Annahme, daß der Schutzmechanismus mit der Erschöpfung der einzelnen kortikalen Ganglienzellen zusammenhängt), sei nur am Rande vermerkt (vgl. PICKENHAIN, 1959, S. 54f.).

In engem Zusammenhang mit diesen theoretischen Problemen steht ein weiteres, das auch aus mehr praxisorientierter Sicht häufig Anlaß zu Verwirrung gibt. Indem er den Hemmungsbegriff zu differentiellen Fragen in Beziehung bringt, stellt EYSENCK die Hypothese auf, daß Individuen mit starken Tendenzen zu reaktiver Hemmung dazu prädisponiert sind, extravertierte Verhaltensmuster und im Fall eines neurotischen Zusammenbruchs hysterisch-psychopathische Störungen zu entwickeln, Individuen mit schwachen Tendenzen zu reaktiver Hemmung dagegen dazu, introvertierte Verhaltensmuster und im Fall eines neurotischen Zusammenbruchs dysthymische (ängstlich-verstimmte) Störungen zu entwickeln. In der PAWLOWschen Typologie nach «Stärke» und «Schwäche» des Nervensystems würde dem «schwachen» Persönlichkeitstypus der Introvertierte, dem «starken» Persönlichkeitstypus der Extravertierte entsprechen. In seiner gemeinsam mit LEVEY in deutscher Sprache veröffentlichten Arbeit von 1967, die, nach einem Vortrag auf dem Internationalen Kongreß für Psychologie 1966 in Moskau abgefaßt, den Titel «Konditionierung, Introversion-Extraversion und die Stärke des Nervensystems» trägt, geht EYSENCK auf diese Parallelisierung ausführlich ein. Es erscheint jedoch wesentlich, in diesem Zusammenhang nicht zu übersehen, daß PAWLOW unter einem «starken» Nervensystem keineswegs eines mit starken Hemmungen allein, sondern eines mit starken Erregungen *und* starken Hemmungen versteht. Außerdem werden in der Klassifikation der höheren Nerventätigkeit des Menschen die spezifischen Besonderheiten, die durch das Vorhandensein des zweiten Signalsystems (also der sprachlichen Verbindungen) gegeben sind, an hervorragender Stelle mit berücksichtigt. Alle diese Umstände lassen eine einfache Gleichsetzung (bekanntlich gibt es *den* starken Typ bei PAWLOW ja nicht, sondern es werden mehrere Untergruppen unterschieden) als diskutabel erscheinen. In der Tat drückt sich EYSENCK selbst in seinem 1967 erschienen Buch «The biological basis of personality» diesbezüglich sehr viel zurückhaltender aus.

Unabhängig vom Problem der Parallelisierung der Typologien PAWLOWS und EYSENCKS bleibt jedoch als ein zentraler Punkt der EYSENCKschen Auffassungen die Hypothese bestehen, daß es sich bei den Introvertierten um Individuen mit Überwiegen der Erregungsprozesse, bei den Extravertierten um Individuen mit Überwiegen der Hemmungsprozesse handelt. Das scheint zunächst dem Sprachgebrauch des Alltags ebenso wie dem common sense zu widersprechen.

EYSENCK selbst geht 1955 in einer Fußnote auf das vermeintliche Paradoxon ein, indem er schreibt:

"It is unfortunate that the term 'inhibition' is commonly used in so many different senses. As far as the usual physiological meaning of the term is concerned, as discussed, for instance, by Eccles (1953), little confusion is likely to arise. Experience has shown, however, that some confusion is caused by the fact that cortical inhibition as conceived here is considered to be a causal agent of *lack* of behavioural inhibition, whereas lack of cortical inhibition, on the other hand, is accompanied by inhibited behaviour. This semantic difficulty needs only to be pointed out in order to become innocuous." (S. 43)

Allerdings zeigen die zahlreichen Mißverständnisse in dieser Frage immer wieder, daß mit einer solchen semantischen Klärung allein die Wurzel der Verwirrung nicht beseitigt ist. In seinem Buch von 1957 «The dynamics of anxiety and hysteria. An experimental application of modern learning theory to psychiatry» versucht EYSENCK den Widerspruch darauf zurückzuführen, daß das ursprüngliche Konzept PAWLOWS nicht als abgeschlossenes System im strengen Sinn aufzufassen sei. Uns scheint die Hauptschwierigkeit jedoch, wie bereits erwähnt, darin zu liegen, daß PAWLOWS pluralistische Auffassung des Hemmungsbegriffs bei EYSENCK wie bei HULL nicht genügend berücksichtigt wird.

Kehren wir nach diesem Exkurs über den Hemmungsbegriff nun wieder zu EYSENCKS Überlegungen über das Zustandekommen von Verhaltensstörungen zurück! Ausgehend von MOWRERS Zweifaktorentheorie von 1950 unterscheidet EYSENCK zwischen dem Lernen von Problemlösungen über das Zentralnervensystem und dem Lernen von Emotionen über das autonome Nervensystem. Lernvorgänge der letzteren Art, die als Konditionierung bezeichnet werden, sind weitgehend für den Sozialisierungsprozeß – sozusagen für den Erwerb eines «Überichs» – verantwortlich. Aus der Annahme der rascheren Konditionierung von Introvertierten auf der Basis des Überwiegens des Erregungs- über den Hemmungsprozeß ergibt sich dann die Folgerung, daß

"... if the process of socialization is based on a conditioning procedure, then, other things being equal, the extreme introvert, subjected to a standard process of cultural indoctrination, should become oversocialized as compared with the average sort of person, while the extreme extravert, subjected to the same process, would become undersocialized as compared with the average person...

The facts seem to fit the pattern remarkably well. It is one of the characteristics of the psychopathic, hysterical group that they transgress the morals of society in many ways (lying, stealing, sexual delinquency, avoidance of responsibility, etc.), while dysthymics, on the other hand, are overscrupulous, over-concerned with ethical and similar problems, and as over-inhibited in the behavioural field as the hysterical, psychopathic group is under-inhibited." (1955, S. 42 f.)

Der einleitend aufgezeigte Widerspruch zwischen den Auffassungen von MOWRER (1950) und DOLLARD & MILLER (1950) läßt sich auflösen, wenn man mit EYSENCK auf dieser Grundlage unterstellt, daß sich MOWRER auf den hysterisch-psychopathischen Neurotikertyp bezieht, DOLLARD & MILLER jedoch den dysthymischen Neurotikertyp im Auge haben, d. h. daß mehr oder weniger implicite die Extraversion-Introversions-Dimension in diese Überlegungen eingegangen ist.

Freilich gibt es zahlreiche Detailfragen, die mit Hilfe dieser Theorie nicht ohne weiteres zu beantworten sind. Eine davon bezieht sich etwa auf den Begriff der Soziabilität, der Geselligkeit. Nur mit Hilfe verschiedener Zusatzannahmen ist es zu erklären, daß dieses Merkmal beim Extravertierten sehr viel stärker ausgeprägt ist als beim «übersozialisierten» Introvertierten.

Andere Schwierigkeiten ergeben sich aus den Zusammenhängen, die von EYSENCK zwischen diesen persönlichkeitspsychologischen Annahmen und der Wirkung verschiedener Drogen hergestellt werden (vgl. etwa EYSENCK, 1957). Wir können hier auf die sogenannten Drogenpostulate nicht näher eingehen. Es soll nur darauf hingewiesen werden, daß auch in dieser Hinsicht die Mehrdeutigkeit des Hemmungsbegriffs häufig zu Mißverständnissen führt.

Der Anwendung des skizzierten Standpunktes auf die Therapie von Verhaltensstörungen ist das letzte Kapitel des Buches von 1957 gewidmet. EYSENCK steht dabei jenen theoretischen Ansätzen, die in erster Linie einen Übertragungsversuch tiefenpsychologischer in experimentalpsychologische Begriffe darstellen (vgl. etwa DOLLARD & MILLER, 1950), kritisch gegenüber. Seine eigene Auffassung formuliert er in folgender Weise:

"The writer would like to oppose to this view another which might be called the Pavlovian, although Pavlov himself never attempted to formulate any comprehensive theory of neurotic behaviour. However, such a view is implicit in his general outlook and might be presented somewhat like this. Symptoms are learned S–R connections; once they are extinguished or deconditioned treatment is complete. Such treatment is based exclusively on present factors; like Lewin's theory, this one is a-historical. Non-verbal methods are favoured over verbal ones although a minor place is reserved for verbal methods of extinction and reconditioning. Concern is with *function*, not with *content*...

The difference between the theories might be phrased like this. According to Freud, there is a 'disease' which produces symptoms; cure the disease and the symptoms will vanish. According to the alternative view, there is no 'disease', there are merely wrong habits which have been learned and must be unlearned. If such 'unlearning' and 're-learning' is efficacious, and there is no evidence of any 'disease', then surely we must dismiss this additional concept as superfluous." (S. 267 f.)

EYSENCK führt als Beispiele für erfolgreiche Ansätze dieser Art («conditioning procedures») zahlreiche Einzelarbeiten an, darunter die Enuresis-Therapie durch MOWRER (1950), die Tic-Therapie durch YATES (1958) und die Dekonditionierungsstudie von JONES (1956) sowie die ersten Arbeiten WOLPES (1952, 1954) zur reziproken Hemmung. WOLPE gegenüber grenzt er seinen Standpunkt dahingehend ab, daß er der von WOLPE vorgeschlagenen Therapie durch reziproke Hemmung als einem Spezialfall experimenteller Extinktion zwar besondere Bedeutung zuerkennt, prinzipiell aber auch andere Extinktionsmethoden, die jeweils auf den Einzelfall zugeschnitten sein müßten, als therapeutische Möglichkeiten in Erwägung zieht.

Seit 1959 hat EYSENCK in seinen Publikationen dann immer spezieller und ausführlicher zum Problem der Verhaltenstherapie, wie er die auf der experimentellen Lernpsychologie basierenden Methoden 1959 nennt[1], Stellung genommen. Von der maßgeblichen Wirkung, die den beiden 1960 und 1964 von ihm herausgegebenen Sammelbänden verhaltenstherapeutischer Einzelarbeiten zukommt, ist bereits gesprochen worden. In einer grundsätzlichen Abhandlung am Beginn des Sammelbandes von 1960 (1959 als Zeitschriftenpublikation veröffentlicht) werden für die Dimensionen Neurotizismus und Introversion-Extraversion die Termini «autonomic reactivity» und «conditionability» gebraucht. Vom Zusammenspiel dieser anlagemäßigen Faktoren mit den Umweltbedingungen hängt es ab, ob es zu neurotischen, d. h. nicht

---

[1] LAZARUS hat, wie er im Vorwort zu seinem 1966 gemeinsam mit WOLPE veröffentlichtem Buch anführt, den Ausdruck «behavior therapy» bereits 1958 verwendet. 1954 findet sich der Terminus in einem Forschungsbericht von LINDSLEY (zit. nach YATES, 1970).

angepaßten Verhaltensweisen kommt. Die Betonung genetischer Gesichtspunkte soll dabei nicht als Anlaß zum therapeutischen Nihilismus verstanden werden, sondern im Gegenteil dazu beitragen, auf der Grundlage einer sorgfältigen Diagnose die individuell angemessene Therapie zu wählen.

Dabei werden zwei Hauptklassen von neurotischen Symptomen unterschieden: zu stark gelernte Verhaltensweisen («surplus conditioned reactions») und zu schwach gelernte Verhaltensweisen («deficient conditioned reactions»). Wie es zu diesem «Über»- oder «Unter»-Lernen kommen kann, ist ja bereits ausführlich referiert worden. Entsprechend gibt es auch zwei grundlegende Behandlungsmethoden: die Abschwächung, bzw. Elimination von Reaktionen und die Festigung, bzw. den Erwerb von Reaktionen. EYSENCK fügt dann eine Aufstellung der wesentlichen Differenzen zwischen «klassischer Psychotherapie» und «Verhaltenstherapie» an, auf deren wichtigste Punkte wir im folgenden kurz eingehen wollen.

Dazu gehört vor allem das bereits erwähnte Problem der sogenannten symptomatischen Behandlung. Während nach tiefenpsychologischer Auffassung Symptome nur der Ausdruck unbewußter Störungen und Komplexe sind, die gelöst werden müssen, bevor von Heilung gesprochen werden kann, besteht für EYSENCK und die meisten anderen Verhaltenstherapeuten die Neurose eben in den Symptomen selbst als unangepaßten gelernten Verhaltensweisen:

"...there is no neurosis underlying the symptom, but merely the symptom itself. *Get rid of the symptom and you have eliminated the neurosis.*" (EYSENCK 1960, S. 9)

EYSENCK betont, daß nach den bisher vorliegenden Befunden kein Grund zur Annahme einer gesetzmäßigen Symptomsubstitution besteht. Handelt es sich um mehrere Symptome, so muß selbstverständlich jedes einzelne behandelt werden. Besonders wichtig sind dabei jene Fälle, in denen motorische und autonom-vegetative Reaktionen in einem Zustandsbild gekoppelt sind. Hier genügt es nicht, nur die motorische Komponente, etwa Ticbewegungen, zum Erlöschen zu bringen. Vielmehr muß gleichzeitig die autonome Komponente, nämlich die Angst, eliminiert werden. Erst dann trifft zu, daß mit dem Verschwinden der Symptome auch die Neurose verschwunden ist. Wir werden auf diese Frage abschließend noch einmal zu sprechen kommen.

Ein anderer bedeutsamer Unterschied zum FREUDschen Neurosenmodell findet sich in der Frage des Zeitpunkts der Neurosenentstehung. Obwohl auch EYSENCK frühkindlichen traumatischen Erlebnissen durchaus neurosengenerierende Wirkung zuschreibt, betont er doch in Abhebung von der Psychoanalyse, daß neurotische Verhaltensstörungen auch im späteren Alter und durch langsame Summation von Streßeffekten zustande kommen könnten. Die praktisch-klinische Erfahrung scheint dieser Auffassung weitgehend zu entsprechen.

In seinem 1965 gemeinsam mit RACHMAN veröffentlichten Buch «The causes and cures of neurosis. An introduction to modern behaviour therapy based on learning theory and the principles of conditioning» (1967 in deutscher Übersetzung erschienen) entwickelt EYSENCK auf dem bereits skizzierten persönlichkeitstheoretischen Hintergrund eine Dreiphasentheorie der Neurosenentstehung.

In der ersten Phase werden durch ein einzelnes traumatisches Ereignis oder durch eine Serie von subtraumatischen Ereignissen auf unkonditionierte Weise starke vegetative Reaktionen hervorgerufen. Dieser Zustand ist für den Organismus belastend, obwohl es fraglich ist, ob man seine Auswirkungen bereits als neurotisch bezeichnen soll.

Im zweiten Stadium findet dann der substantielle Lernprozeß statt: ein zuerst neutraler Reiz wird durch Assoziation mit dem unbedingten Reiz, der die starken Emotionen hervorruft, ebenfalls zum Auslöser dieser Emotionen. Werden Neurosen auf diese Art nach dem PAWLOWschen Paradigma gelernt, so müßte es nach einiger Zeit zum Erlöschen der Reaktion, zur spontanen Remission, kommen, wenn der bedingte Reiz nicht immer wieder bekräftigt wird. Von jenen Fällen, in denen eine solche spontane Remission nicht auftritt (EYSENCK hält die Quote der «Selbstheilungen» an sich für ziemlich hoch) wird angenommen, daß sie das dritte Stadium in der Entwicklung der neurotischen Störung erreicht haben.

Diese Phase ist dadurch charakterisiert, daß, da im Humanbereich im Gegensatz zu den entsprechenden Tierversuchen
im allgemeinen die Möglichkeit besteht, den angstauslösenden Reizen auszuweichen, durch einen instrumentellen Konditionierungsvorgang die Vermeidung des gefürchteten Objekts erlernt und damit die Extinktion verhindert wird.

Im Anschluß an das eben referierte Modell unterscheidet
EYSENCK zwischen «Störungen erster Art» und «Störungen
zweiter Art». Störungen erster Art oder dysthymische Störungen entwickeln sich nach der Dreiphasentheorie, zu ihnen
zählen phobische Reaktionen, Angstzustände, Zwangsneurosen usw., ihr Kernstück ist die Konditionierung von Angstreaktionen.

Bei den Störungen zweiter Art werden zwei Subgruppen
unterschieden. Die eine ist durch das Fehlen bestimmter sozialer Konditionierungsvorgänge, wie etwa beim psychopathischen Verhalten, charakterisiert. In die zweite Sub-
gruppe gehören jene Störungen, die in positiver Konditionierung von sozial nicht erwünschten Verhaltensweisen bestehen. Sexuelle Fehlhaltungen wie Homosexualität und Fetischismus, aber auch Süchte fallen in diesen Bereich. Auf
Grund der Verstärkung durch Lustgewinn, den diese Verhaltensweisen dem Individuum bringen, ist die Wahrscheinlichkeit einer spontanen Remission hier nur gering.

Anschließend geben EYSENCK und RACHMAN eine sehr klare
und ausführliche Übersicht über die bis dahin vorliegenden
verhaltenstherapeutischen Arbeiten. Sie benützen dabei als
Gliederungsgrundlage die Art der Symptome. In den beiden
letzten Kapiteln werden Ergebnisse und Probleme der Erfolgskontrolle besprochen, wobei die Autoren zu dem Schluß
kommen, daß sich die verhaltenstherapeutischen Methoden
trotz aller noch offenen Fragen bisher in vielversprechender
Weise bewährt haben.

9. Operante Konditionierungsverfahren nach Skinner

Neben dem bereits besprochenen Ansatz von WOLPE haben die lerntheoretisch-psychotherapeutischen Bemühungen, die aus der Schule von B. F. SKINNER hervorgegangen sind, am meisten Verbreitung gefunden. Da die Auffassungen SKINNERS über den Lernprozeß sowie über die adäquaten Forschungsstrategien von den bisher besprochenen in einigen wesentlichen Punkten abweichen, müssen wir zunächst kurz auf die Grundzüge dieser lernpsychologischen Richtung eingehen.

Eine deskriptiv-pragmatische Position vertretend, lehnt SKINNER die Bildung umfassender theoretischer Systeme in hypothetico-deduktiver Art, wie sie bei HULL und in Anlehnung an ihn etwa auch bei EYSENCK eine so wesentliche Rolle spielen, als zur Zeit nutzlos und oft sogar irreführend ab. In einem bekannten Artikel zu diesem Problem («Are theories of learning necessary?») formuliert er seinen Standpunkt 1950 folgendermaßen:

"...it is possible that the most rapid progress toward an understanding of learning may be made by research which is not designed to test theories. An adequate impetus is supplied by the inclination to obtain data showing orderly changes characteristic of the learning process. An acceptable scientific program is to collect data of this sort and to relate them to manipulable variables, selected for study through a common sense exploration of the field." (S. 215)

Im Zusammenhang mit dieser Einstellung, die sich im strengen behavioristischen Sinn nach WATSON lediglich auf direkt beobachtbare Daten stützen will, steht nicht nur die Ablehnung von introspektiven «mentalistischen» Konzepten, sondern auch die von neurophysiologischen Hypothesen, wie sie bei PAWLOW, WOLPE und EYSENCK, aber in gewisser Weise auch bei THORNDIKE und HULL, von Bedeutung sind. Obwohl SKINNER den großen Fortschritt der Neurophysiologie in den letzten Jahrzehnten durchaus anerkennt, ist er doch der Meinung, daß die «Erklärung» des Verhaltens durch physiologische Gegebenheiten vermutlich stets nur beschränkte Möglichkeiten bieten wird.

"Eventually a science of the nervous system based upon direct observation rather than inference will describe the neural states and events which immediately precede instances of behavior... However, we may note here that we not have and may never have this sort of neurological information at the moment it is needed in order to predict a specific instance of behavior. It is even more unlikely that we shall be able to alter the nervous system directly in order to set up the antecedent conditions of a particular instance. The causes to be sought in the nervous system are, therefore, of limited usefulness in the prediction and control of specific behavior." (SKINNER 1953, S. 28f.)

Zu dieser strikt behavioristischen Haltung kommt eine Besonderheit, die SKINNERS System von den üblichen Reiz-Reaktions-Modellen unterscheidet. Für SKINNER (1938, 1953) muß der Reiz, der eine Reaktion hervorruft, nicht immer identifizierbar sein; er unterscheidet zwischen zwei Klassen von Reaktionen: a) *respondents* oder *elicited responses*, die durch bekannte Reize hervorgerufen werden (z.B. die Pupillenkonstriktion auf Licht) und b) *operants* oder *emitted responses*, bei denen der auslösende Reiz nicht unmittelbar und eindeutig zu erkennen ist. Entsprechend gibt es auch zwei Arten des Lernens: «Konditionierung vom Typ S», worunter die üblichen klassischen Konditionierungsexperimente im Sinn PAWLOWS verstanden werden, und «Konditionierung vom Typ R» *(operant conditioning)*. Bei den Lernvorgängen dieser zweiten Art, denen SKINNER weitaus größere Bedeutung zuschreibt, ist es wesentlich, daß die Verstärkung nicht mit dem Reiz, sondern lediglich mit der Reaktion verbunden ist. Was sich durch Belohnungen und Bestrafungen verändert, ist die Häufigkeit, d.h. die Wahrscheinlichkeit einer bestimmten Verhaltensweise. Wie für THORNDIKE und HULL steht auch für SKINNER der Begriff der Verstärkung (d.h. vor allem der Belohnung) im Mittelpunkt. Die Definition eines Verstärkers ist dabei rein verhaltenszentriert: Ereignisse, auf die eine Veränderung von Verhaltenshäufigkeiten folgt, haben verstärkende Wirkung. SKINNER formuliert seine Auffassung zu diesem Problem 1938 folgendermaßen:

"The operation of reinforcement is defined as the presentation of a certain kind of stimulus in a temporal relation with either a stimulus or a response. A reinforcing stimulus is defined as such by its power to produce the resulting change. There is no circularity about this; some stimuli are found to produce the change, others not, and they are classified as reinforcing and non-reinforcing accordingly. A stimulus may possess the power to reinforce when it is first presented (when it is usually the stimulus of an unconditioned respondent) or it may acquire the power through conditioning..." (S. 62)

Der zentralen Rolle der Verstärkung im Lernvorgang entsprechend sind in SKINNERS System die verschiedenen «Verstärkungspläne» («schedules of reinforcement»; vgl. vor allem FERSTER & SKINNER, 1957) von großer Bedeutung. Da es ohne die Kenntnis dieser Termini schwierig ist, sich in den einschlägigen klinisch-experimentellen Arbeiten zurechtzufinden, wollen wir hier (vor allem SIDMAN, 1962, folgend) eine kurze Übersicht über die wichtigsten und gebräuchlichsten Methoden geben.

1. Kontinuierliche Verstärkung

Bei dieser einfachsten Form der Verstärkung erfolgt für jede adäquate Reaktion eine Belohnung. Das hat allerdings beispielsweise im Tierexperiment, wenn mit Futter verstärkt wird, den Nachteil, daß das Versuchstier bald gesättigt ist und dann nur mehr wenige Beobachtungsdaten produziert.

2. Konstante Intervallverstärkung

Verstärkungen brauchen jedoch nicht kontinuierlich zu sein, um zu wirken; auch wenn die Belohnung nur partiell oder intermittierend ist, d.h. wenn nicht jede einzelne Reaktion einer Reaktionsklasse belohnt wird, nehmen die Frequenzen in dieser Reaktionsklasse allmählich zu. Bei der konstanten Intervallverstärkung («fixed-interval reinforcement», «Zeitintervallverstärkung» nach CORRELL, 1965, «Intervallbekräftigung» nach FOPPA, 1965) wird die Verteilung der Verstärkungen folgendermaßen gesteuert: eine bestimmte Zeitspanne (z.B. fünf Minuten) hindurch wird das Individuum nicht belohnt, auch wenn es richtig reagiert. Die erste adäquate Reaktion nach Ablauf des Intervalls wird belohnt, worauf das «verstärkungslose» Intervall wieder von vorn beginnt. Dabei läßt sich nach einiger Zeit feststellen, daß nach einer Verstärkung die Frequenz der Reaktionen zunächst abnimmt, um dann allmählich wieder anzusteigen, bis sie kurz vor der nächsten Verstärkung einen Höhepunkt erreicht.

3. Variable Intervallverstärkung

Wird der Zeitabstand in einer solchen Prozedur nicht konstant gehalten, so spricht man von einer variablen Intervallverstärkung («variable-interval reinforcement»). Naheliegenderweise treten die eben erwähnten zyklischen Phänomene dabei nicht auf; die Reaktionsfrequenz bleibt die ganze Zeit hindurch annähernd gleich.

4. Konstante Quotenverstärkung

Eine andere Möglichkeit eines intermittierenden Verstärkungsplanes besteht darin, das Individuum jeweils nach einer bestimmten Anzahl von Reaktionen zu belohnen («fixed-ratio-reinforcement», «Reaktionsquotenverstärkung» nach CORRELL, 1965, «Quotenbekräftigung» nach FOPPA, 1965). Wie bei der konstanten Intervallverstärkung treten auch hier gewöhnlich nach einer Verstärkung Pausen in der Aktivität des Individuums auf (CORRELL, 1965, spricht in beiden Fällen vom «Lorbeer-Effekt»).

5. Variable Quotenverstärkung

In Analogie zur variablen Intervallverstärkung können selbstverständlich auch die Quoten, für die jeweils belohnt wird, variieren («variable-ratio reinforcement»). Wie SIDMAN (1962) betont, ist diese Methode im Hinblick auf die Reaktionsfrequenz im allgemeinen besonders wirkungsvoll.

In zahlreichen Tierexperimenten (vor allem an Ratten und Tauben) wurde der Prozeß der operanten oder operativen Konditionierung von SKINNER und seinen Mitarbeitern ausführlich untersucht. Nach dem Grundschema solcher Experimentalsituationen befindet sich das Versuchstier in einem Käfig (SKINNER-BOX), der so konstruiert ist, daß der Versuchsleiter durch Druck auf einen Knopf von außen eine Futterpille in den Käfig fallen lassen kann. Es wird nun nicht, wie es etwa in THORNDIKES Versuchen der Fall ist, abgewartet, bis die zu erlernende Verhaltensweise (z. B. die Berührung eines Hebels) zufällig (durch «trial and error») auftritt, und dann eine Verstärkung gegeben. Vielmehr belohnt der Versuchsleiter immer gleich dann, wenn das Tier auch nur die geringste Bewegung in der gewünschten Richtung zeigt. Auf diese Weise wird über eine Kette von der Zielhandlung immer ähnlicheren Reaktionen schließlich die gewünschte Reaktion herbeigeführt. Diesen Approximationsvorgang bezeichnet Skinner als «*shaping*» (Verhaltensformung).

Auf der Basis solcher Prozeduren, die natürlich in verschiedener Weise variiert werden können, haben Skinner und seine Schüler, für die die praktische Verwertung lernpsychologischer Ergebnisse ein besonderes Anliegen ist, vor allem in zwei Richtungen Brücken zur Anwendung im Humanbereich geschlagen: 1. im Programmierten Lernen und 2. in den Versuchen zur Modifikation gestörten Verhaltens. Auf den ersten Ansatz, der in den letzten Jahren auch in Europa umfassende Bemühungen zur Neugestaltung der traditionellen Unterrichtsformen ausgelöst hat, brauchen wir hier nicht einzugehen. Der zweite Problemkreis gehört dagegen unmittelbar zu unserem Thema: er betrifft die Verhaltenstherapie Skinnerscher Orientierung.

Sehen wir zunächst, was Skinner selbst an grundsätzlichen Überlegungen zur Frage der Psychotherapie vorgebracht hat!

In dem 1953 erschienenen Buch «Science and human behavior» ist ein Kapitel explicite psychotherapeutischen Problemen gewidmet. Skinner geht dabei davon aus, daß das Verhalten des Individuums zunächst durch primäre Verstärkungen (also durch die Befriedigung seiner vitalen Bedürfnisse) gesteuert wird. Allmählich beginnen die Anforderungen der Gemeinschaft (Eltern, Kameraden, Religion, Gesetz usw.) das egozentrische Verhalten zu beeinflussen. Häufig führt diese Kontrolle jedoch zu Nebeneffekten, die sowohl für das Individuum als auch für die Gruppe nicht von Vorteil sind. Die Beseitigung solcher unangenehmen Nebenerscheinungen, die vor allem dann entstehen, wenn die Beeinflussung besonders massiv oder besonders unregelmäßig ist, stellt das Hauptanliegen der Psychotherapie dar. (Wir finden hier einen Gedanken vor, den wir schon wiederholt, am stärksten ausgeprägt bei Salter und Dollard & Miller, angetroffen haben.)

Zu strenge oder inkonsistente Bestrafung kann sowohl im Gefühlsbereich als auch im Handlungsbereich negative Phänomene hervorrufen. Zu den negativen emotionalen Reaktionen gehören Furcht und Angst, Zorn und Wut und Depressionen. Sowohl Desorganisationserscheinungen des Verhaltens als auch sogenannte psychosomatische Störungen können hier ihren Ursprung haben. In beiden Fällen handelt es sich darum, das erste Glied der kausalen Kette aufzufinden und zu beeinflussen. Es liegt stets in den Umwelterfahrungen des Individuums.

Die Auswirkung ungünstiger Kontrolle im instrumentellen Verhalten, im Handlungsbereich, kann ebenfalls verschiedene Formen annehmen. Fluchttendenzen vor «aversiver Selbststimulation», d.h. vor Angst- und Schuldgefühlen, manifestieren sich etwa in Süchtigkeit oder in nervöser Unrast, für die sich oft keine Erklärung finden läßt als die, daß die Betroffenen bestrebt sind, «etwas anderes zu tun», nämlich sich Reizen auszusetzen, die den internen Reizen, die zu Depression und Angst als emotionalen Beiprodukten ehemaliger extremer Bestrafung führen, entgegenwirken sollen. (Erinnern wir uns dabei an den Begriff der Reaktionsinkompatibilität, der bei WOLPE eine so zentrale Rolle spielt!) Verschiedene Zwangshandlungen scheinen aus denselben Quellen zu stammen.

Andere Reaktionen auf zu strenge Bestrafung sind übermäßige Vorsicht, wie sie sich in Zurückgezogenheit, Gehemmtheit und Scheu äußert: die Gelegenheiten zu weiterer Bestrafung sollen dadurch möglichst eingeschränkt werden. Wird diese Selbstrestriktion extrem stark, so kann es zu hysterischen Erscheinungen wie hysterischer Taubheit, Lähmung usw. oder zu Halluzinationen kommen.

In welcher Form kann nun die Psychotherapie als ebenfalls «kontrollierende» d.h. modifizierende Instanz bei solchen Störungen eingreifen?

Ähnlich wie DOLLARD & MILLER es tun, gibt auch SKINNER (allerdings ohne es dabei bewenden zu lassen) eine lernpsychologische Reinterpretation der klassischen FREUDschen Psychotherapie, die hier als Paradigma für eine ganze Reihe von therapeutischen Techniken steht.

Die wichtigste Aufgabe des Psychotherapeuten besteht zunächst darin, für den Klienten eine mögliche Quelle von Verstärkungen zu werden. Seine anfängliche Verstärkerfunktion beruht lediglich auf dem Prestige der Therapeutenrolle und ähnlichen allgemeinen Gegebenheiten. Gelingt es dem Therapeuten jedoch, die Schwierigkeiten des Patienten zu vermindern, so nimmt seine Verstärkerfunktion zu, und er kann auf ihrer Basis den Klienten immer leichter dahinbringen, gewisse Handlungen durchzuführen oder zu unterlassen.

Eine besonders wesentliche Maxime lautet dabei: «... the therapist constitutes himself a nonpunishing audience» (1953, S. 370). Für den Klienten ist der Therapeut zunächst ebenfalls Angehöriger einer Gruppe, von der er in seiner Lebensgeschichte übermäßige Bestrafung erfahren hat. Diese Rolle muß der Therapeut im Lauf der Behandlung durch nichtbestrafendes, akzeptierendes Verhalten so weit verändern, daß der Klient schließlich auch bisher verdrängtes «strafbares» Verhalten (z.B. Aggressivität oder sexuelle Wünsche) zu äußern wagt. Werden solche Äußerungen nicht bestraft, so verschwinden die begleitenden Angst- und Schuldgefühle allmählich. Der wesentliche Effekt einer Therapie solcher Art wird also auch hier in Extinktionsvorgängen gesehen.

Völlig im Gegensatz zu Mowrer nimmt Skinner dementsprechend an, daß die Psychotherapie in gewisser Hinsicht den von der Gesellschaft bisher angewendeten Techniken zur Verhaltenskontrolle entgegenwirken muß. Trotzdem weist er den Einwand zurück, daß die Psychotherapie auf diese Art «unmoralische» Verhaltensweisen fördere. Ähnlich wie Salter vertritt er die Meinung, daß bestimmte konventionelle Restriktionen natürlich notwendig sind und vom Klienten auch akzeptiert werden müssen, daß aber Art und Ausmaß dieser Restriktionen gelegentlich einer Korrektur bedürfen (vgl. Skinner, 1953, S. 372).

Obwohl Skinner Freuds Verdienste vor allem im Hinblick auf die Betonung der kausalen Determination des Verhaltens durchaus anerkennt, betrachtet er tiefenpsychologische Interpretationen von neurotischen Störungen als unwesentlich, d.h. als reine «explanatory fictions». Vor allem wendet er sich (diesbezüglich derselben Meinung wie Wolpe und Eysenck) gegen die Auffassung, daß durch psychotherapeutische Beeinflussung irgendwelche verborgenen Ursachen seelischer Störungen behoben würden. Was gestört ist und was verändert werden muß, ist ausschließlich das Verhalten. Auch hier werden also Symptome und Neurose einander gleichgesetzt.

Während SKINNER der ungünstigen Wirkung von Bestrafungen hier wie auch im Bereich des Programmierten Lernens besonderes Gewicht beimißt, erkennt er doch an, daß es noch andere Arten der Genese von Verhaltensstörungen gibt. Lassen sich besondere aversive Ereignisse in der Vorgeschichte des Klienten nicht aufzeigen (etwa bei Fällen, deren Erziehung unzureichende soziale Kontrolle geboten hat, also bei «under-socialization» im Sinn EYSENCKS), so muß sich der Therapeut darum bemühen, ergänzende Kontrollmöglichkeiten zu entwickeln. Der Extremfall wäre dabei im psychotischen Patienten zu sehen, der sich überhaupt weitgehend der Kontrolle seines Verhaltens durch Verstärkungen entzieht.

Eine andere Variante der Fehlanpassung kann darin liegen, daß unter normalen Bedingungen unerwünschtes Verhalten in der Vorgeschichte des Klienten irgendwann einmal besonders eindrucksvoll belohnt wurde: Wird beispielsweise einem Kind während einer Krankheit sehr viel mehr Aufmerksamkeit zugewendet als sonst, so kann das unter Umständen zu mehr oder weniger klar bewußter Fixierung der begleitenden Verhaltensweisen führen. In solchen Fällen muß die Therapie darin bestehen, neue Kontingenzen zu schaffen, in denen das unerwünschte Verhalten gelöscht wird, d.h. die betreffende Reaktion darf nicht weiter durch Zuwendung verstärkt werden.

In dem 1959 erschienenen Sammelband SKINNERscher Arbeiten trägt ein Abschnitt die Überschrift «The analysis of neurotic and psychotic behavior». Er umfaßt drei Artikel. Der erste dieser Artikel («A critique of psychoanalytic concepts and theories») wurde 1953 als Kongreßreferat vorgetragen. Er diskutiert und kritisiert vor allem wieder die «fiktiven Erklärungen» tiefenpsychologischer Denkweise. Durch die Einschaltung eines mentalen Zwischenglieds zwischen die beobachtbaren Größen «Umweltereignis» und «Verhalten» wird nichts gewonnen, vielmehr wird die Zuordnung von Umweltereignissen zu Verhaltenseinheiten häufig dadurch erschwert.

Die Bedeutung, die SKINNER der operationalen Definition psychologischer Begriffe zuschreibt (vgl. dazu in allgemeiner Hinsicht SKINNER, 1959), wird in dem zweiten Artikel, der, 1954 auf einem Kongreß referiert, den Titel «Psychology in the understanding of mental disease» trägt, noch unterstrichen. Eine Beschreibung sogenannter mentaler Störungen in Verhaltensbegriffen erlaubt eine weit präzisere Charakterisierung dieser Phänomene als bisher und kann daher zur Ätiologie und auf längere Sicht auch zur Therapie von Neurosen und Psychosen wertvolle Beiträge leisten.

Der dritte Artikel, ebenfalls ein Kongreßreferat aus dem Jahre 1953, ist der Frage «What is psychotic behavior?» gewidmet. Im Rahmen dieser vorwiegend wissenschaftstheoretisch orientierten Arbeit wird für die Analyse psychotischen Verhaltens prinzipiell dieselbe Strategie gefordert wie für Verhaltensanalysen überhaupt. Die Häufigkeit bestimmter Aktionen bzw. ihre Wahrscheinlichkeit muß also auch hier als Schlüsselkonzept aufgefaßt werden. Im Hinblick auf die kausale Kette der Ereignisse, die im Prozeß des Verhaltens zusammenwirken, wird wieder betont, daß sich die Psychologie mit den Umwelteinflüssen auf den Organismus und dem mit diesen Umwelteinflüssen in gesetzmäßigem Zusammenhang stehenden Verhalten des Organismus zu befassen hat. Das vernünftigste Programm im augenblicklichen Stand der Forschung scheint darin zu bestehen, auf streng deskriptivem Niveau zu bleiben. Damit soll das, was sich innerhalb des Organismus abspielt, keineswegs als unwissenschaftlich oder unwesentlich abgetan werden. Es gehört aber ins Gebiet der Physiologie und muß mit den entsprechenden Methoden und Begriffen untersucht werden.

Nach dieser allgemeinen Skizzierung der Auffassung der SKINNERschen Schule zu Fragen fehlangepaßten Verhaltens (eine umfassende Darstellung genereller Natur aus der letzten Zeit bietet der Sammelband von HONIG, 1966) soll nun einiges über die spezifische verhaltenstherapeutische Arbeit auf einer solchen Grundlage gesagt werden.

Einschlägige Begriffserklärungen und methodische Prinzipien finden sich u. a. in den Einführungen von FERSTER (1958) und BACHRACH (1964). Sammeldarstellungen von verhaltenstherapeutischen Einzelarbeiten unter dem Gesichtspunkt der operanten Konditionierung haben EYSENCK (1964), FRANKS (1964), KRASNER & ULLMANN (1965) und ULLMANN & KRASNER (1965) vorgelegt.

Wir haben einige der Begriffe, die unter praktisch-verhaltenstherapeutischem Aspekt wesentlich sind, schon bei der Besprechung der SKINNERschen Originalarbeiten kennengelernt: die Bedeutung, die aversiven Ereignissen (Bestrafungen) bei der Entstehung von Verhaltensstörungen zuerkannt wird, die zentrale Rolle, die positive Verstärkungen (Belohnungen) in der gezielten Beeinflussung des Verhaltens spielen, und die allmähliche Annäherung an die gewünschte Verhaltensweise durch das sogenannte «shaping», die Verhaltensformung.

Zu ergänzen ist noch ein methodischer Gesichtspunkt, der den Ansatz der SKINNER-Schule in besonderer Weise charakterisiert. Er betrifft die Betonung des Einzelfalls in Abhebung von der sonst in der modernen Psychologie üblichen Verwendung von Gruppenwerten. Neben SKINNER selbst hat vor allem SIDMAN zu diesem Problem wiederholt Stellung genommen (1960, 1962). BACHRACH (1964) unterstreicht die Notwendigkeit einer einzelfallzentrierten Forschungsstrategie speziell unter klinisch-psychologischem Aspekt, wenn er schreibt:

"Inasmuch as the central focus of behavior therapy is with the individual, the systematic replication with the single individual provides more information and more control than grouping data can possibly do. This is not an argument against group data, but merely a suggestion that behavioral manipulation occurs most reliably and most systematically with individuals. It also does away with a mythical average, a concept which is not entirely useful in clinical behavioral manipulation." (1964, S. 64)

Diese Auffassungen ähneln dem Ansatz von SHAPIRO, der schon relativ früh in zahlreichen Arbeiten Möglichkeiten und Bedeutung des Einzelfallexperiments in Diagnose und Therapie aufgezeigt hat (vgl. etwa SHAPIRO & NELSON, 1955). Eine umfassende wissenschaftstheoretische und methodische Darstellung der Einzelfallproblematik in der klinischen Psychologie gibt HUBER (1973).

Bevorzugte therapeutische Anwendung finden operante Konditionierungsverfahren naheliegenderweise dort, wo die Erfassung des Klienten im verbalen Medium auf Schwierigkeiten stößt, d. h. vor allem in der Beeinflussung von Psychotikern, Geistig-Retardierten und schwer verhaltensgestörten Kindern. Um die Heranziehung operanter Konditionierungstechniken bei Schizophrenen unter dem Forschungsaspekt hat sich u. a. LINDSLEY (vgl. vor allem 1956, 1960) verdient gemacht. Die Grundsituation besteht darin, daß ein Patient, der sich freiwillig zur Verfügung gestellt hat, in einen Raum gebracht wird, in dem sich ein «Verstärkungsapparat» befindet. Jedesmal, wenn er einen Hebel drückt, fällt eine Belohnung aus dem Apparat: Bonbons, Zigaretten, Geldmünzen usw. Die Reaktionen des Patienten, der sich allein im Zimmer befindet und dieses jederzeit verlassen kann, werden vom Nebenzimmer aus automatisch registriert, bzw. vom Versuchsleiter, für den Patienten unsichtbar, beobachtet. Festgehalten wird vor allem die Anzahl der Reaktionen unter verschiedenen Verstärkungsplänen und mit verschiedenen Arten von Verstärkern, die Dauer der Pausen und das Verhalten während der Pausen. Die Versuche erstrecken sich meist über Jahre; ihr Ziel ist primär die exakte *Beschreibung* des Verhaltens von Psychotikern unter weitgehend kontrollierten Bedingungen. Wir brauchen auf die Ergebnisse deshalb hier nicht näher einzugehen. (LINDSLEYS Arbeit von 1956 enthält neben einer ausführlichen Darstellung der Versuchsanordnung eine interessante kritische Diskussion, in der praktischer Wert und wissenschaftstheoretische Fundierung dieses Vorgehens von verschiedenen Seiten beleuchtet werden.)

Stärker unter therapeutischem Aspekt stehen Arbeiten wie die von AYLLON (vgl. vor allem 1963; gemeinsam mit HAUGHTON, 1962; gemeinsam mit MICHAEL, 1959), KING, ARMITAGE & TILTON (1960) und SCHAEFER & MARTIN (1966). In den Untersuchungen von AYLLON werden einzelne fehlangepaßte Verhaltensweisen chronisch Schizophrener unter Verwendung der SKINNERschen Verstärkungsprinzipien zu eliminieren, bzw. durch bessere zu ersetzen gesucht. Dabei wird primär auf Eigenarten eingegangen, die im Anstaltsbetrieb oft beträchtliche Schwierigkeiten bereiten: etwa die Verweigerung selbständiger Nahrungsaufnahme oder das exzessive Sammeln irgendwelcher Gegenstände. Durch die Herstellung einer Kontingenz zwischen für den betreffenden Patienten wirksamen Verstärkern (Zigaretten, Bonbons usw.) und dem gewünschten Verhalten bzw. durch die Beendigung einer z. B. vom Pflegepersonal unwillentlich gestifteten Kontingenz vor allem zwischen sozialen Verstärkern wie Aufmerksamkeit und Zuwendung und dem unerwünschten Verhalten können solche Reaktionen häufig sehr rasch zum Verschwinden gebracht werden. Es ist natürlich richtig, daß das Gesamtbild der Psychose durch diese Methoden nicht eliminiert wird. Abgesehen von den bereits erwähnten Vorteilen für den Anstaltsbetrieb darf man jedoch den Wert einer solchen Teilbehandlung sicher nicht unterschätzen. Das Verschwinden einzelner bizarrer Symptome führt oft zu unmittelbarer Verbesserung der sozialen Beziehungen zu Pflegepersonal, Mitpatienten und Verwandten sowie zu einer Erhöhung der allgemeinen Rehabilitationschancen. Außerdem handelt es sich teilweise auch schon um recht komplexe Reaktionen, die auf diese Weise erworben werden können. In der Untersuchung von AYLLON & HAUGHTON (1962) erlernten die Patienten z. B. eine sozial-kooperative Verhaltensweise der folgenden Art: Zunächst wurde die instrumentelle Reaktion des Einwurfs einer von der Pflegerin überreichten Münze in eine Büchse als Bedingung für den Zutritt zum Speisesaal konditioniert. Anschließend an diese Lernprozedur fand vor dem Speisesaal ein tischähnliches Gerät Aufstellung, das an jedem Ende einen Druckknopf hatte. Wurden beide Knöpfe zur selben Zeit betätigt, so ertönte ein Signal und ein rotes Licht leuchtete auf. Das Gerät konnte auf Grund seiner räumlichen Ausdehnung nur von zwei Personen gemeinsam bedient werden. War die Aufgabe gelöst, so erhielten beide Partner die Münze, die für den Eintritt in den Speisesaal erforderlich war. Obwohl es sich fast durchweg um schwere Fälle chronischer Schizophrenie handelte (der Medianwert der Hospitalisierung lag bei 20 Jahren) erlernten praktisch alle 43 am Versuch beteiligten Patienten innerhalb weniger Wochen unter minimaler verbaler Anleitung durch die Pflegerinnen die geforderte Reaktion. Im Zug dieser Aufgabenbewältigung erhöhten sich die sprachlichen Kontakte der Patienten zu den Pflegerinnen, vor allem aber auch untereinander, beträchtlich. Die Äußerungen bezogen sich vorwiegend auf die Problemsituation und verringerten sich wieder, wenn sich der Lösungsweg eingespielt hatte.

Andere Autoren haben auf demselben theoretischen Hintergrund die Modifikation des Sprachverhaltens von Psychotikern zum Ziel ihrer Bemühungen gemacht (ISAACS, THOMAS & GOLDIAMOND, 1960; RICKARD, DIGNAM & HORNER, 1960; RICKARD & DINOFF, 1962, u. a.). An dem in der Arbeit von ISAACS, THOMAS & GOLDIAMOND beschriebenen Fall eines 40 Jahre alten Katatonikers, der seit 19 Jahren praktisch nichts mehr gesprochen hatte, werden die Prinzipien des «shaping» zur Wiederherstellung verbalen Verhaltens sehr schön dargestellt. Nachdem der Therapeut im Verlauf einer gruppentherapeutischen Sitzung festgestellt hatte, daß der Patient seine Augen kurz auf eine zufällig zu Boden gefallene Pakkung Kaugummi gerichtet hatte, wurde diese Reaktion zum Ausgangspunkt einer operanten Konditionierung gewählt. Der Verlauf der Behandlung wird von den Autoren folgendermaßen beschrieben:

"Weeks 1, 2. A stick of gum was held before S's face, and E waited until S's eyes moved toward it. When this response occurred, E as a consequence gave him the gum. By the end of the second week, response probability in the presence of the gum was increased to such an extent that S's eyes moved toward the gum as soon as it was held up.

Weeks 3, 4. The E now held the gum before S, waiting until he noticed movement in S's lips before giving it to him. Toward the end of the first session of the third week, a lip movement spontaneously occurred, which E promptly reinforced. By the end of this week, both lip movement and eye movement occurred when the gum was held up. The E then withheld giving S the gum until S spontaneously made a vocalization, at which time E gave S the gum. By the end of this week, holding up the gum readily occasioned eye movement toward it, lip movement, and a vocalization resembling a croak.

Weeks 5, 6. The E held up the gum, and said, 'Say *gum, gum*', repeating these words each time S vocalized. Giving S the gum was made contingent upon vocalizations increasingly approximating *gum*. At the sixth session (at the end of Week 6), when E said, 'Say *gum, gum*', S

suddenly said, 'Gum, please'. This response was accompanied by reinstatement of other responses of this class, that is, *S* answered questions regarding his name and age." (1965, S. 70)

Obwohl der Patient auch an gruppentherapeutischen Sitzungen teilnahm, glauben die Autoren doch, der speziellen Konditionierungsprozedur wesentlichen Anteil an den Fortschritten zuschreiben zu können.

Nicht die Wiederherstellung verbalen Verhaltens überhaupt, sondern die Ersetzung wahnhafter Verbalisation durch rationale Verbalisationen war das Ziel der Arbeit von RICKARD, DIGNAM & HORNER (1960). Für einen 60jährigen Schizophrenen, der sich seit über 20 Jahren in Anstaltspflege befand und häufig Wahnideen (Größen- und Verfolgungswahn) äußerte, wurde folgendes Behandlungsprogramm entworfen: in einer Reihe von Sitzungen wurde nach einem partiellen Verstärkungsplan jede wahnhafte Äußerung vom Versuchsleiter mit Nicht-Beachtung beantwortet, jede vernünftige Äußerung mit Zuwendung, Lächeln, Interesse usw. Zu Beginn der Sitzungen äußerte der Patient innerhalb von 45 Minuten nur zwei Minuten Vernünftiges, in der 31. Sitzung betrug die Zeit, die er für rationale Verbalisationen verwendete, 25 Minuten. Die Verbesserung zeigte sich bis zu einem gewissen Grad auch gegenüber anderen Personen als dem Versuchsleiter. Auf Grund einer zwei Jahre später durchgeführten Kontrolluntersuchung teilen RICKARD & DINOFF (1962) mit, daß die Befürchtung, daß auf solche Weise gelerntes Verhalten bald wieder erlöschen bzw. durch andere Symptome ersetzt werden würde, sich nicht bestätigt hätte. Der Patient zeigte dem Versuchsleiter gegenüber nach wie vor überwiegend rationales Gesprächsverhalten und wies auch in anderen Kontakten weit weniger wahnhafte Verbalisationen als früher auf.

In ähnlicher Weise wird auch versucht, das verbale und nonverbale Verhaltensrepertoire autistischer bzw. schizophrener Kinder zu beeinflussen. Dabei kommt vor allem den Arbeiten von FERSTER (FERSTER, 1961; FERSTER & DEMYER, 1962, u.a.) und LOVAAS (LOVAAS et al., 1966; LOVAAS, 1968, u.a.) besondere Bedeutung zu. Zur Anwendung solcher Techniken bei hirngeschädigten und erethischen Kindern liegen

105

ebenfalls bereits einige Untersuchungen vor (HALL & BRODEN, 1967; QUAY et al., 1967). Der auf Anregung von LOVAAS & SIMMONS (1966) hergestellte wissenschaftliche Film «Reinforcement therapy» demonstriert die Möglichkeiten der operanten Konditionierung im Bereich der Psychopathologie in eindrucksvoller Weise.

Es gibt in den USA bereits in zahlreichen psychiatrischen Krankenhäusern Abteilungen für schizophrene Patienten, die, weitgehend auf der Pionierarbeit von AYLLON im Saskatchewan Hospital und später im Anna State Hospital aufbauend, ganz nach dem operativen Konditionierungsprogramm von Münzverstärkungssystemen («token economies») geführt werden. GERICKE (1965) und BRUCE (1966) beschreiben die Organisation solcher Abteilungen im Patton State Hospital, einem der größten psychiatrischen Krankenhäuser Kaliforniens. Die Leitung des verhaltenstherapeutischen Programms liegt in den Händen von H. H. SCHAEFER. Die Patienten haben sich dabei alle kleinen Privilegien (Fernsehen, Ausgang in die Cafeteria, Einzel- statt Gruppenschlafräume usw.) durch entsprechendes Verhalten zu «verdienen»: für pünktliches Aufstehen, saubere Fingernägel, gutgeleistete Hausarbeit usw. erhalten sie vom Pflegepersonal «tokens», d. h. Wertmarken, die sie dann für die gewünschten Vorteile eintauschen können. Die bisher berichteten Rehabilitationserfolge (vgl. vor allem auch ATTHOWE & KRASNER, 1968) geben zu berechtigten Hoffnungen Anlaß. Voraussetzung für eine solche Arbeit ist natürlich eine intensive Schulung der Schwestern und Pfleger, denen als Verabreicher der Verstärker eine ganz wesentliche Rolle zukommt. Dieser Gesichtspunkt gehört zu den Faktoren, die in den neuesten Entwicklungen auf dem Gebiet der operanten Verhaltensmodifikation von besonderer Bedeutung sind und über die wir in Kapitel 15 berichten werden.

10. Theorien des «Sozialen Lernens» in der Psychotherapie

In gewisser Weise beziehen sich alle lernpsychologisch-psychotherapeutischen Richtungen, die wir bisher besprochen haben, auf den Begriff des sozialen Lernens. Daß den zwischenmenschlichen Kontakten im Hinblick auf Genese und Symptomatik von Verhaltensstörungen eine substantielle Rolle zukommt, wird von den meisten Autoren unterstrichen. Es gibt jedoch Ansätze, die diese Fakten explicite in den Mittelpunkt stellen. Von ihnen sollen einige im folgenden skizziert werden.

10.1 J. B. ROTTER

1954 hat ROTTER in seinem Buch «Social learning and clinical psychology» den Terminus «social learning theory» für seinen Integrationsversuch sozialpsychologischer und lernpsychologischer Gesichtspunkte unter psychotherapeutischem Aspekt verwendet.

ROTTERS lernpsychologische Auffassungen erinnern in mancher Hinsicht besonders durch die Betonung der Zielgerichtetheit des Verhaltens und der Bedeutung von Erwartungen im Lernprozeß an die Lerntheorie von TOLMAN (1932). Er bringt diese Variablen in Zusammenhang mit dem Bedürfnisbegriff und stellt die Hypothese auf, daß Verhalten in einer bestimmten Situation davon abhängt, welche Erwartungen im Hinblick auf Bedürfnisbefriedigung das Individuum hat und welchen Wert es der Befriedigung eben dieser Bedürfnisse im Vergleich zu anderen Zielen zuschreibt. Für die Klinische Psychologie ergibt sich daraus, daß Erwartungen und Zielwerte des Klienten zunächst sorgfältig diagnostiziert und dann in der sozialen Interaktion mit dem Therapeuten entsprechend modifiziert werden müssen. «Abnormes Verhalten» ist nach dieser Auffassung nicht Manifestation einer zugrunde liegenden Krankheit, sondern ein sinnvoller Versuch, auf irrealer Ebene bestimmte Ziele zu erreichen, und zwar mit Hilfe der bisher durch Erfahrung erworbenen Strategien (vgl. ROTTER, 1964, S. 58).

Die Modifikation unangepaßter Verhaltensweisen muß sich einerseits auf die Beeinflussung inadäquater Erwartungen (wenn etwa von Mißerfolgen auf einem bestimmten Gebiet auf unvermeidliche Mißerfolge auch in anderen Lebensbereichen geschlossen wird), andererseits auf die Korrektur unzweckmäßiger Strategien zur Erreichung der gewünschten Ziele oder auf die Veränderung von Zielwerten beziehen. Dabei sollte der Therapeut nicht nur von den Möglichkeiten der Gesprächstherapie Gebrauch machen, sondern, der Betonung der Sozialbezüge entsprechend, gegebenenfalls auch die Umwelt des Klienten zu modifizieren suchen. Unter beiden Aspekten (sowohl dem, die Lernprozesse des Klienten in Richtung auf adäquates Problemlösungsverhalten zu steuern als auch dem, in die Gestaltung der äußeren Bedingungen mit einzugreifen) kommt dem Therapeuten explicite eine aktive Rolle zu.

Auch hier wird also zwar ein lernpsychologisch orientiertes Psychotherapiemodell, jedoch keine eigene psychotherapeutische Technik vorgelegt. In den letzten Jahren haben ROTTER und seine Mitarbeiter die dargestellten Ansätze vor allem in persönlichkeitsdiagnostischer Richtung weiterentwickelt (vgl. z. B. die Arbeiten zur internen und externen Verstärkungskontrolle von ROTTER, SEEMAN & LIVERANT, 1962; LEFCOURT, 1966, u. a.).

10.2 A. BANDURA

Die Theorie des sozialen Lernens von BANDURA ist dadurch charakterisiert, daß in ihr Nachahmungsvorgängen[1] eine ganz wesentliche Rolle zugeschrieben wird. Bereits in seinem Übersichtsartikel von 1961 («Psychotherapy as a learning process») führt BANDURA neben den üblichen der Lernpsychologie entnommenen Möglichkeiten (Gegenkonditionierung[2], Extinktion, Diskrimination, Belohnung, Bestrafung)

---

[1] BANDURA & WALTERS (1963) erläutern den Begriff der Nachahmung folgendermaßen:

"Observational learning is generally labeled 'imitation' in experimental psychology and 'identification' in theories of personality. Both concepts, however, encompass the same behavioral phenomenon, namely, the tendency for a person to reproduce the actions, attitudes, or emotional responses exhibited by real-life or symbolized models." (S. 89)

[2] Unter «Gegenkonditionierung» (counterconditioning) versteht man ganz allgemein Methode und Effekt der Koppelung eines positiven Rei-

auch die «soziale Nachahmung» als therapeutische Technik an und stellt die Hypothese auf, daß in der Behandlung sozial unangepaßter Klienten die Übertragung besser angepaßter Verhaltensmuster durch Nachahmungslernen von Bedeutung sein kann. Dabei wird vor allem auf die Notwendigkeit einer positiven emotionalen Beziehung zwischen dem Therapeuten und dem Klienten als Grundlage von modellierenden Prozessen hingewiesen.

Der Gedanke, Nachahmungsvorgänge im Therapieprozeß mit zu verwenden, ist an sich nicht neu. MILLER & DOLLARD, die in ihrem Buch von 1941 «Social learning and imitation» eine umfassende und interessante experimentell gestützte Analyse des Nachahmungsverhaltens im Rahmen einer «reinforcement theory of social learning» vorgelegt haben, beziehen in ihrer Synthese von Lerntheorie und Psychotherapie von 1950 den Nachahmungsaspekt an verschiedenen Stellen in ihr Konzept ein. Wir haben in Kapitel 5 schon davon gesprochen, daß nach ihrer Auffassung dem Erlernen von verbalen Bezeichnungen für Vorgänge, die dem Klienten problematisch sind, große Bedeutung zukommt. Eine Möglichkeit, diesen Lernprozeß zu fördern, besteht beispielsweise im Einsatz von Nachahmungsmechanismen: der Therapeut nennt bestimmte Emotionen des Klienten beim Namen, der Klient wiederholt die Bezeichnungen und eignet sie sich dadurch an.

Die sehr frühe und ganz konkrete Benützung von Nachahmungsprozessen in therapeutischem Rahmen durch MARY C. JONES (1924a) haben wir ebenfalls bereits erwähnt. Die Autorin konnte, wie in Kapitel 2 ausgeführt, kindliche Angstreaktionen u. a. dadurch eliminieren, daß sie in Anwesenheit des ängstlichen Kindes den gefürchteten Gegenstand von anderen Kindern, die keine Angst zeigten, manipulieren ließ. In ihren Untersuchungen erwies sich die Methode der «sozialen Nachahmung» als wirksamste Prozedur nach der der Gegenkonditionierung.

Es ist jedoch das besondere Verdienst von BANDURA und sei-

zes mit einem negativen Reiz oder umgekehrt; als spezifische Fälle von Gegenkonditionierung wären beispielsweise die Desensitivierungstechnik und die Aversionsbehandlung aufzufassen.

nen Mitarbeitern, die Gesetzmäßigkeiten des Nachahmungslernens auch auf relativ komplexen Gebieten in zahlreichen experimentellen Arbeiten untersucht zu haben. Eine informative Zusammenstellung solcher Experimente auf dem Hintergrund einer «sozio-behavioristischen» Lerntheorie bietet das Buch von BANDURA & WALTERS (1963) («Social learning and personality development»). Wenn die Autoren von «Prinzipien des sozialen Lernens» sprechen, die ihrem sozio-behavioristischen Ansatz zugrunde liegen, so ist das freilich nicht dahingehend zu verstehen, daß hier andere Gesetzmäßigkeiten dargestellt werden als in den übrigen Ansätzen. Abgesehen von der sehr viel stärkeren Betonung der Nachahmung als einer Möglichkeit des Lernens beziehen sich BANDURA & WALTERS genauso wie die anderen Autoren auf die bekannten Grundphänomene der Lernpsychologie: Extinktion, Verstärkung, Generalisierung, Diskrimination usw. Diese Grundphänomene werden hier gezielt auf soziale Situationen und Verhaltensweisen übertragen. Den bisher vorliegenden lernpsychologischen Ansätzen in der Psychotherapie werfen BANDURA & WALTERS vor, daß sie sich zu stark auf Tierexperimente bzw. auf Untersuchungen zum Lernen in der Einzelsituation stützen. Ihrer Meinung nach müßte sich die Forschung in diesem Bereich mehr auf das Studium des menschlichen Lernens unter sozialen Bedingungen konzentrieren. Zum tiefenpsychologischen Modell der psychischen Krankheit, die sich in Symptomen manifestiert, sehen die Autoren ihre «social-learning theory», die direkt und ausschließlich Verhaltensweisen ändern will, in ausgesprochenem Kontrast.

Das Problem der Psychotherapie wird in dem eben angeführten Buch von BANDURA & WALTERS (1963) nur gestreift; seine eigentlichen Anliegen sind allgemein persönlichkeitspsychologischer und entwicklungspsychologischer Natur. Dagegen liegen aus den letzten Jahren einige Arbeiten BANDURAS vor, die sich in speziellerer Form mit unserem Thema beschäftigen. In seinem Artikel von 1965 («Behavioral modifications through modeling procedures») bezieht sich BANDURA auf Ergebnisse von Untersuchungen zur Modifikation komplexer Verhaltensweisen etwa aus dem Bereich der Aggression (BANDURA, ROSS & ROSS, 1961, u. a.) oder der Setzung von persönlichen Leistungsnormen (BANDURA & KUPERS, 1964). Er stellt dabei besonders die Vorteile von Modellierungsprozeduren gegenüber operanten Konditionierungsverfahren nach SKINNER in den Vordergrund: nach dem Prinzip der sukzessiven Approximation an die erwartete Reaktion wären die meisten Lernleistungen dieser Art, wenn nicht überhaupt unmöglich, so doch wenigstens außerordentlich umständlich (man denke beispielsweise an den Spracherwerb). Von der Modellierung so diffiziler Verhaltensmuster her ist der Brückenschlag zur therapeutischen Verwendung von Imitationsprozessen naheliegend. 1967 hat BANDURA unter dem Titel «Behavioral psychotherapy» eine Arbeit veröffentlicht, in der über konkrete Anwendungen modellierender Prozeduren in der Psychotherapie berichtet wird. BANDURA verweist dabei zunächst auf die von LOVAAS durchgeführte Kombinationstherapie operativer und imitativer Art an sprachgestörten und mutistischen Kindern. (Wir haben solche Arbeiten bereits in Kapitel 9 erwähnt.) Jeder Nachahmungsversuch der vom Therapeuten produzierten Laute wird nach dem Prinzip des «shaping» belohnt. Als eine Möglichkeit des Imitationslernens in der Behandlung von Verhaltensstörungen bei Erwachsenen zitiert BANDURA die «role enactment therapy» von KELLY: dem Klienten wird eine Demonstration des gewünschten Verhaltens gegeben, das er dann in der geschützten therapeutischen Situation üben kann, bevor er es in den sozialen Kontakten des täglichen Lebens erprobt. Ferner haben sich BANDURA und seine Mitarbeiter selbst in den letzten Jahren (BANDURA, GRUSEC & MENLOVE, 1967; BANDURA & MENLOVE, 1968) dem gezielten Einsatz von Nachahmungsvorgängen zur Elimination von kindlichen Ängsten zugewendet. In der Untersuchung aus dem Jahr 1967 wurden Kindergartenkinder, die sich vor Hunden fürchteten, nach dem Zufall einer von vier Gruppen zugeteilt. Die erste Gruppe hatte in acht «real-life»-Sitzungen Gelegenheit, ein Kind in zunehmender Vertrautheit mit einem Hund spielen zu sehen, und zwar im Rahmen einer fröhlichen Kindergesellschaft. Die zweite Gruppe beobachtete dasselbe Modellverhalten, aber in neutralem Rahmen, die dritte Gruppe sah den Hund ohne Modell im Rahmen der Kindergesellschaft, und die vierte Gruppe erlebte nur die Kindergesellschaft allein ohne Hund und Modell.

Zur Messung der Ausgangsangst waren die Kinder vor Beginn des eigentlichen Versuchs einer Reihe von Aufgaben unterzogen worden, in denen zunehmend intensive Kontakte mit einem Hund zu bewältigen waren (Streicheln, Füttern usw.). Am Ende des Experiments sowie nach einem Monat wurden die Reaktionen in diesem Verhaltenstest von neuem erhoben. Es zeigte sich, daß die Angst der Kinder in den beiden Modellgruppen weit stärker abgenommen hatte als in den beiden Kontrollgruppen. Ob das Modell in besonders positiv getöntem Rahmen (Kindergesellschaft) oder in neutralem Kontext (die Kinder saßen um einen Tisch und beobachteten die Szene) dargeboten wurde, zeigte sich nicht von unterschiedlichem Einfluß.

In der Untersuchung von 1968 wurden ähnliche Effekte auch bei filmischer Darbietung von Modellsituationen erzielt. Das zunehmende Interesse für Nachahmungsvorgänge in der Psychotherapie hat in jüngster Zeit zu einer Reihe von weiteren Arbeiten auf diesem Gebiet geführt, auf die wir in Kapitel 18 zurückkommen werden.

10.3 F. H. KANFER

Der Artikel von F. H. KANFER aus dem Jahre 1961 «Comments on learning in psychotherapy» stellt vor allem zwei Aspekte in den Vordergrund: a) die Bedeutung von Wahrnehmungsvorgängen (vgl. dazu auch KANFER, 1956) und b) die der sozialen Interaktion. In der psychotherapeutischen Situation wird nach dieser Auffassung einerseits gelernt, neue Aspekte der Umwelt und der eigenen Persönlichkeit zu sehen, und andererseits, von diesen veränderten Wahrnehmungen aus zu veränderten Verhaltensweisen zu gelangen.

Auf die Bedeutung von Wahrnehmungsvorgängen im emotionalen Lernen ist zwar von verschiedenen Autoren hingewiesen worden (SULLIVAN, 1953; MOWRER, 1960, u.a.), doch haben diese Hinweise meist nur sehr allgemeine Form. KANFER führt den Gedanken folgendermaßen aus: Identifizierende diskriminatorische Reaktionen (Wahrnehmungen) werden üblicherweise nach der frühen Kindheit der Umwelt nicht mehr generell zugänglich gemacht. In späteren Jahren wird auf der Basis von Wahrnehmungen, pointiert formuliert, nicht mehr *bezeichnet*, sondern *genandelt*. Dessenungeachtet muß der Therapeut auf jeden Fall zunächst zu erfahren suchen, wie der Klient die Umwelt und sich selbst sieht, bevor er darangehen kann, entweder diese Wahrnehmungen oder die von ihnen ausgelösten Verhaltensweisen zu verändern.

Als erstes Stadium des Lernprozesses in der Psychotherapie wird also eine gemeinsame Erforschung der «Gründe» des unerwünschten Verhaltens angesehen, die mit einer wahrnehmungsmäßigen Umstrukturierung der verschiedenen Aspekte des Problems verbunden ist.

Auf die neu zu sehen gelernten Wahrnehmungsreize soll dann mit neuen Verhaltensweisen reagiert werden. Dabei wird die therapeutische Sitzung als Trainingssituation aufgefaßt, wobei der Therapeut Information und Verstärkung liefert. Sind die so erworbenen Verhaltensweisen sozial effektiv, so werden sie auch außerhalb der Therapie verstärkt und dadurch weiter gefestigt werden. Als vermittelnde Hilfe im Übertragungsprozeß von der therapeutischen auf die «real life»-Situation bzw. vom verbalen Niveau auf das Handlungsniveau kann die Gruppentherapie dienen. Wahrnehmungslernen und Handlungslernen zusammen können schließlich zu dem führen, was traditionellerweise als «Einsicht» bezeichnet wird.

"Insight in therapy represents the product of a strategy which first identifies an undesirable behavior pattern and its determinants and then attempts to change the conditions under which this behavior occurs." (S. 685)

Zu den wichtigsten Faktoren im Lernprozeß der Psychotherapie gehört die *dyadische Interaktion* zwischen dem Therapeuten und dem Klienten. KANFER nimmt dabei auf die von ihm selbst und seinen Mitarbeitern durchgeführten experimentellen Arbeiten Bezug, in denen gezeigt wurde, daß etwa in verbalen Konditionierungsaufgaben das Ausmaß des Lernens der Probanden unter anderem von der Persönlichkeit des Versuchsleiters sowie von den früheren Erfahrungen des

Probanden mit dem Versuchsleiter abhängt (KANFER, 1958; KANFER & KARAS, 1959, u.a.). Auch die Wirkung von Verstärkungen in der Therapie muß stets auf dem Hintergrund der jeweiligen Partnerbeziehung gesehen werden. Der Therapeut stellt zunächst durch seine Zuwendung und Anerkennung die wichtigste Quelle von Belohnungen für den Klienten dar. Ziel der Therapie ist es allerdings, den Klienten allmählich dazu zu bringen, Verstärkungen vor allem in sich selbst und in seiner alltäglichen sozialen Umwelt zu finden und dadurch vom Therapeuten unabhängig zu werden. Von diesem verstärkungstheoretischen Standpunkt aus stellen die verschiedenen therapeutischen Strategien (Interpretationen, Ratschläge usw.) insofern Hilfen im Lernprozeß dar, als sie (hier bezieht sich KANFER auf SKINNERS Auffassung der Lernvorgänge) als diskriminative Reize, als Unterscheidungshilfen, dazu beitragen, die Wahrscheinlichkeit des Auftretens bestimmter Verhaltensweisen zu erhöhen. Werden die betreffenden Reaktionen erst einmal in der therapeutischen Interaktion manifest, so können sie durch positive oder negative Verstärkungen beeinflußt werden.

Die eben besprochene Arbeit geht auf verhaltenstherapeutische Ansätze im engeren Sinn nur gelegentlich und dann nur andeutungsweise ein; sie könnte in gewisser Hinsicht eher zu jenen lerntheoretischen Ansätzen gerechnet werden, die wir als «Übersetzungsversuche» bezeichnet haben. Darüber hinaus gehört KANFER jedoch zu jenen Autoren, die unter lernpsychologischem Aspekt Analogien zum psychotherapeutischen Vorgang im Experiment herzustellen versuchen. Er bezieht sich dabei vor allem auf die formale Analyse des Gesprächsverhaltens, wie sie seit den Arbeiten mit dem Interaktionschronographen von CHAPPLE (1940, 1949) neben der Inhaltsanalyse immer wieder zur Diskussion steht. In Untersuchungen wie denen von KANFER (1959), KANFER, PHILLIPS, MATARAZZO & SASLOW (1960) u.a. wird versucht, die funktionellen Eigenarten des Kommunikationsprozesses exakt festzuhalten, d.h. neben dem, *was* der Klient sagt, auch *wie* er es sagt, zu erfassen. So wird etwa die Dauer der Gesprächseinheiten und der Gesprächspausen oder die Tendenz, den Partner zu unterbrechen, im Hinblick auf Veränderungen während der Therapie einer Verlaufsanalyse unterzogen. Die Objektivität dieser Arbeiten übertrifft ihren praktischen Wert freilich bisher noch bei weitem.

In dem gemeinsam mit PHILLIPS (1966) veröffentlichten Artikel «Behavior therapy: A panacea for all ills or a passing fancy?» versucht KANFER die bisher vorliegenden verhaltenstherapeutischen Möglichkeiten in ein Schema zu bringen, das seinerseits wieder in den Gesamtkontext der Klinischen Psychologie sinnvoll eingeordnet werden soll. Da es sich dabei jedoch um ein ausgesprochenes Übersichts- und Klassifikationsreferat handelt, wollen wir auf diese Arbeit nicht näher eingehen. Von KANFERS Bemühungen um eine adäquate «Verhaltensdiagnose» als Voraussetzung für die Verhaltensmodifikation wird in Kapitel 13 noch zu sprechen sein.

11. Psychotherapie in der Sowjetunion

Wie bereits erwähnt, kommt in der Bezeichnung «Verhaltenstherapie» einmal der behavioristische Hintergrund dieser Ansätze und andererseits die Konzentration auf das Symptom, auf die manifeste Verhaltensweise, zum Ausdruck. Beides trifft für die russische Psychotherapie, die weitgehend unter dem Einfluß der PAWLOWschen Lehre steht, nicht direkt zu. Im Gegensatz zu den amerikanischen Behavioristen, wie sie etwa durch SKINNER repräsentiert werden, spielt in der Arbeit der russischen Forscher das zentralnervöse Verbindungsglied zwischen Reiz und Reaktion eine ganz bedeutende Rolle (vgl. z.B. BYKOW, 1953, 1959). RAZRAN schreibt dazu 1965 in einem seiner ausgezeichneten Übersichtsreferate über die Verbindungen zwischen russischer Physiologischer Psychologie und amerikanischer Experimentalpsychologie, nachdem er viele Berührungspunkte der PAWLOWschen und SKINNERschen Auffassungen hervorgehoben hat:

"In short, in the Russian's lore, Skinner would at first blush be viewed not as a 'reviser' but an 'expander' of Pavlov.

Further and closer perusal of Skinner's writings would however, no doubt, engender in the Pavlovian animadversions and even downright objections. He surely would thoroughly disagree with Skinner's detachment of the behavioral from the neural, the manifestations from the base, and would not be impressed by the thesis that the neural has no information significant to the analysis of behavior... In short, the Russians like what Skinner does but do not endorse a good deal of what he says." (S. 53)

Aber auch in anderer Hinsicht liegt das Schwergewicht in der russischen Psychotherapie nicht auf verhaltenstherapeutischen Techniken im engeren Sinn des Wortes. Die Behandlung von Einzelsymptomen nach bedingt-reflektorischen Methoden findet nur gelegentlich, etwa in der Form von Vermeidungslernen gekoppelt mit hypnotherapeutischen und rationalen Methoden bei Suchtentwöhnung, Anwendung (vgl. z. B. LUKOMSKY, 1961, zur Behandlung von Alkoholikern). Hauptpfeiler der sowjetischen Psychotherapie, die meist mit medikamentöser Behandlung gekoppelt ist, sind vielmehr zwei auf den Allgemeinzustand des Klienten gerichtete Methoden: Gesprächstherapie und Schlaftherapie. Wir haben es hier, wie eingangs ausgeführt, mit einem jener lerntheoretischen Ansätze in der Psychotherapie zu tun, die primär die *Genese* der zu behandelnden Störungen lernpsychologisch fundieren wollen, im Hinblick auf ihre *Elimination* aber nicht im spezifischen Sinn lernpsychologisch orientiert sind.

Gehen wir zunächst auf die von PAWLOW selbst initiierte *Schlaftherapie* in ihren verschiedenen Varianten ein! Grundgedanke ist dabei die Auffassung PAWLOWS, daß sich bei extremer Beanspruchung der Zellen der Großhirnrinde durch überstarke äußere oder innere Reize eine «Schutzhemmung» entwickelt[1]. BYKOW schreibt 1959 in bezug auf diese «Schutzhemmung», nachdem er auf ihre Bedeutung in der Psychiatrie hingewiesen hat:

«Sie kann in den Rindenzellen auch dann entstehen, wenn Reize gewöhnlicher Stärke einwirken, die aber infolge einer pathologischen Schwächung des Nervensystems zu ungewöhnlichen Überbelastungsreizen werden, wie dies nicht selten im Beginn der Entwicklung der katatonischen Form der Schizophrenie der Fall ist. Eine derartige Schutzhemmung kann sich auch bei verschiedenen Intoxikationen des Orga-

---

[1] Daß in der Frage, *wie* man sich das Zustandekommen dieser Schutzhemmung neurophysiologisch vorzustellen habe, in den letzten Jahren verschiedene Auffassungen vertreten wurden, haben wir bereits erwähnt.

116

nismus entwickeln. Diese Hemmung stellt eine physiologische Maßnahme des Organismus im Kampf gegen schädliche Einwirkungen dar. Wenn sie jedoch über längere Zeit anhält, kann diese Hemmung selbst pathologischen Charakter annehmen.» (S. 116)

So gesehen, muß es primäre Aufgabe jeder Neurosen- und Psychosentherapie sein, den Organismus in seinen Abwehrbemühungen zu unterstützen, wobei im Bereich des Heilschlafs verschiedene Methoden herangezogen werden. KOSTANDOW gibt 1955 (einen Vortrag von STRELTSCHUK zusammenfassend) folgende Darstellung einiger dieser Varianten:

1. Dauerheilschlaf (18–22 Stunden pro Tag), für 6–10 Tage, auf dem Niveau eines tiefen natürlichen Schlafes, hauptsächlich bei Schizophrenie, Alkoholpsychosen und Morphinabstinenz;
2. prolongierter Schlaf (10–15 Stunden pro Tag) für 6–15 Tage, bei reaktiver Depression, Neurosen, traumatischen Affektionen des Gehirns, Alkoholdepression und chronischem Alkoholismus;
3. sich periodisch wiederholender Schlaf (2–3 Tage Schlaf mit dreitägiger Unterbrechung, insgesamt 5–6 derartige Zyklen), bei psychischen Störungen im Zusammenhang mit Herz- und Gefäßkrankheiten;
4. hypnotischer Dauerschlaf (18–22 Stunden pro Tag), für 5–10–20 Tage, hauptsächlich bei Neurosen und Narkomanien;
5. hypnotischer Schlaf kombiniert mit der Anwendung von Schlafmitteln, hauptsächlich bei Neurosen.

Es gibt eine große Anzahl von Einzeluntersuchungen russischer Autoren zur Frage des Heilschlafs, von denen hier nur die von STRELTSCHUK (1952), ALEXANDROWA & PROCHOROWA (1953), SCHPAK (1953), WOLOCHOW (1954), POPOW (1955) und SWEREW (1957) erwähnt werden sollen. Dabei wird wiederholt darauf hingewiesen, daß Schlaftherapie in Form von Dauernarkosen schon seit vielen Jahrzehnten in der Psychiatrie Verwendung gefunden hat, daß jedoch das besondere Verdienst des PAWLOWschen Ansatzes darin besteht, a) auf der Basis der Lehre von der Schutzhemmung die Schlaftherapie erstmalig nicht bei Erregungszuständen, sondern bei «Hemmungssyndromen» angewendet zu haben (vgl. STRELTSCHUK, 1952; KOSTANDOW, 1955) und b) auf Grund der häufigen ungünstigen Begleiterscheinungen somatischer Natur anstatt der Dauernarkose den therapeutischen Dauerschlaf mit Hilfe von Barbituraten möglichst geringer Toxizität oder hypnotischer Beeinflussung herangezogen zu haben.

Dadurch wurde der Heilschlaf, wie IWANOW-SMOLENSKI (1940) (zitiert nach STRELTSCHUK, 1952, S. 678) schreibt, aus einer «Dauernarkose mit ihrem komatösen Zustand und ihren tiefgreifenden vegetativ-metabolischen Störungen» zu einem «narkotischen Dauerschlaf, der an das Bild des natürlichen, physiologischen Schlafs erinnert, nur von kaum merklichen Veränderungen der vegetativen Nerventätigkeit begleitet ist und die Merkmale einer Schutztherapie stark in den Vordergrund rückt».

Eine weitere Hilfe zur Erzielung von Heilschlaf stellt neben der entsprechenden Umweltgestaltung (Unterbringung der Patienten in absolut lärmisolierten, verdunkelten Räumen usw.) der sogenannte bedingt-reflektorische Schlaf dar. ALEXANDROWA & PROCHOROWA schreiben diesbezüglich 1953:

> «Bei bestimmten Störungen der höheren Nerventätigkeit, wenn eine besondere Tendenz des Nervensystems zur Entwicklung von Hemmungsprozessen deutlich hervortrat, bildete sich nach 3–4 Tagen medikamentösem Schlaf die bedingt-reflektorische Einstellung auf das entsprechende Regime, das Zimmer, in dem die Therapie durchgeführt wurde, und auf die Gabe des Pulvers schon so weit, daß es gelang, die Schlafmittelpräparate durch indifferente Stoffe zu ersetzen (wobei letztere periodisch durch Schlafmittelpräparate bekräftigt wurden) und einen ebenso tiefen, anhaltenden Schlaf zu erzielen.» (S. 615)

Hier spielen also Lernvorgänge im engeren Sinn auch in der Therapie selbst eine bedeutende Rolle.

WOLOCHOW (1954) weist auf die Erweiterung der Möglichkeiten der Schlaftherapie durch Elektroschlaf hin, der «durch Durchströmen des Gehirns mit Impulsströmen von niedriger Frequenz und geringer Stromstärke» hervorgerufen wird. In theoretischer Hinsicht denkt er dabei daran, daß «der Impulsstrom dem Wesen nach ein Auslösungsmechanismus der kortikalen Hemmung ist, die infolge der Wirkung der elektrischen Impulse als schwache rhythmische Reizung der Rindenzellen eintritt» (S. 358).

Trotz der zahlreichen positiven Ergebnisse wird von den russischen Forschern immer wieder hervorgehoben, daß der Erfolg der Schlaftherapie weitgehend von der richtigen Indikationsstellung – d.h. vor allem von der Ausgangslage des Zentralnervensystems – abhängt (vgl. z. B. STRELTSCHUK, 1952, und Iwanow-Smolenski, 1954). Für dese Indikationsstellung leistet die von uns in Kapitel 8 bereits erwähnte «Typologie der höheren Nerventätigkeit», wie sie von Pawlow entwickelt und im Humanbereich vor allem von Krasnogorski (1953), Iwanow-Smolenski (1953) und Teplov (vgl. den Sammelband von Gray, 1964) fortgeführt wurde, wertvolle Dienste.

Die russische *Gesprächstherapie* ist vor allem mit dem Namen Platonov (1959, 1961) verbunden. Platonovs Buch aus dem Jahr 1959 (russische Erstausgabe 1955) «The word as a physiological and therapeutic factor» trägt den Untertitel «The theory and practice of psychotherapy according to I.P. Pawlow»; es bietet mit seinem reichhaltigen Literaturverzeichnis eine umfassende und interessante Einführung in die russische Psychotherapie bis zu diesem Zeitpunkt. Platonov nimmt dabei vor allem auf jenen Teil der Pawlowschen Theorie Bezug, der sich mit dem sogenannten «zweiten Signalsystem» beschäftigt. Anders als beim Tier vermag beim Menschen nicht nur ein konkreter Umweltreiz zum Signal in einer bedingt-reflektorischen Verbindung zu werden. Die begrifflichen Bezeichnungen für solche Reize können ihrerseits wieder – seien sie nun gesprochen oder geschrieben – als «Signale der Signale» dienen. Wird beispielsweise im Humanversuch eine motorische Vermeidungsreaktion auf ein Glokkenzeichen konditioniert, so erwirbt allmählich auch das Wort «Glocke» Auslösefunktion, d.h. die Versuchsperson zieht die Hand bereits dann zurück, wenn der Versuchsleiter dieses Wort ausspricht. Die Gesamtheit der verbalen Verbindungen wird als zweites Signalsystem bezeichnet. So gesehen, wird das Wort durch seine enge Verknüpfung mit den nichtverbalen Reiz-Reaktions-Beziehungen zum einflußreichen Werkzeug in der Hand des Psychotherapeuten. Durch verbale Stimulierung können je nach der Art der Störung Erregungs- oder Hemmungsherde so beeinflußt werden, daß das verlorene Gleichgewicht der zentralnervösen Prozesse allmählich wieder hergestellt wird. Platonov (1959) unterscheidet dabei zwischen Persuasion, Suggestion und verbaler Beeinflussung im hypnotischen Zustand. Im Rahmen der Persuasion, der psychologischen Beratung, müssen Beruhigung und Ermu-

119

tigung neben Klärung und Erklärung stehen, die aktive Mitarbeit des Klienten ist eine wesentliche Bedingung[1]. Bei Neurosen findet meist eine kombinierte Behandlung aus Persuasion und Suggestion Verwendung. Sozialpsychologischen Faktoren wird große Bedeutung zugeschrieben, sowohl im Hinblick auf die Wichtigkeit des Kontakts zwischen Therapeut und Patient als auch insofern, als die Veränderung ungünstiger äußerer Bedingungen als für den Erfolg der Therapie sehr wesentlich angesehen wird.

Selbstverständlich schließen Schlaftherapie und Gesprächstherapie einander keineswegs aus. Vielmehr ist daran gedacht, daß im allgemeinen im ersten Behandlungsabschnitt die Schutzhemmung als Selbstheilungstendenz des Organismus durch Schlaf und Ruhe möglichst unterstützt werden soll, während im zweiten Behandlungsabschnitt zu einer «tonisierenden» Therapie, d. h. vor allem einer stimulierenden Gesprächstherapie, übergegangen werden kann[2]. Daß dabei psychosomatische Störungen ebenso wie neurotische und psychotische Störungen als prinzipiell auf diese Weise beeinflußbar angesehen werden, sei besonders hervorgehoben.

12. Zur Kritik der Verhaltenstherapie

12.1 Allgemeines zur Kritik verhaltenstherapeutischer Ansätze

Während es zunächst naheliegend erscheint, im Zentrum der Kritik an einem therapeutischen Ansatz die Frage seiner Erfolgsquote zu erwarten, zeigt uns eine Durchsicht der Literatur, daß dies hier nicht der Fall ist. Unter den zahlreichen kritischen Stellungnahmen zur Verwendung lerntheoretischer Ansätze in der Psychotherapie gibt es nur wenige, die sich direkt und allgemein gegen die Möglichkeit wenden,

[1] Diese Beratungen weisen in der praktischen Durchführung Ähnlichkeit mit der «Rationalen Psychotherapie» des Amerikaners ELLIS (1958) auf.

[2] Über die Anwendung von Schlaftherapie und Gesprächstherapie kombiniert mit der bedingt-reflektorischen Behandlung von Einzelsymptomen berichtet MÜLLER-HEGEMANN aus der Neurologisch-Psychiatrischen Universitätsklinik Leipzig (1962, 1966).

120

mit solchen Methoden gestörtes Verhalten positiv zu beeinflussen. Der Grund dafür liegt vermutlich darin, daß sich die Verhaltenstherapie zur Zeit in einer mittleren Phase ihrer Entwicklung befindet. Daß es prinzipiell möglich ist, auf diese Weise erfolgreiche Behandlungen durchzuführen – zumindest bei bestimmten Störungen und mit Erfolgen, die denen anderer Schulen vergleichbar sind – erscheint durch die Anzahl der publizierten Fälle gesichert, wenn auch hinsichtlich einer entsprechenden Bedingungsanalyse noch mehr Fragen offen als beantwortet sind.

Unter diesen Umständen beschäftigen sich die Einwände gegen den verhaltenstherapeutischen Ansatz vorwiegend mit Interpretationsproblemen einerseits (Kritiken dieser Art kommen in erster Linie aus dem Bereich der kognitiv orientierten Lernpsychologie) und mit Detailfragen des Erfolgs andererseits (hier handelt es sich vor allem um psychoanalytische Diskussionsbeiträge). In beiden Fällen richten sie sich primär gegen jene zur Zeit besonders einflußreichen Methoden, die wir als Verhaltenstherapie im engeren Sinn nach WOLPE und EYSENCK bezeichnet haben. EYSENCK hat 1970, an frühere Auseinandersetzungen anschließend, zur Kritik an der Verhaltenstherapie seinerseits kritisch Stellung genommen.

Wir wollen im folgenden einige der wichtigsten Diskussionspunkte stichprobenartig näher darstellen. Ein detailliertes Eingehen auf die bereits in großer Zahl vorliegenden Kritiken und Gegenkritiken würde den Rahmen dieser Arbeit weit überschreiten und wäre zudem mehr wissenschaftshistorisch interessant als empirisch relevant. Zu den meisten Fragen wird man noch viele experimentelle Untersuchungen durchführen müssen, bevor schlüssige Antworten möglich sind.

12.2 Kritik unter theoretischem Aspekt

Wenden wir uns zunächst den Kritiken zu, die von Vertretern kognitiver, also im Unterschied zu behavioristischen Auffassungen ganzheitlich und final orientierter komplexer Lernmodelle häufig vorgebracht werden und die vorwiegend theoretischer Natur sind! Im Vordergrund steht dabei die sogenannte «science issue», d. h. die Frage, ob dem verhaltenstherapeutischen Ansatz tatsächlich «mehr Wissenschaftlichkeit» zukommt als den konventionellen Psychotherapien. Die wissenschaftliche Fundierung durch Theorie und Experiment wird in den verhaltenstherapeutischen Arbeiten ja immer wieder unterstrichen. So bezeichnet beispielsweise EYSENCK (1960, S.11) die klassische Psychotherapie als «based on inconsistent theory never properly formulated in postulate form» und «derived from clinical observations made without necessary control observations or experiments», die Verhaltenstherapie jedoch als «based on consistent, properly formulated theory leading to testable deductions» und «derived from experimental studies specifically designed to basic theory and deductions made therefrom».

Charakteristisch für die Stimmen, die sich gegen diesen Anspruch wenden, sind etwa die entsprechenden Abschnitte in der Publikation von BREGER & McGAUGH (1965). BREGER & McGAUGH vertreten (unter spezieller Bezugnahme auf die Methode der systematischen Desensitivierung) die Meinung, daß der Gebrauch experimentalpsychologischer Termini in der Verhaltenstherapie lediglich «allegorisch» ist. Die «Vorstellung einer Situation» könne beispielsweise nicht als objektiv definierter Reiz angesehen werden, ebensowenig wie etwas so Allgemeines wie «Entspannung» eine wirklich spezifizierbare Reaktion sei. Es handle sich also nicht um eine sachliche, sondern nur um eine verbale Verbindung zwischen Lernpsychologie und Psychotherapie[1]:

"The claim to scientific respectability rests on the misleading use of terms such as stimulus, response, and conditioning, which have become associated with some of the methods of science because of their place in

[1] Dieser Einwand wird auch außerhalb der Verhaltenstherapie bei der Übertragung behavioristischer oder anderer assoziationspsychologischer Ansätze auf komplexere Phänomene immer wieder laut; so etwa, wenn CHOMSKY (1959) in seiner Besprechung des SKINNERschen Buches über verbales Verhalten (SKINNER, 1957) schreibt:
"... if we take his terms in their literal meaning, the description covers almost no aspect of verbal behavior, and if we take them metaphorically, the description offers no improvement over various traditional formulations. The terms borrowed from experimental psychology simply lose their objective meaning with this extension and take over the full vagueness of ordinary language." (S. 54)

experimental psychology. But this implied association rests on the use of the same *words* and not on the use of the same *methods*." (S. 340)

Im engen Zusammenhang damit wird die analogiemäßige Übertragung von im Tierexperiment gewonnenen Lernprinzipien auf den Humanbereich als von zweifelhaftem Wert bezeichnet.

"The behaviorists have traditionally assumed that principles established under highly controlled conditions, usually with animal subjects, form a scientific foundation for a psychology of learning. Yet when they come to apply these principles to human learning situations, the transition is typically bridged by rather flimsy analogies which ignore crucial differences between the situations, the species, etc." (S. 354)

Statt der Konzepte der behavioristischen und assoziationistischen Lerntheorien möchten BREGER & McGAUGH kognitive und ganzheitliche Aspekte, wie sie in der Lernpsychologie unter dem Einfluß gestaltpsychologischer Gedankengänge etwa von TOLMAN (1932, 1951) vertreten wurden, zur wissenschaftlichen Grundlage psychotherapeutischer Prozesse machen. Anstelle «automatisch ablaufender» Reiz-Reaktions-Verbindungen wird nach dieser Auffassung gelernt «what needs to be done in order to achieve some final event», also «purposive behavior» im Sinne TOLMANS: Strategien, Pläne, Hypothesen, Programme usw. Von hier aus schlagen die Autoren folgenden Zugang zu den Problemen gestörten Verhaltens vor:

"A conceptualization of the problem of neurosis in terms of information storage and retrieval is based on the fundamental idea that what is learned in a neurosis is a set of central strategies (or a program) which guide the individual's adaptation to his environment. Neuroses are not symptoms (responses) but are strategies of a particular kind which lead to certain observable (tics, compulsive acts, etc.) and certain other less observable, phenomena (fears, feelings of depression, etc.)." (S. 355)

Der psychotherapeutische Prozeß soll nach dieser Auffassung dem Klienten die Entwicklung von neuen Strategien anstelle der bisher von ihm verwendeten «neurotischen Sprache» ermöglichen.

Ähnliche Vorstellungen entwickelt speziell im Hinblick auf phobische Störungen ANDREWS (1966), wenn er nach einer Übersicht über die wichtigsten Auffassungen zu diesem Problem schreibt:

"The most satisfactory view seems to be that the phobic, avoidant-dependent pattern is a general strategy for handling difficult and fear arousing situations, evolved by the phobic as the most effective way of adapting to early family relationships. In this sense, it may be thought of as involving 'deutero-learning' (Bateson, 1951) or a 'learning-set' (Harlow, 1959). That is, the phobia arises not from a single, isolated learning experience that produces an equally isolated habit, but rather as a manifestation of a broader pattern of handling avoidance learning situations *as a class*." (S. 462)

Auch hier werden also in Abhebung vom Reiz-Reaktions-Konzept ganzheitliche und zweckgerichtete Gesichtspunkte in den Vordergrund gestellt.

Eine stärkere Betonung kognitiver Faktoren in anderem Sinn wünschen PETERSON & LONDON (1965). Ihnen geht es darum, daß in der Verhaltenstherapie dem Phänomen der «Einsicht» zu wenig Beachtung geschenkt wird. Ohne die vieldiskutierte Frage, ob *alles* Lernen kognitive Komponenten aufweisen müsse, entscheiden zu wollen, weisen sie darauf hin, daß es zweifellos viele Fälle gibt, in denen die bewußte Einstellung einer Person zu ihren Problemen, ihre Erkenntnis bestimmter Zusammenhänge usw. von Bedeutung sind. Die therapeutische Aktivität müßte daher ihrer Ansicht nach – ohne auf verhaltensbezogene Techniken zu verzichten – stärker auf die Veränderung problemrelevanter kognitiver Abläufe im Klienten abzielen.

RACHMAN & EYSENCK haben 1966 eine Replik auf den Artikel von BREGER & MCGAUGH (1965) veröffentlicht, in der sie die Frage, ob die Verhaltenstherapie tatsächlich auf wissenschaftlich fundierten Gesetzmäßigkeiten beruht, unter Hinweis darauf beantworten, daß, wie in anderen Wissenschaften auch, zwar manches in der Lernpsychologie interpretativ strittig, als Beobachtungsergebnis aber allgemein anerkannt sei. Bezugnehmend auf diese Beobachtungsergebnisse schreiben die Autoren:

"...it is these which 'are closest to reality', and which form the factual, scientific basis of behavior therapy. No learning theorist of any persuasion would deny statements of behavioral laws of this kind 'Reinforced pairings of CS and UCS under appropriate conditions produce conditioning'; 'Intermittent reinforcement slows down extinction'; 'Nonreinforcement produces extinction'; 'Different schedules of reinforcement produce predictably different response rates'. It is laws of this type that are made use of by behavior therapists, who may choose to talk about them in the language of Hull, Tolman, Skinner, or any other major learning theorist... Certainly, it would be exceedingly foolish to regard 'learning theory' as a complete, coherent, and final account of human behavior. This does not mean, however, that people engaged in therapy should ignore the established findings and the best available theories." (S.165ff.)

Im einleitenden Abschnitt zu seinem Sammelband von 1964 ist EYSENCK auf diese Frage ebenfalls in detaillierter Form eingegangen.

Die Vorschläge zur «Neuformulierung lerntheoretischer Ansätze in der Psychotherapie», die BREGER & MC GAUGH bringen, werden von RACHMAN & EYSENCK unter Hinweis auf ihre Unklarheit und das Fehlen konkreter Anwendungsberichte zurückgewiesen:

"The suggestions made under this heading are so fragmentary, programmatic and elusive that we fail to see either their theoretical usefulness or any practical consequences which might follow from them; when Breger and McGaugh have some actual applications to report, or have at least succeeded in showing how the major facts of neurotic behavior can be accounted for in terms of their scheme, then may be the appropriate time to take issue with their 'reformulation'." (S. 165)

Die Kritik, die WIEST (1967) vom behavioristischen Standpunkt aus an BREGER & MC GAUGH übt, bezieht sich größtenteils auf theoretische Grundlagenprobleme, doch betont WIEST ebenso wie es RACHMAN & EYSENCK tun, daß die «Neuformulierung» neurosenpsychologischer Hypothesen durch BREGER & MC GAUGH lediglich eine Substitution der relativ exakten lernpsychologischen Begriffe durch so unscharf definierte Termini wie «Ideen», «Intentionen», «Strategien» usw. bedeute, ohne daß die Superiorität des zugrunde liegenden kognitiven Konzepts in irgendeiner Weise nachgewiesen wäre.

12.3 Kritik unter klinischem Aspekt

Die zweite Richtung, aus der die Verhaltenstherapie immer wieder heftig angegriffen wird (was freilich auf Gegenseitigkeit beruht), ist die der «konventionellen», d.h. vor allem psychoanalytischen Psychotherapie. Hier sind die Einwände vor allem praktisch-klinisch orientiert.

GLOVER (1959) wendet sich in seiner Besprechung des WOLPESchen Buches von 1958 gegen die «atomistische» und «physiologistische» Auffassung WOLPES (er spricht von einem «contra-psychological approach») und bedauert den Verlust «of painfully acquired psychological insights we are asked to make if we accept his propositions» (S. 72). Damit sind die vielfältigen und differenzierten FREUDschen Begriffe gemeint, die bei einem Ansatz, der auf einer Gleichsetzung der «Tierneurosen» mit den Humanneurosen beruht, nach GLOVER verloren gehen. Daß mit solchen Methoden von WOLPE überhaupt Erfolge erzielt werden, führt GLOVER darauf zurück, daß diese «molekularen» Prozeduren in Wirklichkeit in einen Kontext «molarer» Suggestionen eingebaut sind, d.h. vor allem, daß im Grunde doch im Gegensatz zu WOLPES Annahmen Übertragungsphänomene dabei eine wesentliche Rolle spielen.

Neben diesen allgemeinen Einwänden, die letzten Endes wieder die «science issue» betreffen, spielt in der Auseinandersetzung zwischen Verhaltenstherapie und Psychoanalyse vor allem das Problem der *Symptomsubstitution* eine Rolle. Sind die Heilerfolge der Verhaltenstherapie rein oberflächlicher Natur, d.h. tritt nach kürzerer oder längerer Zeit anstatt der verschwundenen Verhaltensstörung eine andere auf? Die Verschiedenheit der theoretischen Ausgangspositionen legt diese Frage natürlich nahe: besteht die Neurose nur aus dem Symptom, so gibt es keinen Grund, bei symptomatischer Behandlung eine Symptomsubstitution zu erwarten; ist das Symptom dagegen Ausdruck einer tieferliegenden Störung, so wird sich diese bei bloßer Elimination eines Symptoms in einem anderen manifestieren. Bei aller Komplexität dieser Fragestellung läßt sich heute jedoch bereits sagen, daß in einer großen Anzahl von empirischen Arbeiten keine Symptomsubstitutionen festgestellt werden konnten. Auch die Vertreter der dynamisch orientierten Psychotherapie gehen immer mehr dazu über, diesen Sachverhalt zu akzeptieren, versuchen aber, ihn so zu erklären, daß er auch im Rahmen psychoanalytischer Auffassungen Platz findet. Über einige solche Interpretationsversuche soll im folgenden berichtet werden.

126

BOOKBINDER vertritt 1962 in einer Replik auf einen Artikel von YATES (1958b), in dem dieser die Stellungnahme der Verhaltenstherapie zur Frage der Symptomsubstitution ausführt, die Meinung, daß der Kern des Problems in der diskrepanten Definition des Symptombegriffs bei «dynamically-oriented» und «simple conditioning»-Therapeuten liegt. Die analytische Psychotherapie verwendet nach BOOKBINDER einen viel weiteren Symptombegriff als die Verhaltenstherapie, was vor allem auf die Einbeziehung der «Neurotizismus»-Variablen zurückgeht: bereits die Prädisposition zur Ausbildung neurotischer Verhaltensweisen («the *potential* for getting symptoms») wird als Symptom angesehen. Begreiflicherweise läßt sich bei einer solchen Fassung des Begriffs nur schwerlich *kein* Hinweis auf Symptomsubstitution bei einer Nachverfolgung finden.

Dagegen versucht WEITZMAN (1967) das Fehlen von neuen Symptomen in verhaltenstherapeutisch behandelten Fällen nicht mit terminologischen Differenzen, sondern durch den Hinweis auf ein Mißverständnis bezüglich des Konzepts der Symptomsubstitution selbst (und zwar sowohl bei analytisch als auch bei nicht analytisch orientierten Therapeuten) zu erklären:

"It has been pointed out, from both camps, that analytic theory requires that symptom substitution or recurrence must attend a symptomatic treatment which, by definition, does not affect the dynamic sources of the symptoms. The evidence is rather impressive that neither substitution nor recurrence typically follows treatment by systematic desensitization. When occasional recurrences are reported, they are described as being of low intensity and, apparently, never catastrophic...

In fact, analysts have tended to belief that symptomatic treatment may be worse than no treatment at all, that is, that it may be dangerous. Both Eysenck and Wolpe have stated that psychoanalytic theory is decisively undermined by the failure of this prediction." (S. 301 ff.)

WEITZMAN ist nun der Ansicht, daß nach der psychoanalytischen Theorie in solchen Fällen keineswegs immer mit einer Symptomsubstitution gerechnet werden muß. Unter Hinweis darauf, daß FREUD selbst die Möglichkeit einer gelegentlichen Heilung durch symptomatische Behandlung nicht unbedingt ablehnt (FREUD, 1936, S. 83), führt er die Möglichkeit einer erfolgreichen symptomzentrierten Therapie unter Beibehal-

tung der psychoanalytischen Interpretation der therapeutischen Vorgänge folgendermaßen aus:

"The removal of a symptom typically involves an increased mastery
of object relations; for example, in the case of the person who is freed to
express love, or hostility, or the person, who is able, for the first time in a
decade, to climb a flight of stairs without trembling. Such increased
mastery must lead to an increment in the bound energy available to ego
functioning. Even if one must insist that the dynamics source of an original
symptom formation remains unaffected by the removal of that symptom,
the consideration that an increase in bound energy may well lead to an
increase in the effectiveness of repressive cathexes should prohibit any
certain prediction that symptom substitution must follow..." (S. 308)

Anders ausgedrückt: durch die Veränderung im Verhältnis
zwischen dem Klienten und seiner Umwelt, die eine Sym-
ptomelimination möglicherweise hervorruft, kann es zu Um-
strukturierungen im psychischen Energiehaushalt kommen,
die dann für den weiteren Behandlungsverlauf bedeutungsvoll
werden. Es ist daher für den Psychoanalytiker nicht unter
allen Umständen notwendig, eine Symptomsubstitution zu
erwarten.

Selbstverständlich ist es auch für die Verhaltenstherapie
wesentlich, eine Erklärung dafür zu finden, warum in verschiedenen Fällen verschiedene Ergebnisse zu dieser Frage
berichtet werden.

EYSENCK verweist, wie wir in Kapitel 8 gesehen haben, in
seinen Ausführungen immer wieder darauf, daß bei der De-
konditionierung von Symptomen sowohl ihre vegetativen als
auch ihre motorischen Komponenten beseitigt werden müssen. Eliminiert man etwa nur den motorischen Anteil einer
Störung, die auch eine Angstkomponente hat, so kann nicht
von einer Heilung gesprochen werden.

Davon, daß terminologische Probleme in der Diskussion
über Symptomsubstitution eine maßgebliche Rolle spielen,
geht (ähnlich wie BOOKBINDER, 1962) COSTELLO (1963) aus.

Mit AUSUBEL (1960) unterscheidet er zwischen drei Typen
von Symptomen: 1. Symptome, die pathologische Basispro-
zesse anzeigen, aber weder subjektiv noch objektiv «nützlich»
sind, z. B. Depressionen, 2. Symptome, die sowohl subjektiv
als auch objektiv auf Anpassung gerichtet sind, z. B. das
kompensatorische Streben nach irreal hohen Zielen bei Min-

derwertigkeitsgefühlen, 3. «Abwehrsymptome», die subjektiv Erleichterung bieten können, aber generell zu Fehlanpassung führen, z. B. Phobien.

Symptome der ersten Art sind gewöhnlich bei hirnorganischen und psychotischen Störungen vorhanden. Hier kann die symptomatische Behandlung die Grundstörung nicht beseitigen, doch kommt es dabei in der Regel nicht zu einer Symptomsubstitution, sondern zu einem Wiederauftreten desselben Symptoms.

Bei Symptomen der zweiten Art trifft der Einwand, es könne sich eine Symptomsubstitution ergeben, zu: wird eine kompensatorische Möglichkeit zur Anpassung verhindert, so kommt es meist zu einer anderen. Symptome solcher Art sind jedoch gerade auf Grund ihrer sozialkompensatorischen und adaptiven Natur in der klinischen Praxis relativ selten.

Die Symptome der dritten Art schließlich sind diejenigen, für die der Grundsatz der Verhaltenstherapie im engeren Sinn, daß das Symptom die Neurose sei, zutrifft. Es handelt sich hier um «defensive over-reactions». Symptome dieser Art führen etwa im Falle einer phobischen Störung dazu, daß die konditionierte Angstreaktion durch Vermeidung des gefürchteten Objekts nicht zum Erlöschen kommt. Gelingt es, solche Symptome zu eliminieren, so ist mit ihnen die Störung selbst verschwunden.

Abschließend formuliert COSTELLO (in einer sehr viel zurückhaltenderen Weise, als es etwa EYSENCK tut):

"The behavior therapists' position is that not all symptoms are simply manifestations of an underlying disturbance." (S. 160)

12.4 Ethisch-weltanschauliche Einwände

Wir haben bisher von zwei Gruppen von Einwänden und Diskussionsfragen gesprochen, von denen sich, obwohl die Grenzen fließend sind, die eine mehr auf theoretische, die andere mehr auf praktische Aspekte der Verhaltenstherapie bezieht.

Eine dritte Gruppe von Vorbehalten ist ethisch-weltanschaulicher Natur. Zu ihren Vertretern gehört, wie bereits erwähnt, in seinen späteren Arbeiten auch MOWRER. 1964a übt er in einem Artikel, in dem der Ansatz WOLPES mit dem von DOLLARD & MILLER verglichen wird, Kritik an der «unmoralischen» Einstellung der Verhaltenstherapie, die sie freilich seiner Auffassung nach bis zu einem gewissen Grad mit der Psychoanalyse teilt.

"The Freudian approach, although probably wrong, is at least not superficial. The Wolpian approach stands in danger of turning out to be both wrong and superficial. It purportedly has no interest in the moral aspects of neurosis and is concerned only with 'symptoms'—and their elimination. If symptoms are the way an otherwise throtted conscience has of calling for help in saving an individual from a deviant, antisocial (sociopathic) life style, do we really wish to eliminate them?" (S. 328)

Wir haben schon gehört, daß für MOWRER der Begriff des «Schuldbekenntnisses» im Mittelpunkt des therapeutischen Geschehens steht. In bezug auf die Vernachlässigung dieses Aspekts durch die Verhaltenstherapie schreibt er etwas später:

"Wolpe would presumably say that 'confession', as such, is irrelevant, since he seems not to be in the least interested in those self-damaging, socially alienating things which people do and call 'sin'. Guilt, as a consequence of such actions, seems not to exist for him. He is interested only in people's 'inhibitions' or 'symptoms', and their removal, without much reference to the person who is involved. The possibility that one's present 'inhibitions' are due to a prior lack of inhibition in the sense of proper self-control, evidently has no place in his thinking." (S. 330)

Ein anderer Diskussionspunkt, der in gewisser Hinsicht ebenfalls in die von MOWRER angeschnittene Richtung geht, sich einer wissenschaftlichen Behandlung aber nicht so weitgehend entzieht, betrifft das Verhältnis zwischen dem Therapeuten und dem Klienten in der Verhaltenstherapie. Wiederholt ist den verhaltenstherapeutischen Verfahren, so etwa von MURRAY (1962), der Vorwurf «autoritärer Kontrolle» und «unpersönlicher Manipulation» gemacht worden. COSTELLO (1963) führt diese Bedenken auf ein Mißverständnis der Position der Verhaltenstherapeuten zurück, indem er, hier ebenso wie in der Frage der Symptomsubstitution die Ausführungen EYSENCKS aus dem Jahr 1960 einschränkend, schreibt:

"...Eysenck's statement regarding personal relations, 'Personal relations are not essential for cures of neurotic disorder, although they may be useful in certain circumstances' has led critics to believe that

130

behaviour therapists underestimate the value of personal relations to a greater extent than they actually do.

The position of the behaviour therapists would be better put as follows, 'Personal relations may be of great value for the cure of some neurotic disorders and are of little use in some circumstances'." (S. 161)

Auf die große Bedeutung, die auch bei KANFER unter Bezugnahme auf zahlreiche empirische Untersuchungen der Beziehung zwischen dem Therapeuten und dem Klienten zugeschrieben wird, sind wir bereits an anderer Stelle eingegangen. KANFER gehört zu jenen Autoren aus dem Bereich der Verhaltenstherapie, die mit Nachdruck darauf hingewiesen haben, daß das Problem der Verhaltenskontrolle tatsächlich ganz wesentliche ethische Fragen aufwirft (vgl. vor allem KANFER, 1965). Allerdings wendet er sich mit ebensolchem Nachdruck dagegen, daß es sich dabei um eine Besonderheit lernpsychologischer Ansätze in der Psychotherapie handelt. Vielmehr besteht das Ziel jeder Psychotherapie in einer Veränderung der Einstellungen und Verhaltensweisen des Klienten. Auch KRASNER (1962, 1963) verweist, in derselben Richtung argumentierend und sich ebenfalls auf eine Reihe von Experimenten stützend, darauf, daß die «Kontrolle der Kontrolleure» ein Problem ist, das alle psychotherapeutischen Richtungen gleichermaßen betrifft.

Teil II

Aktuelle Trends in der Verhaltenstherapie

13. Allgemeine Entwicklungstendenzen

Wie bereits im Vorwort unterstrichen wurde, sind die verhaltenstherapeutischen Ansätze in den letzten Jahren sehr intensiv weiterentwickelt worden. TUNNER (1970) schätzt, gestützt auf verschiedene Bibliographien, die Anzahl der Arbeiten auf diesem Gebiet bis einschließlich 1969 auf etwa 2500. Eindrucksvolle quantitative Daten über die Expansion, die speziell in jüngster Zeit stattgefunden hat, vermittelt KRASNER in seiner Übersicht im *Annual Review of Psychology* von 1971, in dem der Verhaltenstherapie zum erstenmal ein eigenes Kapitel gewidmet ist.

In diesen neueren Arbeiten werden einerseits die grundlegenden Ansätze fortgeführt; es werden aber auch neue versuchsmethodische Möglichkeiten erprobt und neue Aufgabengebiete erschlossen. Konkret fällt die wachsende Einbeziehung technischer Hilfsmittel in die verhaltenstherapeutische Methodik auf. Das apparative Instrumentarium umfaßt u.a. spezielle Tonband- und Fernsehgeräte (z.B. für Selbstkontrollverfahren), Apparate, die die Konsequenzen bestimmter Handlungen regeln (z.B. Geräte zur Verteilung elektrischer Schocks und Bettnässer-Weckgeräte) und Stimulusgeneratoren verschiedener Art (z.B. Apparate zur Darbietung von Zusatzreizen in der Behandlung des Stotterns). Einen guten Überblick über etwa 50 elektromechanische Geräte, die im Rahmen der Verhaltensmodifikation Verwendung finden, gibt SCHWITZGEBEL 1968.

Bezüglich der inhaltlichen Zielsetzung betrifft ein zunehmend wichtiger Punkt das Bestreben, nicht nur Verhaltenstherapie, sondern auch Verhaltensdiagnose zu betreiben (vgl. CAUTELA, 1968; KANFER, 1969; KANFER & PHILLIPS, 1970 u.a.). Die Analyse des Verhaltensrepertoires mit den zugehörigen Reizen und Verhaltenskonsequenzen, teils auf direkter Beobachtung, teils auf entsprechenden Fragebögen und Verhaltensinventarien beruhend, steht dabei im Mittelpunkt. (In den Einzelfallexperimenten der SKINNER-Schule und den von ihnen angeregten verhaltensmodifikatorischen Prozeduren war eine sorgfältige Verhaltensanalyse vor Beginn der Therapie von Anfang an weitgehend selbstverständlich.)

Erwähnung verdienen ferner die Bemühungen, verhaltens-modifikatorische Prinzipien auf die Beratungssituation aus-zudehnen, d. h. nicht nur Fälle von ausgeprägter Verhaltens-gestörtheit zu beeinflussen, sondern auch in relativ häufig auf-tretenden Lebensproblemen Beistand zu leisten («behavioral counseling»). Wir werden einige Versuche dieser Art in den folgenden Abschnitten kennenlernen (GOLDIAMOND, 1965; STUART, 1969, u. a.).

Der größte Teil der neueren Untersuchungen ist freilich, wie schon erwähnt, der Überprüfung, Modifikation und Er-weiterung der grundlegenden verhaltenstherapeutischen An-sätze bzw. der Präsentation neuer Möglichkeiten einer expe-rimentalpsychologisch fundierten Psychotherapie gewidmet. Im folgenden sollen aus der Vielfalt der betreffenden Arbei-ten einige Trends herausgehoben werden, die zur Zeit beson-deren Raum in der Fachliteratur einnehmen, bzw. von beson-derer Bedeutung erscheinen. Was in Kapitel 1 über die prin-zipielle Schwierigkeit einer solchen Selektion gesagt wurde, trifft hier in Anbetracht der geringen zeitlichen Distanz na-türlich in noch höherem Ausmaß zu. Vor allem ist eine gene-relle Erfolgsbeurteilung auch approximativ kaum durchführ-bar. Wir haben deshalb eine gesonderte Darstellung dieser jüngsten Arbeiten ihrer Einordnung in inhaltlich relevante Kapitel der «klassischen» verhaltenstherapeutischen Rich-tungen vorgezogen. Möglicherweise werden manche dieser Versuche bald nur mehr wissenschaftshistorisch von Inter-esse sein. Nichtsdestoweniger können sie insgesamt zur Cha-rakterisierung einer sehr nuancenreichen Phase der Verhal-tenstherapie dienen, in der es nach dem «gelungenen Durch-bruch» vorwiegend um die selbstkritische Analyse und um die ersten Bestrebungen, Einseitigkeiten auszugleichen, geht. Die stärkere Einbeziehung physiologischer Variablen einer-seits und die zunehmende Betonung der Rolle kognitiver Prozesse andererseits – beides weitgehend unter Beibehaltung der methodischen Prinzipien der neobehavioristischen Ver-haltensanalyse – erscheinen dabei von besonderer Bedeutung (vgl. BLÖSCHL, 1973 b).

14. Neuere Entwicklungen im Bereich der systematischen Desensitivierung

Das Modell der Therapie durch reziproke Hemmung bzw. die Methode der systematischen Desensitivierung nach WOLPE, die wir in Kapitel 7 dargestellt haben, ist in den letzten Jahren zum Ausgangspunkt zahlreicher Untersuchungen geworden. Die einschlägigen klinischen Studien sind einerseits durch Erweiterung des Kreises der behandelten Störungen, andererseits durch die Anwendung verschiedener methodischer Modifikationen gekennzeichnet. Daneben liegt jedoch auch schon eine Reihe von experimentellen Untersuchungen in der Art von «Analogiestudien» (vgl. z.B. LANG & LAZOVIK, 1963) vor. Dabei werden üblicherweise anstelle von Klinikpatienten bzw. von psychotherapeutischen Fällen normale Vpn herangezogen, die zwar auf bestimmten Gebieten überdurchschnittliche Irritabilität aufweisen, privat und beruflich darunter aber nicht oder nur in geringem Ausmaß zu leiden haben (z.B. Angst vor Schlangen oder vor Spinnen). Unter solchen Bedingungen bieten sich dem Experimentator natürlich sehr viel bessere Variations- und Kontrollmöglichkeiten (Anzahl der Versuchspersonen, Bildung vergleichbarer Gruppen, gezielte Veränderung von Einstellungen in positive *und* negative Richtung usw.). Wenn auch die Übertragung der Ergebnisse auf den eigentlich klinischen Bereich nur mit Vorbehalten geschehen kann, stellen diese Analogiestudien doch im gegenwärtigen Zeitpunkt ein wichtiges Instrument der Forschung dar.

Bezüglich der schwierigen Frage der Erfolgskontrolle hat BERGOLD 1969 eine sehr umfassende und detaillierte Übersicht gegeben, die er nach Analogiestudien und klinischen Fallstudien untergliedert. Er kommt dabei zu dem Schluß, daß die Wirksamkeit der Desensitivierungsmethode zur Angstverminderung in Arbeiten der ersten Art empirisch gut gesichert ist. (Auch in den wenigen Untersuchungen, die keine signifikanten Ergebnisse erbrachten, gehen die Tendenzen in die erwartete Richtung.) Dagegen gelangt BERGOLD in der Gruppe der klinischen Studien zu weniger einheitlich-positiven Ergebnissen, die die von WOLPE (1958) angegebene

Besserungsrate von fast 90% nicht erreichen. Freilich gehen auch von den sehr erfolgreichen sogenannten Analogiestudien einige deutlich in den klinischen Bereich hinein, so etwa wenn es sich um die Behandlung von Prüfungsangst oder anderen sozialen Schwierigkeiten handelt. Sehr eindrucksvoll sind in diesem Zusammenhang die Kontrolluntersuchungen von PAUL (1967, 1968), die zwei Jahre nach Beendigung der Behandlung von Personen mit Angst vor öffentlichem Sprechen und ähnlichen sozialen Ängsten durchgeführt wurden. In der Arbeit von 1967 wurden drei Gruppen von je 15 Vpn, von denen eine mit systematischer Desensitivierung, die beiden anderen mit traditionell orientierten Therapieformen behandelt worden waren, sowie eine unbehandelte Kontrollgruppe von 44 Vpn einer ausführlichen Nacherhebung unterzogen. Dabei zeigte sich die Desensitivierungsgruppe, die schon unmittelbar nach der Behandlung am besten abgeschnitten hatte, allen anderen Gruppen im Hinblick auf die positiven Behandlungseffekte überlegen.

Worauf die Verschiedenheit der Ergebnisse in den Erfolgskontrollen zurückzuführen ist, läßt sich zur Zeit – vor allem auch im Hinblick auf die großen methodischen Probleme von klinisch-psychologischen Bewährungsuntersuchungen überhaupt – noch schwer beurteilen. Die Stärke der Störung (BERGOLD, 1969) sowie die Art der Störung könnten dabei eine Rolle spielen. Untersuchungen zu einer differentiellen Strategie des verhaltenstherapeutischen Vorgehens, wie sie zur Klärung dieser Frage dringend notwendig wären, liegen bisher bedauerlicherweise nur in ganz geringer Anzahl vor (vgl. z. B. LAZARUS, 1963).

Inhaltlich zielen die neueren Arbeiten zur systematischen Desensitivierung vor allem auf zwei Themenkreise ab: a) auf die Analyse der einzelnen Wirkfaktoren der systematischen Desensitivierung in ihrer ursprünglichen Form und b) auf die Entwicklung methodischer Varianten der systematischen Desensitivierung. Selbstverständlich stehen diese beiden Themenkreise miteinander in engem Zusammenhang, so daß Überschneidungen häufig sind.

14.1 Zur Analyse einzelner Wirkfaktoren der systematischen Desensitivierung

Aus der großen Anzahl von Arbeiten, die zu diesem Punkt bereits vorliegen (vgl. BERGOLD, 1969; KRASNER, 1971), sollen hier nur einige der wichtigsten herausgegriffen werden. Eine zentrale Frage betrifft dabei die Bedeutung, die den Variablen «Entspannung» und «Vorstellung der Angstreize» in der Desensitivierungsprozedur zukommt. Nach der Theorie von WOLPE wären die therapeutischen Veränderungen auf die Koppelung dieser beiden Faktoren zurückzuführen.

Bereits 1965 (b) hat RACHMAN eine Arbeit über die separaten Effekte von Entspannung und Desensitivierung veröffentlicht. Insgesamt 12 Studentinnen mit Spinnenangst wurden für eine den Zeitraum von sechs Wochen umfassende Untersuchung in vier Gruppen geteilt. Die Gruppe «Desensitivierung plus Entspannung» wurde in der üblichen Weise zweimal wöchentlich behandelt. Mit der Entspannungsgruppe wurden ebenso oft Relaxationssitzungen durchgeführt. Die Mitglieder der Gruppe «Desensitivierung ohne Entspannung» wurden in der üblichen Weise mit den Angstitems konfrontiert, jedoch ohne jede spezielle Entspannungsanleitung. Die Kontrollgruppe erhielt keine Behandlung, sondern wurde nur zu Beginn und am Ende der Sechs-Wochen-Periode denselben Tests unterzogen wie die Experimentalgruppen. Sowohl in einer Verhaltensprobe als auch in einem einschlägigen Fragebogen zeigte sich nur in der Gruppe «Desensitivierung plus Entspannung» eine Reduktion der Spinnenangst. Die anderen drei Gruppen unterschieden sich in ihren Ergebnissen nicht voneinander. Der Hypothese von WOLPE entsprechend erwiesen sich also hier Entspannung und Desensitivierung gemeinsam dem Einsatz jeder Variablen für sich allein überlegen. Weitere Untersuchungen erbrachten jedoch diesbezüglich widerspruchsvolle Ergebnisse. Wie so oft können die Resultate verschiedener Arbeiten auch in diesem Bereich nur mit gewissen Einschränkungen miteinander verglichen werden, weil die Versuchsanordnungen nicht vollständig übereinstimmen. Nichtsdestoweniger scheint manches dafür zu sprechen, daß der Reizvorstellung eine substantiellere Rolle zukommt als der Entspannung. Die Hypothese der Notwendigkeit der Koppelung zwischen Angstreiz und Entspannung ließ sich zwar in einigen Untersuchungen bestätigen (LOMONT & EDWARDS, 1967; JOHNSON & SECHREST, 1968; DAVISON, 1968), doch führte in einigen anderen Arbeiten (WOLPIN & RAINES, 1966; COOKE, 1968; CROWDER & THORNTON, 1970) auch die Imagination der Reize allein (ohne Entspannung) zu Angstminderung. Dabei ist die Arbeit von WOLPIN & RAINES trotz der geringen Versuchspersonenanzahl (5 depressive Krankenhauspatientinnen und eine Krankenhausangestellte) als Ausgangspunkt für weitere Studien von besonderem Interesse. Neben der Variante der Desensitivierung ohne Entspannung wurde in dieser Untersuchung auch die der Desensitivierung mit gleichzeitiger bewußter Muskelanspannung mit Erfolg zur Angstreduktion herangezogen. Dafür, daß Relaxationsübungen allein (ohne Reizdarbietung) phobische Ängste hemmen können, lassen sich nur unter ganz speziellen Umständen Hinweise finden (KONDAŠ, 1967). Möglicherweise ist also zumindest unter bestimmten Bedingungen die Einschaltung der Entspannung nicht erforderlich. Die Untersuchungen zur Überflutungs- oder Implosionstherapie, auf die wir später eingehen werden, weisen ebenfalls in diese Richtung.

RACHMAN, der 1965 (b) die Rolle der Relaxation im Sinn von Muskelentspannung in der systematischen Desensitivierung nachdrücklich unterstrichen hat, modifiziert 1968 seine Meinung dahingehend, daß der wesentliche Faktor das subjektive Entspanntheitsgefühl sei, das wohl von Muskelentspannung im allgemeinen gefördert wird, diese aber nicht unbedingt voraussetzt. Dabei bezieht er sich u. a. auf die Befunde von WOLPIN & RAINES (1966), auf die relativ kurze Trainingszeit, die in der systematischen Desensitivierung gewöhnlich für die Muskelentspannung aufgewendet wird, und auf Ergebnisse wie die von LADER (1967), in denen gezeigt wurde, daß die verbalen Äußerungen der Vpn über den Grad ihrer Entspannung mit entsprechenden physiologischen Ableitungen nicht immer korrespondieren. Dagegen kommt PAUL (1969) auf Grund seiner Experimente zu dem Schluß, daß sowohl physiologische Erregung als auch subjektives Gespanntheitsgefühl durch ein kurzes Entspannungstraining von ein bis zwei Sitzungen wesentlich herabgesetzt werden können. (Als physiologische Indikatoren fanden in seiner Arbeit Herzfrequenz, Atemfrequenz, Muskelspannung und Hautwiderstand Verwendung.) Möglicherweise läßt sich von Untersuchungen, in denen Entspannungs- und Spannungszustände durch Pharmaka hervorgerufen werden (vgl. dazu etwa FRIEDMAN, 1968, und DAVISON, 1966), ein Beitrag zur Klärung dieser Problematik erwarten.

Wenngleich die Frage, ob das Prinzip der reziproken Hemmung in seiner ursprünglichen Form zur Erklärung der Desensitivierungseffekte beibehalten werden soll, noch nicht endgültig entschieden ist, erscheint es auf Grund der vorliegenden Befunde zweckmäßig, auch Alternativmodelle ins Auge zu fassen. Dabei bietet sich zur Zeit vor allem das physiologische Modell der Gewöhnung unter optimalen Bedingungen («maximal habituation»-hypothesis) von LADER & MATHEWS (1968) an. Die Hypothese der maximalen Habituation führt, von aktivierungstheoretischen Überlegungen ausgehend, die Wirksamkeit der systematischen Desensitivierung auf Gewöhnungseffekte bei möglichst niedrigem physiologischem Erregungsniveau zurück; sie basiert also auf dem Extinktionsprinzip mit bestimmten Zusatzannahmen. Kognitive Erklärungsversuche finden sich etwa bei FOLKINS et al. (1968), die die Möglichkeit der Entwicklung internaler Abwehrstrategien durch die wiederholte vorstellungsmäßige Verarbeitung unangenehmer Reize (etwa im Sinn des Aufbaus von bestimmten Erwartungshaltungen) in den Vordergrund stellen. Wir werden auf Ansätze dieser Art im folgenden Abschnitt näher eingehen.

14.2 Methodische Varianten der systematischen Desensitivierung

Im Sinn der eingangs erwähnten Überlappung zwischen den einzelnen Themenkreisen stellt etwa die Frage nach dem Therapeuteneinfluß gleichzeitig ein Problem der Verfahrensanalyse und den Ausgangspunkt für eine methodische Variante von großer praktischer Relevanz dar, die als «automatisierte Desensitivierung» bzw. «Selbstdesensitivierung» bezeichnet wird. Bekanntlich hat man in den lernpsychologischklinischen Ansätzen von Anfang an der Beziehung zwischen Therapeut und Klient weniger – oder besser gesagt eine andere – Bedeutung zugemessen als in der traditionellen Psychotherapie (vgl. Kapitel 12). Den Grundgedanken der neuen Methoden entsprechend hat der Therapeut primär die Bedingungen bereitzustellen, von denen dann der therapeutische Erfolg abhängt. Zu dieser Thematik liegen bereits verschiedene experimentelle Analogiestudien vor. So war etwa in die im vorhergehenden Abschnitt angeführte Untersuchung von DAVISON (1968) zu Kontrollzwecken auch eine «Pseudodesensitivierungsgruppe» einbezogen worden. Dabei entsprachen Art und Ausmaß des Kontakts zwischen dem Therapeuten und dem Klienten den Vorgängen in der Desensitivierungsgruppe, während anstatt der üblichen aversiven Vorstellungsreize Stimuli verwendet wurden, die mit dem Gegenstand der Furcht (bei DAVISON Schlangen) nichts zu tun hatten. Die Erfolge der Pseudodesensitivierungsgruppe unterschieden sich nicht von denen der nicht behandelten Kontrollgruppe, womit der Einfluß der Beziehung zum Therapeuten jedenfalls als ausschließlicher Kausalfaktor wegfällt.

Einen anderen Zugang zum Problem wählten KRAPFL & NAWAS (1969). Sie konnten (ebenfalls an Vpn mit Schlangenangst) zeigen, daß die übliche Desensitivierungsprozedur und eine «halbautomatisierte» Form, in der die Anweisungen über Tonband gegeben wurden, gleich gute therapeutische Effekte erzielten. Die Autoren schließen daraus, daß – unter Berücksichtigung des Analogiecharakters solcher Untersuchungen – die zwischenmenschliche Beziehung im Desensitivierungsvorgang mit Sicherheit nicht den einzigen oder primären effektiven Faktor darstellt.

In einer interessanten Fallstudie schildern MIGLER & WOLPE (1967) eine «automatisierte Selbstdesensitivierung» bei einem Klienten, der beruflich erhebliche Schwierigkeiten hatte, weil er sich fürchtete, vor einer Gruppe zu sprechen. Relaxations- und Desensitivierungsinstruktionen wurden auf Tonband aufgenommen. Der Patient führte die Behandlung mittels Tonbandgerät nach einer genauen Beschreibung vor allem des zeitlichen Ablaufs dann zu Hause an sich selber durch. Nach sieben Sitzungen waren die Items der Angsthierarchie durchgearbeitet und die Schwierigkeiten auch in der realen Situation verschwunden. Eine Kontrolle acht Monate später zeigte, daß der Erfolg anhaltend war.

1968 berichteten KAHN & BAKER über ein ähnliches Vorgehen unter Einbeziehung von 16 Studenten, die subphobische Ängste verschiedener Art aufwiesen. Die Hälfte der Vpn erhielt die übliche Desensitivierungstherapie, die andere Hälfte erhielt nach der Erstellung der Angsthierarchie gemeinsam mit dem Therapeuten eine schriftliche Anleitung und eine entsprechend bespielte Langspielplatte, die auf der einen Seite die Anweisungen für das Entspannungstraining, auf der anderen Seite die für die Durchführung der Desensitivierung enthielt. Wöchentlich einmal wurde telefonisch nach dem Fortschritt des Klienten gefragt. Drei Monate nach Ende der Therapie wurde der Erfolg nach einem ausführlichen telefonischen Interview vom Therapeuten auf einer Skala beurteilt. Beide Gruppen hatten beträchtliche Fortschritte zu verzeichnen; sie unterschieden sich diesbezüglich nicht signifikant voneinander.

Von besonderer ökonomisch-praktischer Bedeutung ist die Möglichkeit, automatisierte Vorgänge in der Gruppentherapie einzusetzen. Der erste Versuch einer systematischen Gruppendesensitivierung stammt von LAZARUS (1961), dem bald verschiedene andere Autoren (vgl. etwa RACHMAN, 1965b, und KONDAŠ, 1967) folgten. Dabei ist eine gewisse Standardisierung von vornherein notwendig. Üblicherweise wird diese durch vorhergehende Gruppendiskussion bzw. durch eine Analyse der Angaben der Patienten durch den Therapeuten, in der die generell zu verwendenden Items festgelegt werden, erreicht. Von hier ist es nur noch ein Schritt zur automatisierten bzw. teilautomatisierten Desensitivierung in der Gruppe, wie sie z. B. DONNER & GUERNEY (1969), DONNER (1970), IHLI & GARLINGTON (1969) und NAWAS, FISHMAN & PUCEL (1970) durchgeführt haben.

In der Untersuchung von NAWAS et al. (1970) waren die Vpn Studentinnen mit Schlangenangst, an denen die Gruppendesensitivierung über Kopfhörer durchgeführt wurde.

Anders als die Gruppe mit üblicher Desensitivierungsbehandlung hatte die Gruppe mit standardisierter Desensitivierungsbehandlung nicht die Möglichkeit, jeweils auftretende Angstgefühle zu signalisieren. Jedes Gruppenmitglied erhielt hier die angstauslösenden Reize in derselben vorher festgelegten zeitlichen Anordnung dargeboten. Die beiden Desensitivierungsgruppen erwiesen sich der Kontrollgruppe gleichermaßen überlegen. (NAWAS et al. wollen zur Interpretation ihrer Ergebnisse die lerntheoretischen Begriffe von GUTHRIE [1952] oder das kognitive Modell von LONDON [1964], nach dem der Klient durch die systematische Desensitivierung zwischen Vorstellung und Realität besser zu diskriminieren lernt, herangezogen wissen.)

DONNER & GUERNEY (1969) haben Automatisierung und Standardisierung in besonders strikter Weise zu verwirklichen gesucht (Vpn waren Studentinnen mit Prüfungsangst). Sie verglichen eine Desensitivierungsgruppe der üblichen Art mit einer Desensitivierungsgruppe mit Tonbandverwendung, in der sich alle Schritte der Behandlung programmiert abspielten (gemeinsame Hierarchie, gleiche Darbietungszeit). Als Kontrollgruppe dienten Personen auf einer Warteliste. In der «automatisierten» Gruppe befand sich der Versuchsleiter während der Sitzungen nicht im Raum. Beide Desensitivierungsgruppen zeigten in diversen Angstmaßen stärkere Reduktionen als die Kontrollgruppe, während sie sich voneinander diesbezüglich nicht unterschieden. Eine Nachkontrolle von DONNER (1970) fünf Monate später ergab allerdings, daß die positiven Effekte zwar bei beiden Gruppen von Dauer waren, die Gruppe mit Therapeutenanwesenheit in den durchschnittlichen Semesternoten jedoch besser abgeschnitten hatte als die Gruppe ohne Therapeuten. (Schon unmittelbar nach der Therapie war diesbezüglich eine leichte nichtsignifikante Tendenz zu verzeichnen.) Ob die Anwesenheit des Therapeuten hier als Analogie zur Anwesenheit des Lehrers aufzufassen ist oder ob motivationale Unterschiede in der therapeutischen Situation für dieses Ergebnis verantwortlich sind, müßte in weiteren Untersuchungen geklärt werden.

Ganz speziell unter dem Gesichtspunkt der Zeitökonomie stehen die Bemühungen, eine «Marathondesensitivierung»

144

(SUINN & HALL, 1970) bzw. «Kurzzeitdesensitivierung» (SUINN, 1970), zu entwickeln. Dabei werden die Gruppensitzungen nicht wie sonst üblich in Abständen von einigen Tagen, sondern in gehäufter Aufeinanderfolge abgehalten. SUINN & HALL (1970) berichten bei den drei Klienten der «Marathon-Gruppe» (Studenten mit Prüfungsangst), die mittels Tonbanddarbietung während vier Stunden eines Nachmittags und vier Stunden des darauffolgenden Vormittags desensitiviert wurden, ebenso gute Erfolge wie bei der Vergleichsgruppe, mit der ein Therapeut insgesamt elf Desensitivierungssitzungen (drei Sitzungen wöchentlich) durchführte.

Neben den Standardisierungs- und Automatisierungsversuchen liegen jedoch auch noch andere Ansätze zur Weiterentwicklung der Gruppendesensitivierung vor. PAUL & SHANNON (1966) fanden eine planvolle Erweiterung der schon erwähnten Gruppendiskussion zur Feststellung der Angstitems als Ergänzung der systematischen Desensitivierung sehr wirkungsvoll; sie sprechen von einer kombinierten Gruppendesensitivierung, in der die Vorteile der systematischen Desensitivierung mit denen einer «reedukativen» Diskussion verbunden werden sollen. Vpn waren Studenten mit Angst vor öffentlichem Sprechen (fünf Klienten in einer Gruppe). Die Diskussionen waren als integraler Bestandteil wie Entspannung und Imagination in die Sitzungen eingebaut; sie bezogen sich auf relevante Probleme, und zwar speziell auf die Reaktionen während der Desensitivierung. Das Verfahren zeigte sich in seiner Effizienz der individuellen Desensitivierung ebenbürtig und aus der Sicht der Klienten eher noch überlegen. Zudem war es außerordentlich zeitsparend (durchschnittlich weniger als zwei Stunden Therapeutenzeit pro Klient). Eine ähnliche Kombination von Gruppenberatung und Gruppendesensitivierung verwendeten (ebenfalls mit gutem Erfolg) KATAHN, STRENGER & CHERRY (1966) bei Studenten mit Prüfungsangst.

Neben Selbstdesensitivierung und Gruppendesensitivierung in ihren verschiedenen Formen liegen noch zahlreiche andere Modifikationsversuche vor, von denen wir nur einige anführen können. Eine Behandlungsvariante, die aversive Reize miteinbezieht, ist die der «Angstunterbrechung» («anxiety-relief»), die wir in Kapitel 7 beschrieben haben. Ähnlichkeiten damit weist die sogenannte «aversion-relief»-Methode auf (vgl. THORPE et al., 1964; SOLYOM & MILLER, 1967). SOLYOM & MILLER (1967) verwendeten folgende Kombination dieser Ansätze, die sie «reciprocal inhibition by aversion-relief» nennen: sie boten phobischen Patienten Bilder oder akustisch-verbale Beschreibungen der von ihnen gefürchteten Gegenstände in jenem Augenblick dar, in dem die Patienten einen schmerzhaften Elektroschock durch Druck auf einen Knopf beendeten. Die auf diese Weise hervorgerufene Erleichterung sollte im Sinn der Theorie der reziproken Hemmung von WOLPE anstatt der üblichen Muskelentspannung der Angst entgegenwirken. Nach durchschnittlich etwa 20 Sitzungen waren sechs der sieben behandelten Phobiker symptomfrei.

Die 1970 erschienene Arbeit von KRAPFL & NAWAS zeigte an Vpn mit Schlangenangst, daß Desensitivierungsgruppen mit absteigenden Angsthierarchien (in denen also die am stärksten angstbesetzten Items zuerst dargeboten werden), nicht schlechter abschneiden als solche mit den üblichen aufsteigenden Angsthierarchien. Hier ergeben sich gewisse Verbindungen zu den Überflutungs- und Implosionstherapien. Wir wollen diese Verfahren, die in letzter Zeit relativ viel Beachtung gefunden haben, jedoch (wie es WOLPE & LAZARUS, 1966, tun) aus theoretischen Gründen dem Bereich der negativen Übung (Kapitel 16) zuordnen, obwohl ihre Entwicklung auch mit der der systematischen Desensitivierung eng verbunden ist. Aus ähnlichen Erwägungen heraus sollen die Arbeiten zur «Kontaktdesensitivierung» (RITTER, 1968, 1969a, b) im Rahmen der Imitationstherapien (Kapitel 18) besprochen werden.

Auf die Möglichkeit der «in-vivo»-Desensitivierung sind wir ebenfalls schon in Kapitel 7 kurz eingegangen. GARFIELD et al. (1967) stellten eine größere Effizienz bei zusätzlichen «in-vivo»-Übungen fest. COOKE (1966) fand «in-vivo»- und imaginäre Desensitivierung gleich wirkungsvoll. Über «in-vivo»-Desensitivierung bei Kindern mit extremer Angst vor Injektionen berichtet SCHRÖDER (1970). Eine andere Variation im Modus der Reizdarbietung beinhaltet der interes-

146

sante Ansatz von GOLDBERG & D'ZURILLO (1968), die anstelle der üblichen subjektiven Reizimagination die Verwendung von Dias vorschlagen. Sie verwendeten diese Methode mit Erfolg an zwei Studentinnen mit Angst vor Injektionen. Zur Entspannung wurden zusätzlich 20 Bilder friedlichen Inhalts (Landschaftsdarstellungen) verwendet. Die 20 Desensitivierungsdias betrafen Vorbereitung und Durchführung einer Injektion an einer Studentin, so daß, wie die Autoren selbst anführen, vermutlich eine nicht unbedeutende imitative Komponente in den Prozeß miteingegangen ist. Davon abgesehen, erscheint die Anregung, auf diese Weise mit Dias zu arbeiten, jedoch prinzipiell aus methodischen Gründen von Bedeutung. Die Rolle der Imaginationsprozesse in der systematischen Desensitivierung – ein trotz seiner Bedeutung bisher von der Forschung sehr vernachlässigtes Problem – könnte auf diese Weise einer exakteren Analyse zugänglich gemacht werden (vgl. dazu BLÖSCHL, 1972; DAVIS, MCLEMORE & LONDON, 1970; RIMM & BOTTRELL, 1969, und CRAIG, 1968). In ähnliche Richtung weist die Arbeit von BADRI (1967), in der der Patient unter Beibehaltung der Relaxationsübungen die vorgestellten Items selbst zu verbalisieren hatte. BADRI betont den Vorteil der aktiveren Rolle des Klienten durch diese Modifikation, die auch mit der üblichen Vorgehensweise gekoppelt werden kann (Beschreibung einer Szene durch den Therapeuten, Vorstellung und gleichzeitige Verbalisierung der Szene durch den Patienten).

Von der Frage nach den subjektiven Prozessen bei der Reizvorstellung abgesehen, finden sich in der Literatur zur Desensitivierung in den letzten Jahren in zunehmender Anzahl Bemühungen um die Analyse der Rolle kognitiver Vorgänge. Dabei geht es vor allem darum, die Einflüsse von Erwartungen, Hypothesenbildung, Informationsverarbeitung usw. im Desensitivierungsvorgang näher zu bestimmen. Die Untersuchung von FOLKINS et al. (1968) haben wir bereits im vorhergehenden Abschnitt erwähnt. 1967 veröffentlichten VALINS & RAY ihre Arbeit über «kognitive Desensitivierung». Darin wird die Hypothese aufgestellt, daß die Wirkung der systematischen Desensitivierung auf der durch die Relaxationsinstruktionen hervorgerufenen Erwartung der Vp beruht, in Gegenwart des Angstreizes entspannt zu sein. Nach dieser Auffassung ist der tatsächliche muskuläre oder vegetative Entspannungsgrad irrelevant, solange die Vp sich selbst für entspannt hält. Zur Prüfung dieser Hypothese wurden zwei Gruppen von Vpn (Studenten mit Schlangenangst) miteinander verglichen. Den Mitgliedern der Experimentalgruppe wurden über eine entsprechende apparative Ausrüstung individuell Töne zugeleitet, die angeblich ihrem eigenen Herzschlag entsprachen. Die Mitglieder der Kontrollgruppe standen unter denselben Versuchsbedingungen, doch wurde ihnen in der Instruktion mitgeteilt, es handle sich um sinnfreie Geräusche. Dann wurden den Vpn abwechselnd leichte elektrische Schläge verabreicht und Bilder von Schlangen dargeboten. In der Experimentalgruppe waren die vorgeblichen Herztöne so arrangiert, daß sie in der Vp den Eindruck von Erregung bei den Schocks und den Eindruck fehlender Erregung bei den Schlangenbildern hervorriefen. Die Mitglieder der Kontrollgruppe konnten auf Grund der vorausgegangenen Information keine Hypothesen in dieser Richtung bilden. In dem anschließenden Vermeidungs-Verhaltenstest benötigten die Experimentalpersonen weniger sozialen Druck von seiten des Vl, um eine Schlange zu berühren, als die Kontrollpersonen.

SUSHINSKY & BOOTZIN (1970) stellten sich die Aufgabe, dieses Experiment mit einigen Modifikationen zu wiederholen. Um den Kontrast herabzusetzen, konfrontierten sie bei Vpn, die sich sowohl vor Ratten als auch vor Schlangen fürchteten, anstelle der Reize «Schock» und «Schlange» die Reize «Schlange» und «Ratte». Unter diesen Bedingungen ließ sich die Hypothese der kognitiven Desensitivierung nicht bestätigen: die erwartete Angstreduktion gegenüber Ratten in der Experimentalgruppe blieb aus. Ohne die mögliche Wirksamkeit kognitiver Vorgänge in diesem Zusammenhang an sich bestreiten zu wollen, schließen die Autoren aus ihren Ergebnissen, daß die «Methode der falschen Herzschlaginformationen» nicht als Modell der üblichen systematischen Desensitivierung aufzufassen sei. Vielmehr sei diese Prozedur nur dann wirksam, wenn die Vp tatsächliche Schmerzempfindun-

gen mit den durch die Darbietung des Angstobjektes hervorgerufenen Empfindungen vergleichen könne.

MARCIA, RUBIN & EFRAN (1969) versuchten, die Rolle kognitiver Faktoren in der systematischen Desensitivierung unter einem anderen Aspekt zu analysieren. Ihrer Auffassung
nach ist die gesamte Prozedur der systematischen Desensitivierung dazu geeignet, die Erwartung der Klienten, daß sie
den problematischen Objekten gegenüber Angst empfinden
würden, zu verändern. Die allmählich gewonnene Überzeugung der Angstfreiheit verändere dann auch das tatsächliche
Verhalten. Zur Prüfung dieser Hypothese wurde an Studenten mit Schlangen- bzw. Spinnenangst folgende Untersuchung durchgeführt: Eine Gruppe von Vpn (N = 9) wurde
einem Verfahren («T-scope-therapy») unterzogen, das die
erwartungsmanipulierenden Merkmale der Desensitivierung,
nicht aber die sonst üblichen Elemente enthalten sollte. Die
Vpn bekamen die Instruktion, auf einem Tachistoskop die
unterschwellige Darbietung relevanter phobischer Reize zu
verfolgen, die jeweils von einem leicht schmerzhaften elektrischen Schlag begleitet sein würden. Diese Methode wurde
ihnen als wissenschaftlich fundierte und besonders wirksame
Behandlungsweise vorgestellt. In Wirklichkeit fanden jedoch
keinerlei optische Darbietungen statt. Es wurden acht Sitzungen von 20 Minuten Dauer durchgeführt. Der Erfolg des
Verfahrens entsprach dem einer vergleichbaren Desensitivierungsgruppe (N = 16). Beide Gruppen zeigten signifikant
größere Angstreduktionen als die nicht behandelte Kontrollgruppe (N = 12). Dieses interessante Ergebnis läßt weitere
Untersuchungen über den Einfluß der Erwartung als sehr
wünschenswert erscheinen.

Der Effekt erfolgsorientierter (also optimistisch formulier-
ter) therapeutischer Instruktionen trat auch in einer Studie
von LEITENBERG et al. (1969) zutage, in der die Vpn außerdem verbale Belohnungen erhielten, wenn sie während des
Behandlungsverlaufs über Fortschritte berichteten. Die Versuchsanordnung erlaubt es freilich nicht, die Wirkung der
beiden Variablen sauber zu trennen. In der Arbeit von OLI-
VEAU et al. (1969) sollte dieses Problem geklärt werden. Dabei zeigten sich an entsprechenden Versuchsgruppen von

Studentinnen mit Schlangenangst nur die Instruktionen, nicht aber die verbale Verstärkung von signifikantem Einfluß auf den Behandlungserfolg. Allerdings war auch in der Gruppe ohne erfolgsgerichtete therapeutische Instruktionen und ohne Lob eine signifikante Besserung festzustellen. Die Komplexität der betreffenden Vorgänge wird an diesem Beispiel besonders deutlich. Jedenfalls ist eine Erklärung der Desensitivierungseffekte durch operante Konditionierung im Sinn von positiven Verstärkungen durch den VI, wie sie WAGNER & CAUTHEN (1968) versuchen, sehr problematisch. Dagegen sollte die Möglichkeit einer gezielten Koppelung beider Methoden (etwa im Sinn einer «Umarbeitung» des Angstreizes zum diskriminativen Stimulus für positive Verstärkung – vgl. GOTTWALD, 1969) nicht außer acht gelassen werden.

15. Neuere Entwicklungen im Bereich der operanten Konditionierung

Neben der systematischen Desensitivierung hat die operante Konditionierung als Basis klinischer und heilpädagogischer Verhaltensmodifikation in den letzten Jahren besonders starke Verbreitung gefunden. Daß hier eine Wechselbeziehung mit dem eingangs erwähnten allgemeinen Trend zur Betonung der experimentellen Komponente in der Verhaltenstherapie besteht, liegt nahe, zeichnen sich doch die verhaltenstherapeutischen Ansätze im Anschluß an SKINNER durch besondere methodische Stringenz aus.

Die Entwicklung auf diesem Gebiet weist vor allem drei Schwerpunkte auf: a) das Bemühen, die Durchführung von Verstärkungsprozeduren auf Selbstkontrollverfahren einerseits und auf die natürliche Umwelt des Klienten andererseits zu übertragen, b) die Analyse der Zweckmäßigkeit des Einsatzes von negativen Verhaltenskonsequenzen und c) die Einbeziehung physiologischer Abläufe in das Konditionierungsgeschehen.

15.1 Selbst- und Sekundärkontrollverfahren

Wir haben im vorhergehenden Abschnitt bereits über Ansätze zur Selbstdesensitivierung gesprochen. Auch im Bereich des operanten Lernens finden sich schon seit einiger Zeit Bestrebungen, den Klienten selbst als «Therapeuten» einzusetzen, d. h. hier vor allem, ihm selbst die Verabreichung der Verstärker zu übertragen. Diese Tendenzen manifestieren sich sowohl in der Art der Verteilung von materiellen Verstärkern als auch in der theoretisch besonders bedeutsamen Heranziehung von «internen Verstärkern» (vgl. HOMME, 1965; GOLDIAMOND, 1965).

Zwei Verhaltensweisen, die man in jüngster Zeit relativ oft mittels Selbstverstärkung zu beeinflussen gesucht hat, sind Rauchen und übermäßige Nahrungsaufnahme. STUART (1967) führt in seiner Arbeit über die Behandlung von Eßsucht durch operante Selbstkontrolle in Anlehnung an HOMME (1965) folgende Elemente an, die dabei beachtet werden müssen: 1. die präzise Analyse des Fehlverhaltens inklusive der vorhergehenden und nachfolgenden Bedingungen, 2. das Herausfinden eines Verhaltensmusters, das die Aufnahme der gewünschten Nahrungsquantitäten fördert, 3. die Identifizierung von positiven und negativen Verstärkern, die dieses Verhalten kontrollieren, und 4. die Anwendung der Verstärker zur Veränderung der Wahrscheinlichkeit der betreffenden Reaktion («contingency management»). Dabei zieht STUART wie die meisten Autoren auf diesem Gebiet zur Identifikation von Verstärkern das sogenannte PREMACK-Prinzip heran, demzufolge von zwei Verhaltensweisen diejenige mit der größeren Auftretenswahrscheinlichkeit die andere verstärken kann («*Any response A will reinforce any other response B, if and only if, the independent rate of A is greater than that of B.*» PREMACK, 1959, S. 220).

Das praktische Vorgehen konzentriert sich einerseits auf die *Kontrolle der Reizbedingungen,* die beim Auftreten des Fehlverhaltens gegeben sind und dieses gewissermaßen steuern («stimulus control»), und andererseits auf die *Anwendung der Verstärkungen* unmittelbar nach dem Auftreten des gewünschten Verhaltens. So wird die Strategie der Stimu-

151

luskontrolle etwa vorsehen, daß der Klient nur an einem bestimmten Platz der Wohnung Nahrung zu sich nimmt oder daß er nur Nahrungsmittel im Hause aufbewahrt, die eine längere Zubereitungszeit erfordern. Verstärkungen werden beispielsweise in der Form eingesetzt, daß der Klient, der sich eben eine Zwischenmahlzeit nehmen will, darauf verzichtet und stattdessen einige Seiten in einem Buch liest, das ihn besonders interessiert, oder ein angenehmes Telefongespräch führt. Besonders wesentlich ist dabei, daß diese Maßregeln ganz individuell und flexibel sind und daß sie der Klient selbst mitauswählt und anwendet. Dadurch soll er das Gefühl der Kontrolle über sein Verhalten wiedererlangen. STUART berichtet mit der Methode der operanten Selbstverstärkung (unter zusätzlicher Verwendung des Verfahrens der «covert sensitization», auf das wir in Kapitel 17 eingehen werden) an acht weiblichen Klienten sehr gute Erfolge. Vier bis fünf Wochen hindurch fanden dreimal wöchentlich halbstündige Interviews statt, in denen Therapeut und Klient gemeinsam die Strategien festlegten und die detaillierten Aufzeichnungen des Klienten über die Ereignisse der Zwischenzeit diskutierten.

Die von HARRIS (1969) vorgelegte Studie zur lernpsychologischen Behandlung der Übergewichtigkeit bezieht eine unbehandelte Kontrollgruppe mit ein, deren Mitglieder sich für die Dauer der Behandlung nach eigenem Ermessen um Gewichtsabnahme bemühten. Die Experimentalpersonen erhielten in zweimal wöchentlich stattfindenden Gruppensitzungen Hinweise zur Selbstkontrolle, die folgende Punkte betrafen: 1. Auswahl und Anwendungen von positiven Verstärkungen, 2. Stimuluskontrolle im Zusammenhang mit dem Eßverhalten und 3. Kontrolle der Komponenten des Eßablaufs (Tempo der Nahrungsaufnahme · usw.). Zweieinhalb Monate nach Beginn der Behandlung wurde die Experimentalgruppe in zwei Untergruppen von je sieben Personen geteilt, von denen die Mitglieder der ersten Gruppe eine individuelle Aversionsbehandlung nach der Methode der «covert sensitization» erhielten, während für die zweite Untergruppe die geschilderten Gruppensitzungen weitergingen. Die Vpn beider Experimentalgruppen hatten nach vier Monaten bedeutsam an Gewicht verloren, während das bei der Kontrollgruppe nicht der Fall war. Zwischen den beiden experimentellen Untergruppen ergaben sich keine signifikanten Differenzen.

Eine weitere Untersuchung zum Problem übermäßiger Nahrungsaufnahme stammt von WOLLERSHEIM (1970). Dabei wurden 79 Studentinnen vier Gruppen zugeteilt. Drei dieser Gruppen wurden jeweils mit einem der folgenden Verfahren behandelt: 1. Gruppentherapie durch soziale Aufmunterung mit regelmäßiger und entsprechend kommentierter Gewichtskontrolle, 2. Unspezifische Gruppentherapie (damit sollten vor allem Faktoren wie vermehrte Zuwendung, Placebo-Effekt der Teilnahme an einer Therapie überhaupt usw. kontrolliert werden; diskutiert wurden auf tiefenpsychologischer Basis mögliche unbewußte Motive für das Verhalten in verschiedenen Lebensbereichen), 3. Lernpsychologisch orientierte Therapie mit Anleitung zu Verhaltensanalyse, Stimuluskontrolle und Selbstverstärkung sowie (ab der 6. Sitzung) zur Anwendung aversiver Vorstellungstechniken. Die letzte Gruppe war eine nicht behandelte Kontrollgruppe. Alle drei Behandlungsgruppen schnitten signifikant besser ab als die Kontrollgruppe. Dabei war die Gewichtsabnahme der unter lernpsychologischen Aspekten angeleiteten Gruppe signifikant größer als die der beiden anderen Gruppen, die sich in ihren Ergebnissen nicht voneinander unterschieden. Bei einer Nachkontrolle acht Wochen nach Beendigung des Experiments zeigten sich die Resultate unverändert. (Die Therapie umfaßte jeweils zehn Sitzungen in einem Zeitraum von zwölf Wochen.)

Ebenso wie die Behandlung der Eßsucht wird auch die Behandlung des Rauchens durch operante Selbstkontrolle im Konzept von HOMME (1965) ausführlich dargestellt. Dabei spielt die Einbeziehung der sogenannten «coverants» eine wesentliche Rolle. Unter «coverants» («covert operants») versteht HOMME mentale («interne») Ereignisse, also Gedanken, Vorstellungen, Erwartungen usw. (vgl. BLÖSCHL, 1972)[1]. Beim Auftreten des Bedürfnisses zu rauchen muß der Klient

[1] Auf die Ansätze von CAUTELA, die zu diesem Konzept enge Querverbindungen aufweisen, wird in Kapitel 17.2 näher eingegangen.

unmittelbar mit einem der vorher festgelegten «anti-smoking coverants» reagieren, d. h. er muß an die möglichen Gesundheitsschädigungen oder an andere aversive Konsequenzen des Rauchens denken. Anschließend soll sofort an eine positive Folge des Nichtrauchens gedacht werden. Dieser Gedanke wird durch eine reale Verstärkung belohnt, etwa Kaffeetrinken oder irgendeine andere Reaktion, die durch ihren hohen Wahrscheinlichkeitswert nach dem PREMACK-Prinzip wirksam ist. TOOLEY & PRATT (1967) berichten in zwei Fallstudien über sehr gute Erfolge mit diesem Verfahren; sie haben es allerdings mit zwei anderen Methoden («covert sensitization» und «contractual management») gekoppelt. Unter «contractual management» verstehen die Autoren das Aufsichnehmen gewisser Verpflichtungen (in diesem Fall immer strikterer Enthaltung vom Zigarettenkonsum) im Austausch gegen die soziale Anerkennung des Therapeuten, der Mitklienten, der Familie usw.

KEUTZER verglich 1968 die Reduktion des Rauchens in einer Selbstkontrollgruppe der eben beschriebenen Art, einer Selbstkontrollgruppe mit selbstadministrierten aversiven Konsequenzen (Anhalten des Atems), einer Gruppe der «negativen Übung» (Rauchen von drei Zigaretten unmittelbar hintereinander) und einer Gruppe mit Drogen-Placebo-Behandlung. Alle vier Gruppen zeigten signifikante Erfolge gegenüber einer nicht behandelten Kontrollgruppe, die Unterschiede zwischen den Therapie-Gruppen waren dagegen nicht signifikant.

Vereinzelt wurden Selbstkontrollstudien auf operanter Basis auch schon an Störungen anderer Art durchgeführt. So versuchten RUTNER & BUGLE (1969) durch «self-monitoring», d. h. hier durch Aufzeichnung der Häufigkeit einer bestimmten Verhaltensweise, die Symptomatik einer 47jährigen chronisch schizophrenen Patientin zu beeinflussen. Die Patientin litt an akustischen Halluzinationen, die sie selbst gern unter Kontrolle bringen wollte. Sie erhielt die Instruktion, die Frequenz dieser Störung im Lauf des Tages festzuhalten. Die graphische Darstellung der Frequenzen wurde auf dem Wandbrett der Station befestigt, so daß alle Stationsmitglieder den Verlauf verfolgen und mit sozialer Verstärkung auf Abnahmen reagieren konnten. Nach 16 Tagen waren die Frequenzen von 181 am ersten Tag auf 0 gesunken; innerhalb von sechs Monaten ergab sich kein Rückfall.

GOLDIAMOND (1965) berichtet die Anwendung von Selbstkontrollprozeduren nach dem Prinzip der operanten Konditionierung bei komplexeren Problemen jener Art, wie sie üblicherweise im Rahmen einer psychologischen Beratungsstelle anfallen (Schwierigkeiten der familiären Interaktion, des Studienverhaltens usw.). Vermutlich sind gerade auf dem Gebiet des «behavioral counseling» für Methoden der lernpsychologischen Verhaltensanalyse und Selbstverstärkung noch zahlreiche Einsatzmöglichkeiten zu erschließen.

Die Miteinbeziehung von nicht psychologisch ausgebildeten Betreuungspersonen in den Prozeß operanter Konditionierung – hier als Sekundärkontrolle bezeichnet – ist im Bereich psychiatrischer, vor allem schizophrener, Störungen schon relativ lang von großer Bedeutung. Wir haben über die Rolle des Pflegepersonals in den Einrichtungen der «token-economies» bereits in Kapitel 9 berichtet. Bald darauf ging man dazu über, sich auch um die Beteiligung von Eltern, Heimerziehern und Lehrern an der Modifikation kindlichen Verhaltens unter Anleitung des Psychologen zu bemühen. Beispiele dafür liefern im Bereich der Familie etwa die Arbeiten von WAHLER et al. (1965), ALLEN & HARRIS (1966) und RISLEY (1968), im Bereich der Heimerziehung WETZEL (1966) und PHILLIPS (1968) und im Bereich der Schule BIRNBRAUER et al. (1965) und THOMAS, BECKER & ARMSTRONG (1968). Bei allen diesen Untersuchungen geht es um die Übertragung der Verstärkerausteilung an Personen aus der natürlichen Umwelt des Kindes, womit naheliegenderweise für die Therapie viele Vorteile verbunden sind (vgl. dazu auch KUHLEN, 1972). Dabei kann sowohl die Beeinflussung eines einzelnen Kindes als auch die einer ganzen Gruppe Ziel der therapeutischen Bestrebungen sein (vgl. THARP & WETZEL, 1969; EISERT & BARKEY, 1972, u. a.).

In der Arbeit von ALLEN & HARRIS (1966) wird die Behandlung eines fünfjährigen Mädchens dargestellt, das sich selbst seit etwa einem Jahr in exzessiver Weise blutig kratzte. Diese Verhaltensweise drohte das Kind schwer zu entstellen und führte außerdem immer wieder zu heftigen Auftritten zwischen dem Kind und den Eltern. Die Mutter wurde nach der üblichen Verhaltensanalyse angeleitet, gezielt mit Belohnungen auf erwünschtes Verhalten (Pausen im Kratzen usw.) zu reagieren, das Kratzen selbst aber unbeachtet zu lassen. Jede Woche einmal fand eine Besprechung zwischen der Mutter und dem Psychologen über die Ereignisse der vorhergehenden Woche statt. Als Verstärker wurden goldene Sternchen und Puppenkleider verwendet. Nach sechs Wochen waren die unerwünschten Verhaltensweisen völlig eliminiert und die Kratzspuren weitgehend abgeheilt. Eine Kontrolle nach vier Monaten bestätigte dieses Ergebnis. Die materiellen Verstärker waren schrittweise durch soziale Verstärker (positive Zuwendung) ersetzt worden.

PHILLIPS (1968) gibt einen ausführlichen Bericht über ein von den Erziehern durchgeführtes Verstärkungsprogramm in der Art einer «token economy» in einem Heim für verhaltensschwierige Jungen. Dabei konnten für die durch positives Verhalten in verschiedenen Bereichen (Körperpflege, Ausführung der Schulaufgaben usw.) gewonnenen Punkte verschiedene Privilegien (Fernsehen, Spielzeug, Ausgang u.ä.) in Anspruch genommen werden.

Mit der Verteilung positiver sozialer Verstärkungen an Schulkinder durch den Lehrer befaßt sich die Arbeit von WIECZERKOWSKI et al. (1969). Der Einfluß dieser Verstärkungen (hier freilich in genereller Weise konzipiert) wurde durch die Abnahme schulbezogener Angst und neurotischer Tendenzen in entsprechenden Fragebogenverfahren bestätigt.

Die gezielte Heranziehung des Einflusses der Gruppenkameraden stellt eine weitere Möglichkeit zur Verhaltensmodifikation bei Kindern dar, die in jüngster Zeit zunehmend Aufmerksamkeit gefunden hat. EVANS & OSWALT verwendeten 1968 das positive Leistungsverhalten bestimmter Kinder als Ausgangspunkt für Belohnungen für die ganze Klasse und konnten auf diese Weise den schulischen Erfolg der betreffenden Kinder bedeutsam verbessern. In der Arbeit von BARRISH, SAUNDERS & WOLF (1969) wird über einen Verstärkungsplan in Schulklassen berichtet, nach dem aus dem negativen Sozialverhalten Einzelner der Verlust gewisser Privilegien für alle Mitglieder ihrer Gruppe resultierte. Hier liegt zwar die Verteilung der Verstärkungen nach wie vor in der Hand des Lehrers, doch wird die eigentliche Verhaltensmodifikation über gruppendynamische Prozesse herbeigeführt. Ein solches Vorgehen erfordert selbstverständlich besonderes erzieherisches Geschick, um den sozialen Druck in zumutbaren Grenzen zu halten. Die natürlichen Verstärkungen, die innerhalb der Gleichaltrigengruppe ausgeteilt werden, üben jedoch, wie die interessante Arbeit von BUEHLER, PATTERSON & FURNISS (1966) gezeigt hat, auf jeden Fall starken Einfluß auf die einzelnen Gruppenmitglieder aus, und zwar häufig in ungünstiger Weise. Eine Einschaltung in diese Abläufe kann daher unter Umständen von großem pädagogischem und heilpädagogischem Nutzen sein.

15.2 Aversive operante Verhaltensmodifikation

Wie in Kapitel 9 ausgeführt, basiert die operante Verhaltensmodifikation weitgehend auf den Arbeiten von SKINNER und seinen Schülern. SKINNER selbst vertritt in der Frage nach der Effizienz von Belohnung und Bestrafung den Standpunkt, daß die Anwendung positiver Verhaltenskonsequenzen sowohl im Hinblick auf ihre direkte Wirksamkeit als auch auf mögliche Nebenerscheinungen der Anwendung negativer Verhaltenskonsequenzen eindeutig vorzuziehen sei. Dementsprechend stehen in den frühen Untersuchungen zur operanten Konditionierung in der Modifikation gestörten Verhaltens positive Verstärkungen im Vordergrund. Zwar finden sich auch hier gelegentlich indirekte aversive Konsequenzen (so etwa wenn in den «token economies» von den durch positives Verhalten erworbenen Wertmarken für negatives Verhalten eine bestimmte Anzahl abzugeben ist), doch hat der Einsatz indirekter und direkter aversiver Reaktionskonsequenzen erst in den letzten Jahren erhöhte Aufmerksamkeit gefunden.

Daß die Frage nach der Wirkung von Bestrafungen auch als lerntheoretisches Grundlagenproblem noch sehr umstritten ist, kann hier nur am Rande erwähnt werden. Zur Vermeidung terminologischer Verwirrung empfiehlt es sich jedoch, einige operationale Unterscheidungen festzuhalten. Als «Bestrafung» werden üblicherweise sowohl die Darbietung negativer Stimuli als auch der Entzug positiver Stimuli bezeichnet. In beiden Fällen soll die Wahrscheinlichkeit des Auftretens der vorangegangenen Reaktion herabgesetzt werden[1]. Dabei ist zu beachten, daß es sich hier um *reaktionskontingente*, also operante aversive Prozeduren handelt und nicht um *reizkontingente* aversive Vorgänge nach dem Modell der klassischen Konditionierung, auf die wir im nächsten Abschnitt zu sprechen kommen werden. BANDURA (1969) unterscheidet diesbezüglich zwischen «aversiver Kontrolle» und «aversiver Gegenkonditionierung». Allerdings sind die Übergänge nicht selten fließend.

Der Einsatz sozial oder physisch aversiver Reize zur Verhaltensmodifikation wirft selbstverständlich auch in ethischer Hinsicht Probleme auf, die in jedem einzelnen Fall sorgfältig überprüft werden müssen. Ausführliche Diskussionen zu dieser Frage – speziell bezüglich der Therapie von Kindern, wo die Freiwilligkeit der Teilnahme natürlich unter anderen Aspekten gesehen werden muß als bei Erwachsenen – finden sich beispielsweise bei BUCHER & LOVAAS (1967) und RISLEY (1968). Dabei werden von den Kriterien, die die Verwendung von aversiven Stimuli rechtfertigen können, vor allem die Selbstgefährdung durch das Symptom, der Ausschluß negativer Nebenerscheinungen und das Versagen anderer verfügbarer Methoden hervorgehoben. Die Ergänzung aversiver Prozeduren durch positive Verstärkungsmethoden erweist sich, dem letztlich angestrebten Ziel des Aufbaus günstigerer Verhaltensmuster entsprechend, in fast allen Fällen als möglich und notwendig.

LOVAAS und seine Mitarbeiter (BUCHER & LOVAAS, 1967; BUCHER & LOVAAS, 1968) haben aversive Methoden zur Eliminierung der bei schizophrenen oder stark retardierten Kindern nicht seltenen Selbstdestruktionen eingesetzt. Kinder mit solchen Störungen, die sich selbst schlagen, beißen, ihren

---

[1] Von einer «negativen Verstärkung» spricht man, wenn eine bestimmte Reaktion zur Beseitigung aversiver Stimuli führt, wodurch die Wahrscheinlichkeit dieser Reaktion ähnlich wie bei der Darbietung positiver Stimuli («positive Verstärkung») zunimmt.

Kopf an die Wand stoßen usw., gefährden sich dabei oft in einem Ausmaß, das üblicherweise hohe Drogengaben oder eine extreme Einschränkung der Bewegungsfreiheit notwendig macht. In den zitierten Arbeiten konnten deutliche Reduktionen des selbstzerstörerischen Verhaltens durch die reaktionskontingente Verabreichung elektrischer Aversionsreize erzielt werden. Eine andere informative Studie auf diesem Gebiet ist die von TATE & BAROFF (1966), in der ein mehrfachgeschädigter autistischer Junge, der durch seine schweren Selbstdestruktionen ernsthaft gefährdet war, nach Versagen aller anderen therapeutischen Maßnahmen für jede selbstaggressive Handlung einen elektrischen Schlag von unangenehmer Stärke erhielt. Daraufhin verringerten sich nicht nur die Selbstbeschädigungen in beträchtlichem Ausmaß; durch die Reduktion des negativen sozialen Verhaltens gelang es auch, das Kind sehr viel mehr als früher in positive soziale Aktivitäten (Spiele usw.) einzubeziehen.

RISLEY (1968) verwendete elektrische Aversionsreize zur Elimination selbstgefährdender Verhaltensweisen eines autistischen Kindes, nachdem sich eine Reihe von anderen Methoden (Extinktionsversuche, Belohnung von Ersatzverhalten usw.) als wirkungslos erwiesen hatte. Das Kind, ein sechsjähriges hirngeschädigtes Mädchen mit schwerer Entwicklungsretardation, zeigte neben anderen Störungen die extrem starke Tendenz, auf alle höheren Gegenstände (Möbel, Fensterbänke u. ä.) zu klettern. Beim Fall von diesen Objekten zog es sich ununterbrochen Schädigungen zu. Zunächst wurde das Kletterverhalten im Laboratorium mit elektrischen Aversionsreizen bestraft. Das unerwünschte Verhalten verschwand in kurzer Zeit, die Elimination generalisierte aber nicht auf das Verhalten in der Familie. Die Durchführung der Aversionsprozedur durch die Mutter führte auch dort zu einer deutlichen Herabsetzung der Häufigkeit selbstgefährdender Aktivitäten. Der Autor wandte möglichen Nebeneffekten der Bestrafung besonderes Augenmerk zu, konnte aber weder eine Erhöhung der Aggressivität des Kindes noch Vermeidungsreaktionen gegenüber dem VI feststellen. Stattdessen gab auch hier die Abnahme der unerwünschten Verhaltensweisen Gelegenheit, positives Verhalten angemessen zu fördern.

In der Arbeit von LANG & MELAMED (1969) handelte es sich um ein neun Monate altes Kind, das an chronischem Erbrechen litt. Trotz intensiver Durchuntersuchung konnte keinerlei organische Ursache für diese Störung gefunden werden. Nachdem alle anderen Therapieversuche fehlgeschlagen waren und der Gesundheitszustand des Kindes ernsthaft bedroht erschien, entschloß man sich zu einer Aversionsbehandlung. Sooft das Kind zu erbrechen begann (physiologische Ableitungen dienten dabei als Indikatoren der Vorbereitung dieses Aktes), erhielt es für die Dauer von einer Sekunde einen elektrischen Aversionsreiz, was während des Erbrechens in Abständen von einer Sekunde fortgesetzt wurde. Nach sechs Behandlungen trat das Erbrechen nicht mehr auf. Entsprechende Gewichtszunahmen und eine allgemein verbesserte Entwicklung waren zu verzeichnen. Die Nachkontrolle nach sechs Monaten ergab keinen Rückfall: das Kind erwies sich als in jeder Hinsicht normal entwickelt.

KOENIG & MASTERS (1965) verglichen in ihrer Arbeit an 42 erwachsenen Vpn, die der Elimination des Rauchens gewidmet war, folgende Gruppen miteinander: a) eine Gruppe, die mit systematischer Desensitivierung behandelt worden war (Rauchen wurde dabei als Zwangs- und Angsthandlung aufgefaßt), b) eine Gruppe, die eine Aversionstherapie mit elektrischen Strafreizen erhielt und c) eine Beratungsgruppe. Die Aversionstherapiegruppe erhielt unangenehme elektrische Schläge nach einem partiellen Verstärkungsschema für die in 18 Teilaktionen aufgegliederten Handlungsabläufe beim Zigarettenrauchen. Die Behandlung umfaßte insgesamt je neun Sitzungen innerhalb von fünf Wochen. Es ergaben sich in allen drei Therapiegruppen signifikante Besserungen. Die Unterschiede zwischen den Gruppen waren nicht signifikant.

Während wir es in der eben zitierten Arbeit ziemlich eindeutig mit einer aversiven Konditionierungsprozedur nach dem operanten Modell zu tun haben, stellen die meisten anderen Untersuchungen zur Modifikation süchtigen oder suchtähnlichen Verhaltens Kombinationen klassischer und operanter Lernvorgänge dar. Da der Reizaspekt der Lernsituation dabei gewöhnlich stärker im Vordergrund steht, sollen diese Arbeiten im Rahmen der Aversionstherapien nach dem klassischen Modell besprochen werden (Kapitel 17).

Wie bereits an anderer Stelle ausgeführt (BLÖSCHL, 1969b), wird die ursprünglich am Modell der klassischen Konditionierung orientierte lernpsychologische Behandlung von Bettnässern (MOWRER & MOWRER, 1938) von neueren Autoren (vgl. LOVIBOND, 1964) ebenfalls als instrumentelles Vermeidungslernen aufgefaßt. Das laute Weckgeräusch, das durch das Einnässen ausgelöst wird, ist dabei als aversiver Reiz zu betrachten. Obwohl in der theoretischen Interpretation hier noch viele Unklarheiten bestehen, werden doch gute Erfolge mit Hilfe dieser Apparatur in verschiedenen Varianten berichtet, darunter auch schon einige im deutschen Sprachraum (STEGAT, 1967; SCHRÖDER, 1968).

Die Möglichkeit des Entzugs positiver Verstärkung als «Bestrafung» ist bereits in den meisten frühen «token economy»-Programmen enthalten. Zu den neueren Arbeiten, die in das übliche Münzverstärkungssystem ausdrücklich und mit Erfolg den Verlust von Wertmarken für unerwünschtes Verhalten eingebaut haben, gehören die Untersuchung von HEAP et al. (1970) über «behavior-milieu therapy», in der besonderer Wert auf die aktive Mitwirkung der Patienten in der Stationsselbstverwaltung gelegt wurde, sowie der Bericht von PHILLIPS (1968) über Punktebelohnung und -entzug in einem Heim für erziehungsschwierige Jungen. Im Prinzip damit verwandt sind die sogenannten «time-out of positive reinforcement»-(TO)-Methoden und alle jene Formen der Extinktion, in denen der Lustgewinn, den ein bestimmtes unerwünschtes Verhalten dem Klienten bisher eingebracht hat, ausbleibt. Beispiele für «time-out»-Prozeduren finden wir vor allem in der Arbeit mit verhaltensgestörten Kindern (vgl. z.B. WAHLER et al., 1965, und WETZEL, 1966). Dabei wird die Beendigung eines angenehmen Zustandes – meist in Form einer kurzen sozialen Isolation – als Bestrafung verwendet. Natürlich muß gewährleistet sein, daß die Situation, aus der man das Kind entfernt, eine gewisse Attraktivität besitzt, wenn dieses Vorgehen wirksam sein soll.

Die Methode der Extinktion durch Aufmerksamkeitsentzug wird ebenfalls häufig zur Modifikation kindlichen Fehlverhaltens herangezogen. Hierher gehören etwa Arbeiten wie die von ALLEN et al. (1964) und SCOTT, BURTON & YARROW (1967), in denen ungünstige soziale Verhaltensmuster von Vorschulkindern durch reaktionskontingenten Aufmerksamkeitsentzug von seiten der Erwachsenen in ihrer Häufigkeit reduziert wurden. Gleichzeitig wurden die gewünschten kooperativen Reaktionen durch vermehrte Zuwendung zum Ansteigen gebracht.

Aufmerksamkeitsentzug und verbale Mißbilligung durch den Vl fanden als negative Konsequenzen für aggressive sprachliche Äußerungen in der Arbeit von SCHWITZGEBEL (1967) mit straffällig gewordenen Jugendlichen Verwendung. Dabei erwiesen sich diese negativen Konsequenzen allerdings als nicht in signifikantem Ausmaß effizient, während belohntes positives Verbalverhalten signifikant zunahm.

In den in jüngster Zeit in der Literatur beschriebenen «response cost»-Methoden besteht die unangenehme Verhaltenskonsequenz in tatsächlichen Geldverlusten. Zu diesem Zweck wird mit dem Klienten ein Vertrag abgeschlossen, der die Hinterlegung eines gewissen Betrages bei der behandelnden Stelle sowie die Bedingungen für Rückgabe oder Verfall in Abhängigkeit vom Verhalten des Klienten spezifiziert. Auch bezüglich der «verlorenen» Summen wird vorher eine Vereinbarung getroffen, die z. B. die Verwendung für gemeinnützige Zwecke oder für ein Forschungsprojekt vorsieht.

HARMATZ & LAPUC (1968) verwendeten diesen Ansatz zur Behandlung übergewichtiger Patienten in einem Psychiatrischen Krankenhaus. Sie verglichen drei Gruppen miteinander: eine Gruppe mußte auf Geldbeträge, die sonst zur Beschaffung verschiedener kleiner Annehmlichkeiten zur Verfügung standen, verzichten, wenn ihre Mitglieder nicht entsprechend abgenommen hatten, eine zweite Gruppe erhielt Gruppentherapie mit sozialer Verstärkung für Gewichtsverlust, und eine Kontrollgruppe erhielt lediglich dieselbe Diät, auf die auch die beiden anderen Gruppen gesetzt worden waren. In beiden Behandlungsgruppen zeigten sich nach sechs Wochen signifikante Gewichtsabnahmen im Vergleich zur Kontrollgruppe. Die beiden Behandlungsgruppen unterschieden sich nicht signifikant voneinander. Nach weiteren vier Wochen ohne Behandlung ergab jedoch eine Erfolgskontrolle, daß nur die Gewichtsabnahme der «response cost»-Gruppe angehalten hatte.

Die Beeinflussung des Nägelbeißens durch die eben geschilderte Methode war Gegenstand der Arbeit von STEPHEN & KOENIG (1970). Die durch eine Ankündigung in der Universitätszeitung gewonnenen 20 Vpn, die alle seit Jahren Nägelbeißer waren, mußten nach Information über die jeweiligen Versuchsbedingungen 25 Dollar deponieren. Zweimal in der Woche wurden die Fingernägel der Teilnehmer inspiziert und in ihrer Länge gemessen. Gruppe I erhielt zwei Dollar der deponierten Summe nach jeder Inspektion, wenn die Nägel länger geworden waren, Gruppe II erhielt die Hälfte der Gesamtsumme nach fünf erfolgreichen Inspektionen und die andere Hälfte nach den restlichen fünf Inspektionen. Gruppe III erhielt die Gesamtsumme nach zehn Inspektionen. Gruppe IV diente als Kontrollgruppe, den Vpn dieser Gruppe wurde gesagt, sie würden das Geld am Ende der zehn Inspektionen zurückbekommen, wenn sie sich allen Inspektionen (gleichgültig, mit welchem Erfolg) unterzogen hätten. Alle vier Gruppen zeigten signifikante Zunahmen der Nägellänge, unterschieden sich jedoch in ihren Erfolgen nicht voneinander. Die Variable «Geldverlust» war also hier nicht wirksam. Stattdessen wird man an einen Effekt der gesteigerten Aufmerksamkeit der Klienten bezüglich der betreffenden Verhaltensweise oder an soziale Motivationsfaktoren denken müssen.

Den Versuch, Sprachauffälligkeiten durch die «response cost»-Methode zu beeinflussen, unternahmen SIEGEL, LENSKE & BROEN (1969). (Über operante Behandlung von Stotterern berichten bereits FLANAGAN, GOLDIAMOND & AZRIN, 1958, doch ist in interpretativer Hinsicht bisher noch umstritten, ob die Verwendung von unangenehmen Tönen usw. das Stottern durch Bestrafung oder einfach durch Ablenkung reduziert – vgl. BIGGS & SHEEHAN, 1969.) SIEGEL et al. bestraften an fünf normal sprechenden Studenten die kleinen sprachlichen Unebenheiten, die sich auch bei Normalen finden (Wiederholungen, Zögern usw.), jeweils durch den Verlust von einem Penny. Die Sprachauffälligkeiten ließen sich

163

bei vier der fünf Vpn sehr rasch auf ein ganz niedriges Häufigkeitsniveau bringen, der Extinktionswiderstand war sehr hoch. Obwohl nur an Sprechproben geübt worden war, zeigte sich auch eine Generalisierung auf das Leseverhalten.

TIGHE & ELLIOTT (1968) verwendeten die Gelddeponierungsmethode im Rahmen der ambulanten Behandlung von Rauchern. Von dem von ihm deponierten Betrag (65 Dollar) erhielt der Klient für die ersten Tage, an denen er nicht geraucht hatte, 10 Dollar zurück. Nach zwei Wochen ohne Rauchen erhielt er wieder 10 Dollar usw. Von 25 Rauchern blieben 21 während der drei bzw. vier Monate dauernden Behandlungsperiode abstinent. Das Hauptproblem eines solchen Vorgehens liegt natürlich im Wahrheitsgehalt der Klientenberichte. TIGHE & ELLIOTT schlagen vor, mit Einverständnis des Klienten stichprobenartig Personen aus seiner unmittelbaren Umgebung zu dem betreffenden Thema zu befragen sowie nach Möglichkeit zwischendurch Verhaltenstests einzuschieben. Die starke Selbstkontrollkomponente des «response cost»-Systems wird in dieser Arbeit besonders deutlich.

15.3 Die operante Konditionierung physiologischer Abläufe

Abschließend sei noch ein Ansatz erwähnt, dessen unmittelbare therapeutische Verwertung zwar noch in den Anfängen steht, der aber vielversprechende Möglichkeiten zu eröffnen scheint. Es handelt sich um die in den letzten Jahren mit zunehmender Häufigkeit durchgeführten Versuche, normalerweise unwillkürlich oder weitgehend unwillkürlich ablaufende physiologische Vorgänge durch Belohnung und Bestrafung nach dem operanten Modell unter Kontrolle zu bringen. Wenn in der Verhaltenstherapie der jüngsten Zeit ganz allgemein die Tendenz zu bemerken ist, physiologische Abläufe als Kontrollvariablen oder Wirkfaktoren in den Behandlungsvorgang miteinzubeziehen, so geht es hier darum, diese physiologischen Abläufe selbst zu modifizieren. Damit werden zugleich auch einige theoretisch sehr interessante Fragen angeschnitten. So herrschte beispielsweise lange Zeit in der Lernpsychologie die Meinung vor, daß sich die Prozesse des autonomen Nervensystems zwar durch klassische, nicht aber durch instrumentelle Konditionierung beeinflussen lassen (vgl. etwa KIMBLE, 1961). Die Auseinandersetzung zwischen KATKIN & MURRAY einerseits und CRIDER, SCHWARTZ & SHNIDMAN andererseits (KATKIN & MURRAY, 1968; CRIDER, SCHWARTZ & SHNIDMAN, 1969; KATKIN, MURRAY & LACHMAN, 1969) liefert einen guten Überblick über die vorläufigen Ergebnisse auf diesem Gebiet sowie über relevante Interpretationsmöglichkeiten und ihre Probleme. KATKIN & MURRAY sind der Auffassung, daß die Alternativen somatischer und vor allem (im Humanlernen) kognitiver «Vermittlung» noch genauer überprüft werden müßten, während CRIDER et al. die Möglichkeit direkter instrumenteller Beeinflussung autonomer Aktivität schon als weitgehend gesichert betrachten.

Zu den physiologischen Prozessen, die bisher operanten Konditionierungsversuchen unterzogen wurden, gehören u.a. die Alpharhythmen im EEG (vgl. STOYVA & KAMIYA, 1968), die hautgalvanische Reaktion (vgl. FOWLER & KIMMEL, 1962; KIMMEL & KIMMEL, 1963) sowie Herztätigkeit und Muskelspannung. Unter therapeutischem Aspekt besonders beachtenswert sind Versuchsanordnungen, in denen die physiologischen Vorgänge durch sensorische Rückmeldung («bio-feedback») unter die Selbstkontrolle der Vp gebracht werden. So gelang es etwa den Vpn von HNATIOW & LANG (1965) und SROUFE (1969), denen die Beobachtung der visualisierten eigenen Herztätigkeit ermöglicht wurde, die Variabilität dieser Aktivität zu kontrollieren. Als Verstärkung wurde dabei der unmittelbare Erfolg oder Mißerfolg des Kontrollversuches, wie er für die Vp sichtbar wurde, aufgefaßt. Zur Kontrolle der Muskelspannung durch akustische bzw. visuelle Rückmeldung der jeweiligen Stärke des Elektromyogramms haben u.a. BUDZYNSKI & STOYVA (1969) und GREEN et al. (1969) sowie im deutschen Sprachbereich SITTENFELD, HUBER & ENGEL (1971) Arbeiten vorgelegt.

Ansätze dieser Art könnten in den kommenden Jahren das verhaltenstherapeutische Repertoire vor allem als Hilfe zur Ruhigstellung des Klienten (sei es im Rahmen der Desensitivierung oder in anderem Kontext) beträchtlich erweitern.

Auch für die Beeinflussung psychosomatischer Beschwerden ergeben sich jedoch von hier aus möglicherweise interessante Zugänge.

16. Verfahren zur «Intensivierung neurotischer Reaktionen» («Negative Übung»)

Während die von uns in Kapitel 3 dargestellte Methode der negativen Übung in der Anfangsphase der verhaltenstherapeutischen Bemühungen großes Interesse gefunden hat, sind wissenschaftliche Arbeiten in der direkten Fortsetzung von DUNLAPS Konzept zur Zeit relativ selten. Es gibt jedoch einige neu entwickelte therapeutische Prozeduren, die man unter dem Gesichtspunkt einer «Intensivierung neurotischer Reaktionen» (WOLPE & LAZARUS, 1966) in enge Nachbarschaft zur negativen Übung bringen kann. Es handelt sich dabei einerseits um die sogenannten «Überflutungsmethoden» («flooding» oder «implosive therapy»), die mit der gehäuften Darbietung starker Angstreize arbeiten[1], und andererseits um die sogenannten «Übersättigungsmethoden» («satiation» oder «saturation»), in denen die gehäufte Darbietung von Reizen, die für den Klienten in unerwünschter Weise attraktiv sind, im Mittelpunkt steht.

16.1 Überflutungstechniken

Wie bereits in Kapitel 7 erwähnt, stellte MALLESON (1959) an einem Fall extremer Prüfungsangst ein Verfahren zur Behandlung phobischer Zustände vor, das er unter der Bezeichnung «reactive inhibition therapy» im Rahmen der HULLschen Lerntheorie zu interpretieren versucht. Der Klient

---

[1] Die Termini «flooding procedures» und «implosive procedures» werden in der Literatur zum Teil synonym verwendet, zum Teil unter verschiedenen Aspekten voneinander abgehoben. So unterscheidet etwa BANDURA (1969) zwischen der wiederholten Darbietung der tatsächlich angstbesetzten Reize in der Überflutungstechnik und dem Hervorrufen übersteigert schreckenerregender Angstvorstellungen in der Implosionstherapie. BAUM (1970) stellt der «response prevention»- oder «flooding»-Methode im Tierexperiment die gewöhnlich mit Vorstellungen arbeitende «implosive therapy» im Humanbereich gegenüber.

wird dabei angeleitet, sich den gefürchteten Situationen schrittweise (in der Vorstellung oder tatsächlich) auszusetzen und dabei jeweils die affektiven Unlustzustände möglichst intensiv zu erleben, anstatt ihnen ausweichen zu wollen. Die Ermüdungs- oder Gewöhnungserklärung, die hypothetisch dazu gegeben wird, entspricht weitgehend dem Konzept der negativen Übung nach DUNLAP.

FRANKL (1960) berichtet im Rahmen seiner tiefenpsychologisch-existenzphilosophisch orientierten Psychotherapie von einer Methode, die der von MALLESON skizzierten in gewisser Hinsicht ähnlich ist und die er als «paradoxe Intention» bezeichnet. Dabei soll die Flucht- oder Kampfhaltung des Patienten gegenüber der Angst durch die bewußten Bemühungen, diese Angst so stark wie möglich zu empfinden, abgelöst werden.

1966 unternahm es RACHMAN, die Ergebnisse solcher «Überflutungstechniken» (POLIN verwendet den Ausdruck «flooding» 1959 für die Wiederholung von angstauslösenden Reizen mit dem Ziel der Extinktion im Tierversuch) mit den Ergebnissen systematischer Desensitivierung und einer Kontrollgruppe zu vergleichen. Drei Studentinnen mit Spinnenfurcht hatten sich stark angstbesetzte relevante Situationen in dichter Häufung vorzustellen. Jede Szene wurde etwa zwei Minuten lang vorgestellt, in einer Sitzung fanden gewöhnlich zehn solcher Imaginationen statt. Im Unterschied zur systematischen Desensitivierung gab es keine langsame Steigerung der Angstreize und keine Entspannungsinstruktionen. Der Vl bemühte sich, die Vorstellungsbilder durch seine Kommentare so anschaulich wie möglich zu machen. Am Ende der Behandlung, die 10 Sitzungen umfaßte, war keine Reduktion der Spinnenangst festzustellen, was sowohl zu den Resultaten von MALLESON (1959) als auch zu denen von WOLPIN & RAINES (1966) (vgl. Kapitel 14.1)in Widerspruch steht. RACHMAN zieht zur Erklärung dieser Diskrepanzen die Möglichkeit in Betracht, daß der angstreduzierende Effekt nur bei relativ langer Vorstellungsdauer (WOLPIN & RAINES ließen die Situationen bis zu 10 Minuten lang vorstellen) auftritt.

STAMPFL & LEVIS beschrieben 1967 unter der Bezeichnung «implosive therapy» eine Behandlungsform, die sie als Kombination lerntheoretischer und psychodynamischer Konzepte auffassen. Sie beziehen sich dabei ausdrücklich auf den Extinktionsbegriff und gehen von der Hypothese aus, daß es zur Löschung von Angst genügt, «to re-present, reinstate, or symbolically reproduce the stimuli (cues) to which the anxiety response has been conditioned, in the absence of primary reinforcement». (S. 499). Die praktische Durchführung der Methode sieht vor, daß der Therapeut möglichst anschaulich relevante angstbesetzte Situationen schildert, wobei der Patient diese Szenen intensiv «mitleben» muß. Durch dieses Angsterleben bei gleichzeitigem Ausbleiben tatsächlicher unangenehmer Konsequenzen soll die Gelegenheit zur Extinktion geschaffen werden, zu der es bisher auf Grund der Vermeidung angstbesetzter Situationen nicht gekommen ist. (Wir haben ähnliche Auffassungen bereits mehrfach, so bei DOLLARD & MILLER und EYSENCK, vorgefunden.) Zunächst werden in der Implosionstherapie «symptomkontingente» Vorstellungen trainiert, z.B. bei Angst vor dem Autofahren Szenen, die sich speziell auf diese Tätigkeit beziehen. Ist die damit verbundene Angst verschwunden, so werden kompliziertere und tieferliegende Probleme, etwa Aggressionen gegen geliebte Menschen, imaginär durchgespielt, bis auch diese Situationen durch Extinktion angstfrei geworden sind.

In der Arbeit von LEVIS & CARRERA (1967) wurden die Effekte implosiver Therapie mit den Ergebnissen zweier traditionell-psychotherapeutisch behandelter Gruppen (Einsichts- und Stützungstherapie) sowie einer nicht behandelten Kontrollgruppe verglichen. Als Maß für die aufgetretenen Veränderungen dienten die Werte eines Persönlichkeits-Fragebogentests *(Minnesota Multiphasic Personality Inventory)*. Bezüglich der Störungen der Patienten wird nur angegeben, daß es sich um 40 ambulant behandelte Personen mit relativ schweren psychopathologischen Symptomen handelte. Im Unterschied zu den drei anderen Gruppen zeigten sich in der Implosivtherapiegruppe deutliche Verschiebungen in die Richtung der Normalwerte.

Die Untersuchung von HOGAN & KIRCHNER (1967) wies an 43 Studenten eine signifikante Reduktion von Rattenangst durch implosive Therapie nach. Die Vpn der Kontrollgruppe, in der keine Veränderungen dieser Art auftraten, hatten sich neutral-entspannende Reize vorzustellen. Es fand jeweils nur *eine* therapeutische Sitzung statt («short-term implosive therapy»).

Im Gegensatz zu diesen positiven Berichten stehen die Ergebnisse der Arbeit von FAZIO (1970), die sich eine detailliertere Überprüfung der Wirkfaktoren der Implosivtherapie zum Ziel gesetzt hat. Vpn waren 18 Studentinnen mit Insektenangst. In der Gruppe, die Implosivtherapie erhielt, mußten sich die Vpn Szenen vorstellen, die extrem angstbesetzt waren (Attacken durch das Insekt usw.). Eine Vergleichsgruppe wurde mit angsterregenden Szenen, die sich nicht auf Insekten bezogen, konfrontiert, eine weitere Vergleichsgruppe mit einer Kombination aus phobierelevanten und nichtphobierelevanten Reizen. Die Behandlung fand mittels Tonband statt. Den beiden Vergleichsgruppen wurden in positivem sozialem Kontext rationale Informationen über die Harmlosigkeit des Insekts, seine Lebensgewohnheiten u. ä. dargeboten, während das bei der Gruppe mit Implosivtherapie nicht der Fall war. Es zeigte sich, daß die Implosivtherapiegruppe die geringste Besserung zu verzeichnen hatte. Der Autor schließt aus diesem Resultat, daß die eigentlichen Wirkfaktoren der implosiven Therapie in den üblicherweise mitgelieferten Informationen über den realen Charakter des gefürchteten Objekts mit entsprechender sozialer Unterstützung liegen («supportive and reality testing aspects»).

Schließlich liegt, um noch eine von den neuesten Arbeiten zu nennen, von BOULOUGOURIS, MARKS & MARSET (1971) eine Studie vor, in der sich an 16 psychiatrischen Patienten mit verschiedenen phobischen Störungen die Überflutungstherapie als der Desensitivierungstherapie deutlich überlegen erwies. Dabei wurde nur auf das jeweilige Symptom abgezielt und auf die bei STAMPFL & LEVIS (1967) erwähnte Behandlung «dynamischer Konfliktvorstellungen» verzichtet. In der Diskussion heben die Autoren als eine Erklärungsmöglichkeit für die bisher vorliegenden widerspruchsvollen Ergebnisse ähnlich wie RACHMAN (1966) die Diskrepanzen in der Dauer der angstbesetzten Vorstellungen in den verschiedenen Arbeiten hervor.

Theoretisch-klassifikatorisch sind im Bereich der Überflutungstechniken ebenfalls noch zahlreiche Fragen offen, an deren Beantwortung sowohl die experimentelle Lernpsychologie als auch die verhaltenstherapeutische Grundlagenforschung interessiert sein müssen. So tritt etwa der Bezug zu einem so wichtigen theoretischen Begriff wie dem der Extinktion (seit langem ein Kreuzungspunkt experimenteller und klinischer Ansätze) hier besonders klar zutage. Auf den engen Zusammenhang zwischen den auf die Darbietung der Angstreize zentrierten Überflutungsmethoden und jener Basisfrage der systematischen Desensitivierung, die den relativen Anteil der beiden Komponenten Reizdarbietung und Entspannung betrifft, haben wir bereits in Kapitel 14 hingewiesen.

16.2 Übersättigungstechniken

AYLLON berichtete 1963 über den Versuch, bizarre psychotische Verhaltensweisen dadurch zu verändern, daß diese Verhaltensweisen von der Umwelt nicht wie bisher unterbunden, sondern im Gegenteil extrem gefördert wurden. Pflegte beispielsweise ein Patient bestimmte Gebrauchsgegenstände zu horten, so wurde er nicht mehr daran gehindert. Es wurden ihm vielmehr immer mehr Objekte der gewünschten Art offeriert, bzw. in sein Zimmer gebracht. Unter diesen Bedingungen kam es in kurzer Zeit zu einer Elimination der betreffenden Verhaltenstendenzen.

In den letzten Jahren hat man versucht, diese Methode zur Beeinflussung des Rauchens heranzuziehen. RESNICK (1968) behandelte acht Raucher (Collegestudenten), indem er ihnen das Prinzip klarlegte und sie anleitete, ihr tägliches Zigarettenpensum (anderthalb Packungen) auf das Vierfache zu erhöhen. In sechs Fällen wurde nach einer Woche völlige Abstinenz erzielt, die nach vier Monaten noch anhielt.

MARRONE, MERKSAMER & SALZBERG (1970) versuchten die Variable der Behandlungsdauer in der Übersättigungstherapie des Rauchens an 32 Vpn näher zu überprüfen. Eine Experimentalgruppe mit 20 Stunden Behandlung innerhalb einer 48-Stunden-Periode wurde mit einer zweiten Experimentalgruppe, die 10 Stunden Behandlung innerhalb einer 13-

Stunden-Periode erhielt, sowie mit einer unbehandelten Kontrollgruppe verglichen. Die Behandlungen fanden in Gruppen in einem Tagungsraum während des Wochenendes statt. Jede Vp hatte 25 Dollar als Kaution für das Verbleiben in der Behandlung zu deponieren. Außerdem wurden die Vpn der beiden Experimentalgruppen dahingehend instruiert, daß ihnen jedesmal ein Dollar von diesem Betrag verloren ginge, wenn sie ohne angezündete Zigarette in der Hand, bzw. ohne in entsprechenden Abständen zu inhalieren, beobachtet würden. (Es handelte sich also um eine Variante der bereits besprochenen «response cost»-Methode mit umgekehrtem Vorzeichen.) Kein Teilnehmer brach den Versuch vorzeitig ab. Während der Sitzungen waren alle Tätigkeiten erlaubt, die Rauchen nicht ausschließen, also Kartenspiel, Lesen, Fernsehen usw. Die Nacherhebungen wurden nach zwei Wochen, vier Wochen und vier Monaten durchgeführt. Nach zwei und vier Wochen zeigten sich die beiden Experimentalgruppen annähernd gleich erfolgreich. Nach vier Monaten war dagegen die 20-Stunden-Gruppe der 10-Stunden-Gruppe im Hinblick auf die Anzahl der Nichtraucher überlegen (60 Prozent Nichtraucher gegenüber 18 Prozent Nichtrauchern).

Einen weiteren Versuch, negative Übung zur Rauchertherapie einzusetzen, finden wir in der bereits erwähnten Arbeit von KEUTZER (1968). In dieser Untersuchung, die eine relativ große Anzahl von Vpn (insgesamt 179 Teilnehmer) umfaßte, wurden drei verhaltenstherapeutische Techniken und eine Drogen-Placebo-Versuchsanordnung bezüglich ihrer Effizienz einem Vergleich unterzogen. Bei den verhaltenstherapeutischen Methoden handelte es sich neben der negativen Übung oder Übersättigung (die hier direkt vom Konzept DUNLAPs abgeleitet wird) um die von uns in Kapitel 15.1 besprochene Technik der «coverant control» und eine weitere Form aversiver Selbstkonditionierung. Alle vier Experimentalgruppen schnitten besser ab als eine nicht-behandelte Kontrollgruppe, während sie sich voneinander nicht signifikant unterschieden. Rangordnungsmäßig lag der prozentuelle Anteil der Vpn, die das Rauchen am Ende der fünf Wochen umfassenden Behandlungsperiode völlig aufgegeben hatten, in der Gruppe der negativen Übung an der Spitze.

17. Aversionstherapie

Aversive Reize finden in der Verhaltenstherapie, wie bereits erwähnt, sowohl im Rahmen instrumentell-operanter als auch im Rahmen klassischer Konditionierung Verwendung. Die Bezeichnung «Aversionstherapie» wird üblicherweise meist für Methoden der zweiten Art gebraucht. In der aversiven Konditionierung nach dem operanten Modell von SKINNER («aversive Kontrolle») sind die negativen Ereignisse *reaktionskontingent;* sie sollen als Konsequenzen einer bestimmten Verhaltensweise eben diese Verhaltensweise eliminieren oder unterdrücken. In der aversiven Konditionierung nach dem klassischen Modell von PAWLOW («aversive Gegenkonditionierung») sind die negativen Ereignisse *stimuluskontingent;* eine bestimmte Reizkonstellation soll durch die zeitliche Koppelung mit einem unangenehmen Reiz selbst negativ affektbesetzt werden. In manchen Fällen sind, wie ebenfalls schon hervorgehoben, die Übergänge freilich fliessend. So kann beispielsweise in der aversiven Behandlung des Rauchens ein elektrischer Schlag, der auf das Anzünden einer Zigarette folgt, als Bestrafung der betreffenden Handlung aufgefaßt werden. Er kann aber auch als unbedingter Auslöser einer Vermeidungsreaktion aufgefaßt werden, für den Anblick und Geschmack der Zigarette zum bedingten Reiz werden sollen.

Die folgenden Abschnitte befassen sich mit den Entwicklungen auf dem Gebiet der Aversionstherapie nach dem klassischen Konditionierungsmodell.

17.1 Direkte aversive Konditionierung

Die ersten Ansätze dieser Art liegen schon relativ weit zurück; sie wurden allerdings nie in einer Schule im Sinn anderer verhaltenstherapeutischer Richtungen zusammengefaßt. Die Therapie des Alkoholismus (KANTOROVICH, 1929; VOEGTLIN, 1940) und die Behandlung sexueller Störungen (MAX, 1935; RAYMOND, 1956) standen dabei im Vordergrund (vgl. Kapitel 7). In den letzten Jahren sind im Zug des allgemeinen Interesses an verhaltenstherapeutischen Methoden auch die Bemühungen um die Aversionstherapie nach dem klassischen Modell intensiviert worden. Besondere Bedeutung kommt dabei der Frage zu, welche Aversionsstimuli dort, wo die Verwendung negativer Reize unerläßlich erscheint, herangezogen werden sollen. Die beiden am häufigsten gebrauchten Mittel sind übelkeitserregende Drogen und elektrische Schocks. Der neuerdings stärkere Trend zur elektroaversiven Stimulation (vgl. RACHMAN, 1965a) wird in den einschlägigen Diskussionen vor allem mit dem Hinweis auf die geringere Präzision erklärt, die beim Einsatz biochemischer Reize im Hinblick auf die zeitliche Folge der einzelnen Komponenten sowie auf Intensität und Dauer der Stimuli gegeben ist. Die großen individuellen Differenzen in der Reaktion auf übelkeitserregende Pharmaka spielen dabei eine wesentliche Rolle. Bei der Verwendung von elektrischen Schocks lassen sich diese Variablen leichter kontrollieren, wenngleich die individuelle Schmerzempfindlichkeit natürlich auch hier von Bedeutung ist. Wiederholt ist in jüngster Zeit jedoch auch auf die mögliche Bedeutung einer «topographischen» und nicht nur funktionalen Zuordnung der Aversionsreize zu den betreffenden Störungen hingewiesen worden. Nach dieser Auffassung, die sich neben klinischen Beobachtungen auch auf lernpsychologische Ergebnisse aus dem Tierversuch stützen kann (vgl. z.B. GARCIA & KOELLING, 1966), sollten motorische Habits wie Zwangsbewegungen usw. eher durch elektroaversive Stimulierung, Störungen mit starker gastro-intestinaler Komponente dagegen eher durch übelkeitserregende Mittel beeinflußt werden (LAZARUS, 1968; WILSON & DAVISON, 1969).

Neben den Themenkreisen des Alkoholismus und der sexuellen Störungen (neuere Übersichtsdarstellungen finden sich u.a. bei BANDURA, 1969, sowie – für sexuelle Störungen – bei FELDMAN, 1966) hat in den letzten Jahren vor allem die Therapie des Rauchens durch klassische Aversionskonditionierung Beachtung gefunden. RAYMOND (1964) berichtet über die Verwendung von Apomorphin zur Behandlung von Alkoholismus, Drogensucht und Zigarettenrauchen. Seine ausführlichen Fallberichte geben ein gutes Bild vom konkreten Ablauf solcher therapeutischer Beeinflussungsversuche. Die

Klienten erhalten Apomorphin injiziert, ein Pharmakon, das gewöhnlich nach etwa 10 Minuten Übelkeit und Erbrechen hervorruft. Kurz bevor diese unangenehmen Erlebnisse einsetzen bzw. in deren ersten Stadien, werden in der Alkoholikerbehandlung alkoholische Getränke verabreicht. Die Koppelung findet meist einige Male täglich statt, die gesamte Behandlung dauert im Durchschnitt drei Wochen. Soziale Verstärkungen für positives Verhalten in den späteren Phasen der Therapie (Wahl von nicht-alkoholischen Getränken in bestimmten Situationen usw.) sollen diese klassische Aversionstherapie ergänzen. Bei Medikamentensucht wird zum entsprechenden Zeitpunkt, also knapp vor der Übelkeit, vom Klienten das Suchtmittel genommen, bei der Behandlung des Rauchens eine Zigarette geraucht. RAYMOND stellt unter anderem den Fall eines 14jährigen Jungen dar, der seit seinem 7.Lebensjahr stark rauchte. Der Raucherhusten, den er sich zugezogen hatte, sowie der hohe Geldverbrauch für Zigaretten motivierten den Jungen, sich einer Behandlung zu unterziehen. Nach drei Aversionssitzungen war das Bedürfnis zu rauchen verschwunden. Die Nachkontrolle nach einem Jahr bestätigte, daß der Jugendliche das Rauchen völlig aufgegeben hatte.

Speziell für die Therapie von Rauchern bestimmt ist die von WILDE (1964) entwickelte Methode. WILDE konstruierte einen Apparat, der heiße Luft und Rauch in das Gesicht des Klienten bläst, während dieser eine Zigarette raucht. Sobald der Klient die Zigarette wegwirft, wird die aversive Stimulation beendet und mittels eines Ventilators frische Luft zugeführt. Diese Abfolge wird mehrmals wiederholt. Von sieben auf diese Weise behandelten Personen gaben drei das Rauchen vollständig auf, eine verminderte es wesentlich, eine wechselte zur Pfeife über und zwei brachen die Therapie vorzeitig ab. Theoretisch handelt es sich hier nach WILDE um eine Kombination verschiedener lernpsychologischer Ansätze, in der auch die klassische Aversionskonditionierung vertreten ist. Der Rauchstrom wird dabei als unbedingter negativer Reiz aufgefaßt.

Die Durchführung einer aversiven Konditionierung nach dem klassischen PAWLOWschen Modell war das Ziel der Arbeit von FRANKS, FRIED & ASHEM (1966). Die Autoren verwendeten dazu eine modifizierte Form des WILDE-Apparates. Von den 23 Vpn führten allerdings nur neun die vier Wochen dauernde Behandlung zu Ende. Die nach einem halben Jahr eingeholten Befunde der Nachkontrolle ergaben vier Fälle von totaler Nikotinabstinenz, eine Person hatte den Zigarettenkonsum reduziert, eine war zum Pfeifenrauchen übergegangen, und zwei hatten dieselben Rauchgewohnheiten wie vor der Behandlung. (Von einem Teilnehmer waren keine Angaben zu erhalten.)

Daß in die dem Methodenvergleich gewidmete Untersuchung von KEUTZER (1968) auch eine «Aversionsgruppe» miteinbezogen war, haben wir bereits erwähnt. Als unkonditionierter aversiver Reiz wurde dabei das instruktionsgemäße Anhalten des Atems bis zur Unannehmlichkeit verwendet. Während dieser Übung sollten sich die Vpn ihr eigenes Rauchverhalten in der Vorstellung vergegenwärtigen. Präzisionsgrad und Aversionscharakter dieses Verfahrens erscheinen freilich diskutabel. Nichtsdestoweniger zeigte sich, daß die Aversionsgruppe nicht schlechter abschnitt als die anderen Gruppen und sich wie diese einer nicht-behandelten Kontrollgruppe deutlich überlegen zeigte.

Die Rolle kognitiver Faktoren in der Aversionstherapie zu überprüfen, war das Anliegen der Arbeit von CARLIN & ARMSTRONG (1968). CARLIN & ARMSTRONG versuchen, die Erfolge von Aversionsbehandlungen mit Hilfe der Theorie der kognitiven Dissonanz zu erklären. Dabei gehen sie davon aus, daß Personen, die sich freiwillig unangenehmen elektrischen Schocks aussetzen, sich selbst in einen Zustand kognitiven Ungleichgewichts bringen. Ein naheliegendes Mittel zur Auflösung dieser Dissonanz besteht im Verzicht auf die in Frage stehende Verhaltensweise. Nach der Hypothese der Autoren sind neben der negativen Reizkonstellation der Wunsch des Klienten nach Veränderung seines Verhaltens und seine Überzeugung von der Kompetenz des Therapeuten die wichtigsten Erfolgsbedingungen. Der exakten Einhaltung von Konditionierungsprinzipien käme demgegenüber geringere Bedeutung zu.

Dreißig Raucher wurden nach dem Zufall auf eine Konditionierungsgruppe, eine Pseudokonditionierungsgruppe und eine Kontrollgruppe verteilt. Die Konditionierungsgruppe erhielt während des Rauchens einer Zigarette eine Anzahl von elektrischen Schlägen. Die Schocks wurden, wie in Untersuchungen dieser Art üblich, über Fingerelektroden in einer Stärke verabreicht, die sich für die betreffende Vp in Vorversuchen als sehr unangenehm bzw. eben noch erträglich herausgestellt hatte. Der Pseudokonditionierungsgruppe wurden Dias gezeigt, von denen ein Teil auf das Rauchen Bezug nahm. Ein Drittel der Dias (darunter auch einige Raucherdias) war nach einer Zufallsauswahl von einem Schock gefolgt. Die Kontrollgruppe erhielt nach der Bestimmung der noch erträglichen Schockstärke die Mitteilung, es würden nun unterschwellige Schocks verwendet. Tatsächlich wurde die Prozedur zwar analog zu der in der Konditionierungsgruppe durchgeführt, jedoch ohne die Verwendung irgendwelcher Schocks. Nach vier Sitzungen an vier aufeinanderfolgenden Tagen wurde die Reduktion des anfänglichen Zigarettenkonsums an jedem dieser Tage bestimmt. In allen drei Gruppen ließ sich eine annähernd gleich starke Abnahme feststellen. Obwohl die Interpretation dieses Ergebnisses mittels der Hypothese der kognitiven Dissonanz keineswegs unproblematisch ist (so hätte beispielsweise die Kontrollgruppe auf Grund der fehlenden aversiven Erlebnisse und der entsprechend geringeren Dissonanz schlechter abschneiden müssen), zeigt die Untersuchung doch, daß auch in der theoretischen Fundierung der Aversionskonditionierung noch viele Fragen ungelöst sind.

BARKER & MILLER versuchten 1968 in einer Reihe von interessanten Fallstudien, die Effizienz der klassischen Aversionskonditionierung durch individuelle und realistische Gestaltung der Therapiesituation und speziell der aversiven Reize zu erhöhen. Dabei wird einerseits die Atmosphäre möglichst der, in der sich das tatsächliche Fehlverhalten abspielt, angenähert (z. B. Aufstellung von Spielautomaten für die Behandlung von zwanghaften Glücksspielern) und andererseits neben biochemischen und elektrischen Aversionsreizen auch auf natürliche negative Begleitumstände des Fehlverhaltens rekurriert (z. B. Darbietung der auf Tonband aufgenommenen Stellungnahmen von Familienmitgliedern zu dem betreffenden Verhalten). Gelegentlich werden auch Schocks angewendet, während die Klienten Filme mit ihren eigenen inadäquaten Verhaltensweisen sehen. Die Autoren berichten über die Anwendung solcher Methoden an einem ziemlich breiten Spektrum von Störungen (neben den schon erwähnten Spiel- und Wettzwängen wurden Fälle von Exhibitionismus, Fetischismus, Eßsucht u. a. behandelt). Dabei wird allerdings zusätzlich starker Gebrauch von Suggestionen gemacht, was, wie auch die Autoren einräumen, sehr wahrscheinlich zu einer Konfundierung von Effekten führt. BARKER & MILLER betonen jedoch, daß aus allgemein-therapeutischen Gründen nicht darauf verzichtet werden sollte, an die Stelle des durch die Aversionsbehandlung entstandenen Vakuums positive Impulse zu setzen (Verbesserung der Partnerbeziehung usw.).

17.2 Symbolische aversive Konditionierung

Wir haben in den neueren Entwicklungen bereits mehrfach die Tendenz vorgefunden, «interne» Prozesse (Vorstellungen, Denkabläufe usw.) stärker als bisher in die lernpsychologisch-klinischen Methoden einzubeziehen. Auch im Bereich der Aversionstherapie lassen sich solche Bestrebungen feststellen. Sie gehen vor allem auf CAUTELA (1966, 1967) zurück, der die Methode der «covert sensitization» entwickelt hat[1]. Ziel dieser «internen Sensitivierung» ist es, unerwünscht attraktive Reize nicht durch direkte «externe» Bestrafung, sondern durch die Koppelung mit unlustvollen Vorstellungen in negativ affektbesetzte Reize umzuwandeln. Dabei werden nicht nur die aversiven Ereignisse, sondern auch die Gegenstände oder Situationen, die unerwünschte Attraktivität besitzen, lediglich auf der Vorstellungsebene dargeboten. Gegenüber körperlich unangenehmen Stimulierungen verspricht man sich von einem solchen Vorgehen eine geringere Abschreckung der Klienten von der Teilnahme an der Therapie sowie bessere Möglichkeiten zur Selbstkontrolle außerhalb der therapeutischen Sitzung.

[1] Ein ähnlicher Ansatz findet sich 1965 bei GOLD & NEUFELD in der Behandlung eines homosexuellen Patienten.

Konkret beginnt die interne Sensitivierung meist damit, daß der Klient in der üblichen Weise lernt, sich zu entspannen. Der nächste Schritt besteht darin, daß der Therapeut den Klienten auffordert, sich nun einige Szenen nach seinen Instruktionen vorzustellen. Handelt es sich beispielsweise um einen Alkoholiker, so wird ihm nahegelegt sich vorzustellen, daß er vor einem Glas mit Whisky sitzt und es an die Lippen führt, um zu trinken. In diesem Augenblick, so lauten die Instruktionen des Therapeuten weiter, verspüre er eine starke Übelkeit, die sich zum Erbrechen steigert. Diese Szene wird vom Therapeuten in allen unangenehmen Details ausgemalt. Dann hat sich der Klient den Vorgang nochmals in der Imagination zu vergegenwärtigen, jedoch mit dem Unterschied, daß er das Glas diesmal beim ersten Anzeichen von Übelkeit wegstellt und sich daraufhin sofort entspannt und wohl fühlt. Die Sensitivierungsprozedur wird mehrmals wiederholt und soll auch zwischen den Sitzungen vom Klienten selbständig geübt werden.

In seiner Arbeit von 1966 berichtet CAUTELA über einen Fall von zwanghaftem Trinken und einen von Übergewichtigkeit. Die Therapie der Alkoholismuspatientin konnte nach elf Sitzungen beendet werden; eine Nachkontrolle acht Monate später zeigte, daß es zu keinem Rückfall gekommen war. In der Therapie der übergewichtigen Patientin ergab eine Verhaltensanalyse, daß sie vor allem beim Vorbereiten der Mahlzeiten übermäßig viel Nahrung zu sich nahm. Die Behandlung konzentrierte sich folglich auf diese Situationen. Im Verlauf von einigen Monaten verringerte sich das Gewicht der Klienten auf etwa zwei Drittel des Ausgangsgewichtes. Sieben Monate nach Beendigung der Therapie entsprach ihr Gewicht noch immer dem bei Behandlungsende. Interessanterweise zeigte sich in beiden Fällen keine Generalisierung auf benachbarte Verhaltensweisen; das Übelkeitsempfinden trat nur bei jenen Getränken bzw. Speisen und Eßsituationen auf, an die es gekoppelt worden war.

1967 gibt CAUTELA eine weitere detaillierte Darstellung der Methode und fügt Fallstudien über die Durchführung der Behandlung bei Homosexualität und krimineller Aktivität (Autodiebstahl) an. Am erfolgreichsten sind seiner Erfahrung nach Behandlungen von Eßsucht, was im Hinblick auf die Art des vorgestellten Aversionsreizes mit der in Kapitel 17.1 erwähnten Bedeutung der jeweils involvierten physiologischen Systeme gut übereinstimmt. Theoretisch interpretiert CAUTELA die interne Sensitivierung hier im Rahmen eines instrumentell-operanten Modells als Bestrafungslernen, während er in der Arbeit von 1966 das klassische Konditionierungsmodell (Koppelung von bedingtem Reiz und unbedingtem Reiz auf der Vorstellungsebene) bevorzugt.

ASHEM & DONNER veröffentlichten 1968 eine Gruppenuntersuchung, in der die Effizienz der internen Sensitivierung in der Alkoholikertherapie überprüft werden sollte. Dreiundzwanzig männliche Patienten, die sich freiwillig zu einem Sechs-Wochen-Aufenthalt in die Klinik begeben hatten, wurden drei Gruppen zugeteilt: 1. einer nach dem klassischen Modell behandelten Konditionierungsgruppe («forward classical conditioning») 2. einer Pseudo-Konditionierungsgruppe («backward classical conditioning») und 3. einer Kontrollgruppe, die keine spezielle lernpsychologische Behandlung erhielt, sondern lediglich – wie auch die anderen Gruppen – an den allgemeinen Entziehungsaktivitäten der Klinik teilnahm. (Über diese Aktivitäten wird, abgesehen von der Erwähnung einer Gruppentherapie, nichts Näheres mitgeteilt.) Jede Experimentalperson hatte neun Sitzungen in drei Wochen zu absolvieren. In der Konditionierungsgruppe wurde die Vorstellung der unangenehmen Szene (Auftreten von Übelkeit und Erbrechen) sofort eingeführt, nachdem der Patient durch Handzeichen die Vorstellung des Alkoholgeschmacks bestätigt hatte. In der «backward conditioning»-Gruppe war die Reihenfolge umgekehrt: zuerst wurde die Vorstellung der Übelkeit hervorgerufen, dann die des Trinkens.

Es zeigte sich, daß sich die beiden Experimentalgruppen hinsichtlich der raschen und automatischen Verbindung des aversiven Reizes mit der Alkoholvorstellung entgegen der Erwartung nicht voneinander unterschieden, so daß lediglich die erste Darbietung in Gruppe 2 als «backward conditioning» aufzufassen war. Die Ergebnisse beider Gruppen wurden daher gemeinsam denen der Kontrollgruppe gegenübergestellt. Bei der Erfolgskontrolle nach sechs Monaten hatte von den acht Personen der Kontrollgruppe keine zu trinken aufgehört, während von den 15 Personen der beiden Experimentalgruppen sechs, das sind 40%, abstinent waren. In Anbetracht der Tatsache, daß es sich dabei um schwere Trinker handelte (Durchschnittsdauer der Symptomatik 18,5 Jahre), die alle vorher erfolglos verschiedene Behandlungen mitgemacht hatten, betrachten die Autoren dieses durch eine Therapie von drei Wochen erzielte Ergebnis als durchaus vielversprechend. Die Arbeit ist jedoch auch theoretisch insofern interessant, als sie einen informativen Beitrag zum vieldiskutierten und gerade im Anwendungsbereich oft zentralen Problem der Sequenz der Reize im Konditionierungsprozeß liefert.

WISOCKI (1970) verwendete die Methode von CAUTELA zur Behandlung einer zwangskranken Patientin, die neben anderen Symptomen unter schweren Obsessionen in bezug auf die Durchführung ihrer Arbeiten im Haushalt litt (z. B. minutiöses Falten und Zusammenlegen der Wäsche usw.). Die suggerierte Übelkeit bezog sich hier auf den Gedanken bzw. die Absicht, eine dieser Zwangshandlungen durchzuführen. Sobald sich die Klientin vorstellte, darauf zu verzichten, wurden Erholung und Wohlgefühl suggeriert. Auch andere von der Patientin als ekelerregend bezeichnete Vorstellungen wurden gelegentlich als aversive Vorstellungsreize herangezogen (z. B. das Auftreten von Würmern). Die Hälfte jeder Therapiestunde war dem Training der «covert sensitization» gewidmet, die andere einer Prozedur, die – eigentlich dem Bereich der positiven operanten Konditionierung zugehörig (vgl. das «Coverant»-Konzept von HOMME, 1965, in Kapitel 15.1) – von CAUTELA 1970 entworfen und von ihm als «covert reinforcement» bezeichnet worden war. Dabei wird angenommen, daß auch ein in der Vorstellung dargebotener Stimulus positiv verstärkende Wirkung haben kann. Die Art dieser Stimuli muß vorher im Interview mit dem Klienten festgestellt werden (vgl. die «Reinforcement Survey Schedule» von CAUTELA & KASTENBAUM, 1967). Im konkreten Fall spielte sich die Vorstellungsfolge so ab, daß auf das vorgestellte erwünschte Verhalten (z. B. ein Wäschestück rasch falten und weglegen) die

Vorstellung der Belohnung folgte (z. B. einen Schluck eines bevorzugten Getränkes nehmen). Auch das Denken relevanter Sätze (z. B. «Ich mache mir nichts daraus, wenn das Kleid nicht ordentlich zusammengelegt ist») wurde mit internen Verstärkungen belohnt. Nach acht zweistündigen Sitzungen innerhalb von sechs Wochen war das Zwangsverhalten praktisch verschwunden, auch hatte sich der Gesamtzustand der Patientin wesentlich gebessert. Eine Nachkontrolle nach zwölf Monaten ergab, daß kein Rückfall eingetreten war. Auf Grund des Behandlungsplans ist es allerdings nicht möglich, den relativen Anteil der internen Verstärkung an den festgestellten Fortschritten einigermaßen exakt zu bestimmen. Weitere Untersuchungen auf diesem Gebiet wären daher sehr zu wünschen.

Sowohl mit der internen Sensitivierung von CAUTELA als auch mit der Methode der emotiven Vorstellungen von LAZARUS & ABRAMOVITZ (1962) (vgl. Kapitel 7) weist die Therapie durch «aversive imagery» von KOLVIN (1967) Ähnlichkeiten auf. KOLVIN berichtet über die Behandlung von zwei verhaltensgestörten schwachbegabten Jugendlichen nach dieser Methode. (In dem einem Fall handelte es sich um Fetischismus, in dem anderen um Süchtigkeit nach Benzingeruch.) Dabei wurde zunächst auf explorativem Weg ein für den Klienten besonders unlustbetontes Erlebnis ausfindig gemacht. Dann erhielt der Klient die Instruktion, einer vom Therapeuten erzählten Geschichte, die sich auf das jeweilige Fehlverhalten bezog, vorstellungsmäßig zu folgen. Wenn der Therapeut beobachtete, daß der Junge affektiv involviert war, schloß er unmittelbar an die Schilderung des attraktiven Vorgangs die als Aversionsreiz festgelegte unlustvolle Szene an. In den berichteten Fällen handelte es sich um die unangenehme Vorstellung, aus großer Höhe herabzufallen. Beide Klienten konnten innerhalb von einigen Wochen von ihren Störungen befreit werden und waren nach etwa einem Jahr nicht rückfällig geworden.

Wir wollen das Kapitel über Aversionstherapie nicht schließen, ohne darauf hinzuweisen, daß sich hier vor allem seit der Entwicklung interner Sensitivierungsmethoden Querverbindungen zu einem Problem anbieten, das zu den wichtigsten und zugleich am wenigsten geklärten Fragen der lern-psychologisch-klinischen Grundlagenforschung gehört. Es handelt sich dabei um die *Genese* von Verhaltensstörungen (vgl. BLÖSCHL, 1973a). Daß es sich in der verhaltenstherapeutischen Praxis als nicht unbedingt notwendig erwiesen hat, die Entstehung einer Störung bis zu ihren Ursprüngen zurückzuverfolgen, steht ja keineswegs in Widerspruch zu der Tatsache, daß unter theoretischen Aspekten (und das heißt hier zugleich auch im Interesse der Praxis auf längere Sicht) die Gesetzmäßigkeiten des Erwerbs von Fehlverhalten größte Aufmerksamkeit verdienen.

Die frühen Arbeiten zur lernpsychologisch orientierten Psychotherapie legen zwar interessante einschlägige Hypothesen vor (wir haben sie in den Kapiteln über die grundlegenden Ansätze der Verhaltenstherapie kurz dargestellt); der systematische Ausbau und vor allem die experimentelle Fundierung dieser Hypothesen sind jedoch nur in geringem Ausmaß fortgeschritten. In der Tat machen die Komplexität der Fragestellung und die aus ethischen Gründen gebotene Einschränkung der experimentellen Spielbreite im Humanbereich jede direkte Bearbeitung solcher Fragen extrem schwierig, so daß man primär auf Analogiestudien angewiesen ist. Zu diesen Analogiestudien gehören einerseits tierexperimentelle Untersuchungen, wie wir sie beispielsweise bei PAWLOW (Kapitel 2), MOWRER (Kapitel 6) und WOLPE (Kapitel 7) kennengelernt haben, und andererseits verschiedene Experimente im Humanbereich, in denen etwa unter hypnotischer Beeinflussung bei freiwilligen Vpn affektive Reaktionen auf früher neutrale Reize hervorgerufen werden. Dabei erhalten die Vpn in Hypnose den Auftrag, auf bestimmte Stimuli mit positiven oder negativen Emotionen zu reagieren. Durch entsprechende Variation der Bedingungen (Übertragung der Emotionen auf Begleitreize usw.) wird versucht, spezielle lernpsychologische Hypothesen zur Entstehung von Neurosen zu überprüfen. Die filmische Wiedergabe solcher Experimente durch ein niederländisches Forscherteam (SWETTER, BARENDREGT & VAN DAM) beschreibt REY (1969).

Von hier ist es nur ein Schritt zu der Auffassung, daß auch die Sensitivierungsversuche der Aversionstherapien in gewisser Weise als Parallelen zur Entstehung unüblicher affektiver Reaktionen, wie sie uns vor allem in den Phobien begegnen, angesehen werden können. Allerdings werden hier die negativen Emotionen nicht an einen ursprünglich neutralen, sondern an einen positiv affektbesetzten Reiz geknüpft, doch findet sich auch diese Beziehung bei phobischen Zuständen nicht selten. Untersuchungen zur lernpsychologischen Genese negativer Reaktionen auf früher neutrale oder positive affektbesetzte Reize im Normalbereich wären also außerordentlich wünschenswert. Gleichsam eine Umkehrung der Analogiestudien der Desensitivierungsforschung darstellend, könnten sie möglicherweise neben einer besseren Erfassung der aversionstherapeutischen Vorgänge auch einen Beitrag zum Problem der Entstehung von unüblichen Angstreaktionen unter natürlichen Bedingungen liefern.

18. Imitationstherapie

Wie bereits in Kapitel 10 erwähnt, haben sich um die Einbeziehung des Nachahmungslernens in die Modifikation von Fehlverhalten in neuerer Zeit verschiedene Autoren verdient gemacht. Während LOVAAS sowie einige andere Forscher das Modell-Lernen in erster Linie im Zusammenhang mit operanten Prozeduren zur Erweiterung des Verhaltensrepertoires heranziehen, bemühen sich BANDURA und seine Mitarbeiter vorwiegend um die Elimination von inädäquaten Angstreaktionen.

Ein besonders wichtiger Ansatz im Bereich der operanten Konditionierung bezieht sich darauf, Imitationsvorgänge nicht nur als Grundlage des Erlernens spezifischer Verhaltensweisen zu verwenden, sondern selbst zum Gegenstand des Trainings zu machen, d. h. also die Generalisation von Nachahmungsverhalten anzustreben. Vor allem bei autistisch-schizophrenen Kindern ließen sich diesbezüglich eindrucksvolle Fortschritte erzielen (METZ, 1965; LOVAAS et al., 1967), die sich nicht nur auf einfaches Verhalten beschränkten, sondern auch schon sehr komplexe Verhaltensweisen umfaßten (gemeinsame Spiele, angemessene Körperpflege

183

usw.). Das verwendete Grundprinzip besteht – dem operanten Modell entsprechend – darin, daß die Kinder schrittweise für immer exakteres und komplexeres Nachahmen belohnt werden (vgl. auch GOTTWALD & REDLIN, 1972).

In enger Anlehnung an die in Kapitel 10 dargestellten Arbeiten BANDURAS entwickelte RITTER (1968, 1969a, b) ein Verfahren, das sie als «Kontaktdesensitivierung» bezeichnet. Dabei wird folgendermaßen vorgegangen: Während in der üblichen Therapie durch Imitationslernen der Klient Gelegenheit hat, ein Modell in zunehmend intensivem Kontakt mit dem von ihm gefürchteten Objekt zu betrachten («vicarious desensitization»), wird in der Kontaktdesensitivierung über dieses Beobachten hinaus auch Gelegenheit gegeben, mit dem Modell und dem Angstobjekt in physische Berührung zu kommen. In einer Untersuchung an Kindern mit Schlangenfurcht (RITTER, 1968) wurde die Wirksamkeit von stellvertretender Desensitivierung und Kontaktdesensitivierung mit den Veränderungen in einer nicht behandelten Kontrollgruppe verglichen. Vpn waren insgesamt 44 Kinder zwischen fünf und elf Jahren.

In der Gruppe mit stellvertretender Desensitivierung sahen die Kinder, wie der Therapeut und fünf angstfreie Kinder, die zusätzlich als Modelle dienten, die Schlange berührten, streichelten usw. In der Gruppe mit Kontaktdesensitivierung beschäftigte sich zunächst der Therapeut mit der Schlange. Sobald eines der Kinder es wünschte, durfte es seine Hand auf die des Therapeuten legen, während dieser die Schlange streichelte. Allmählich wurde auch hier die Schlange zunächst mit Handschuhen, dann ohne Handschuhe berührt. An den Kindern der Kontrollgruppe wurden nur die üblichen Vermeidungstests vor und nach der Behandlungszeit durchgeführt. Die Behandlung fand in zwei Gruppensitzungen statt, die zeitlich eine Woche auseinanderlagen. Beide Trainingsgruppen wiesen am Ende des Experiments größere Verbesserungen im Verhaltenstest auf als die Kontrollgruppe, deren Verhalten sich nicht signifikant verändert hatte. Die Kinder der Kontaktdesensitivierungsgruppe schnitten signifikant besser ab als die Kinder der Gruppe mit stellvertretender Desensitivierung.

1969 a berichtet Ritter ähnliche Ergebnisse an zwölf Erwachsenen mit Akrophobie. In dieser gruppentherapeutischen Untersuchung sollte die Variable «Kontakt mit dem Therapeuten» isoliert werden. Eine Gruppe übte das graduelle Besteigen einer hohen Treppe mit körperlicher Stützung durch den Therapeuten, eine zweite nur in Begleitung des Therapeuten. Die Kontrollgruppe wurde lediglich den Anfangs- und Endtests unterzogen. Die Kontaktdesensitivierungsgruppe zeigte sich sowohl der Kontrollgruppe als auch der Desensitivierungsgruppe ohne Kontakt in signifikantem Ausmaß überlegen. Eine zweite Arbeit von Ritter aus demselben Jahr, in der die Behandlungen einzeln durchgeführt wurden, konnte die Ergebnisse im wesentlichen replizieren (Ritter, 1969 b). Die Desensitivierungsgruppe ohne Kontakt schnitt in dieser Untersuchung besser ab als eine bloße Beobachtungsgruppe.

Gemeinsam veröffentlichten Bandura, Blanchard & Ritter (1969) eine Arbeit an Personen mit Schlangenangst, in der verschiedene verhaltenstherapeutische Methoden miteinander verglichen wurden. Auch hier erwies sich «live modeling combined with guided participation», also die Kontaktdesensitivierung, am wirksamsten. Von den beiden anderen Experimentalgruppen erhielt die eine systematische Desensitivierung in der üblichen Form (Entspannung und Vorstellung der Angstreize), die andere «symbolic modeling», d. h. es wurde ihr in entspanntem Zustand ein Film vorgeführt, in dem verschiedene Personen angstfrei mit einer Schlange umgingen. Beim Auftauchen von Angst konnte der Ablauf des Films gestoppt werden. Diese beiden Gruppen zeigten etwa gleichen Lernerfolg und schnitten ebenfalls signifikant besser ab als die Kontrollgruppe. Der prozentuelle Anteil der Vpn, die auch die schwierigsten Aufgaben im Vermeidungstest nach Beendigung der Therapie durchführen konnten, betrug 92% für die Gruppe mit «modeling with participation», 33% für «symbolic modeling», 25% für systematische Desensitivierung und 0% für die Kontrollgruppe. Diese Ergebnisse sprechen nachdrücklich dafür, daß der Einfluß sozialpsychologischer Faktoren in der Verhaltenstherapie noch intensiver auf seine Einsatzmöglichkeiten überprüft werden sollte.

RACHMAN, HODGSON & MARZILLIER (1970) berichten über eine Imitationstherapie an einem jungen Mann mit schwerem Waschzwang und Angst vor Infektion durch Schmutz. Nach mehreren Klinikaufenthalten und psycho- und somatotherapeutischen Beeinflussungsversuchen wurde mit ihm eine Behandlung nach der Methode des «modelling plus response prevention» begonnen. Damit ist eine Koppelung von Nachahmungslernen und Verhinderung von Ausweichreaktionen gemeint. Der Therapeut berührte in Gegenwart des Patienten verschiedene gefürchtete Gegenstände und Materialien (z. B. Zigarettenasche) und forderte diesen auf, es ihm nachzumachen, was auch langsam geschah. In einer weiteren Phase der Behandlung berührte der Patient unsaubere Gegenstände, ohne sich innerhalb eines bestimmten Zeitraums waschen zu dürfen. Nach viereinhalb Wochen waren die Zwänge praktisch verschwunden und die Ängste weitgehend reduziert, so daß der Patient entlassen werden konnte. Die Nachkontrollen ergaben nach drei Monaten eine leichte Zunahme der täglichen Säuberungszeit, die jedoch nach weiteren drei Monaten wieder zurückgegangen war. Die Kombination verschiedener Methoden in dieser Arbeit erlaubt es nicht, den Beitrag der einzelnen Variablen eindeutig abzuschätzen, doch zeigt sich jedenfalls eine deutliche Besserung im Verlauf der Imitationsphase.

Einen erfolgreichen Versuch, Imitationslernen nicht nur zur Elimination unerwünschter Verhaltensweisen, sondern explicite auch zum Erwerb erwünschter Verhaltensweisen heranzuziehen, unternahm O'CONNOR (1969). Kindergartenkindern, die extrem isoliertes Verhalten gegenüber ihren Altersgenossen aufwiesen, wurde ein etwa 20 Minuten dauernder Film vorgeführt, der ihnen zugleich soziale Fertigkeiten übermitteln und soziale Ängste nehmen sollte. Im Film wurde das von «Modellkindern» gezeigte soziale Kontaktverhalten auf verschiedene Weise belohnt. Eine Kontrollgruppe sah einen Film über Tiere, in dem keine Menschen vorkamen. Anschließend wurde das soziale Verhalten der Kinder im Kindergarten beobachtet. Während sich das Verhalten der Kontrollkinder nicht verändert hatte, hatte das Kontaktverhalten der Experimentalkinder signifikant zugenommen. Leider sind die Nachkontrollen in dieser Untersuchung wenig detailliert, doch ist der Ansatz ohne Zweifel vor allem auch unter pädagogischen Gesichtspunkten bemerkenswert. In der Erwachsenenberatung finden sich ähnliche Intentionen in Zusammenhang mit der Weiterentwicklung des bereits in Kapitel 10.2 erwähnten «Rollentrainings» (vgl. etwa KARST & TREXLER, 1970).

Über die Anwendung von «Selbstimitation» bei einem in seinem Kontaktverhalten gestörten zehnjährigen Jungen berichten CREER & MIKLICH (1970). Der Junge. der sich in einer Klinik für asthmakranke Kinder befand, verhielt sich für sein Alter kindisch und durchsetzungsschwach, er wurde von seinen Gruppenkameraden abgelehnt. Erwachsenen gegenüber zeigte er sich oft störend, um ihre Aufmerksamkeit auf sich zu ziehen. Nach einer eingehenden Verhaltensanalyse wurde mit dem Jungen und zwei Gruppenkameraden eine Fernsehaufzeichnung gemacht, in der der Patient auf Aufforderung in den entsprechenden Situationen sein übliches unangepaßtes Verhalten zeigte. In einer anderen Aufnahme wurden die gleichen Situationen mit angepaßtem Verhalten des Jungen gefilmt. Nach zwei Wochen, in denen festgestellt werden sollte, ob das Rollenspiel selbst das Verhalten beeinflußt hatte (was nicht der Fall war), wurde dem Jungen zwei Wochen lang täglich der Film mit seinem positiven Verhalten gezeigt, in den darauf folgenden zwei Wochen der Film mit dem negativen Verhalten und abschließend wieder der Film mit dem positiven Verhalten. Das tatsächliche Verhalten des Jungen entsprach weitgehend dem jeweils dargebotenen Modellverhalten. Die anschließenden sechs Monate bis zur letzten Nachkontrolle hielt die Verhaltensbesserung an.

Beachtung verdient schließlich noch die Anregung zur indirekten Verhaltensbeeinflussung, die von der stellvertretenden klassischen Konditionierung autonomer Funktionen ausgeht. Untersuchungen wie die von CRAIG & LOWERY (1969) zeigen beispielsweise, daß es durch die Beobachtung aversiver Situationen beim Beobachter zu einer Modifikation bestimmter physiologischer Reaktionen (Herzfrequenz- und Hautwiderstandsveränderungen) kommt und daß diese Reaktionen auch stellvertretend auf die in der Modellsituation verwendeten bedingten Reize konditioniert werden können. Damit wird die Möglichkeit der Beeinflussung emotionalen Verhaltens auf symbolischer Ebene (etwa durch Vorführung entsprechender Filme) erneut ins Blickfeld gerückt. Zugleich bieten sich jedoch von hier aus auch interessante Querverbindungen zum Problem der Entstehung von Verhaltensstörungen an, dessen Aktualität wir bereits an anderer Stelle unterstrichen haben. Die Intensivierung der Imitationsforschung unter diesem Aspekt wäre theoretisch und praktisch – vor allem auch im Hinblick auf die Entwicklung von wirksamen Präventivmaßnahmen – gleichermaßen wünschenswert.

Literatur

ABI RAFI, A. 1962. Learning theory and the treatment of tics. J. Psychosom. Res. *6*, 71–76.

ALEXANDROWA, L. I. & PROCHOROWA, E. S. 1953. Erfahrungen mit der Anwendung der Schlaftherapie in der Nervenklinik. Pawl.-Z. höh. Nerv. *3*, 612–629.

ALLEN, K. EILEEN & HARRIS, FLORENCE R. 1966. Elimination of a child's excessive scratching by training the mother in reinforcement procedures. Behav. Res. Ther. *4*, 79–84.

ALLEN, K. EILEEN, HART, BETTY, BUELL, JOAN S., HARRIS, FLORENCE R. & WOLF, M. M. 1964. Effects of social reinforcement on isolate behavior of a nursery school child. Child Develpm. *35*, 511–518.

ANDERSON, O. D. & LIDDELL, H. S. 1935. Observations on experimental neurosis in sheep. Arch. Neurol. Psychiat. *34*, 330–354.

ANDREWS, J. D. W. 1966. Psychotherapy of phobias. Psychol. Bull. *66*, 455–480.

ASHEM, BEATRICE & DONNER, L. 1968. Covert sensitization with alcoholics: A controlled replication. Behav. Res. Ther. *6*, 7–12.

ATTHOWE, J. M., Jr., & KRASNER, L. 1968. Preliminary report on the application of contingent reinforcement procedures (token economy) on a «chronic» psychiatric ward. J. abnorm. Psychol. *73*, 37–43.

AUSUBEL, D. P. 1960. Personality disorder *is* disease. Amer. Psychologist *16*, 69–74.

AYLLON, T. 1963. Intensive treatment of psychotic behavior by stimulus satiation and food reinforcement. Behav. Res. Ther. *1*, 53–62.

AYLLON, T. & HAUGHTON, E. 1962. Control of the behavior of schizophrenic patients by food. J. exp. Anal. Behav. *5*, 343–352.

AYLLON, T. & MICHAEL, J. 1959. The psychiatric nurse as a behavioral engineer. J. exp. Anal. Behav. *2*, 323–334.

BACHRACH, A. J. 1964. Some applications of operant conditioning to behavior therapy. In: WOLPE, J., SALTER, A. & REYNA, L. J. (Eds.). The conditioning techniques, pp. 62–75. New York: Holt, Rinehart & Winston.

BADRI, M. B. 1967. A new technique for the systematic desensitization of pervasive anxiety and phobic reactions. J. Psychol. *65*, 201–208.

BANDURA, A. 1961. Psychotherapy as a learning process. Psychol. Bull. *58*, 143–159.

– 1965. Behavioral modifications through modeling procedures. In: KRASNER, L. & ULLMANN, L. P. (Eds.). Research in behavior modification, pp. 312–340. New York: Holt, Rinehart & Winston.

– 1967. Behavioral psychotherapy. Scientific American 216, 78–86.

– 1969. Principles of behavior modification. New York: Holt, Rinehart & Winston.

BANDURA, A., BLANCHARD, E. B. & RITTER, BRUNHILDE. 1969. Relative efficacy of desensitization and modeling approaches for inducing

189

behavioral, affective and attitudinal changes. J. Pers. soc. Psychol. *13*, 173–199.

BANDURA, A., GRUSEC, JOAN E., & MENLOVE, FRANCES L. 1967. Vicarious extinction of avoidance behavior. J. Pers. soc. Psychol. *5*, 16–23.

BANDURA, A., & KUPERS, CAROL J. 1964. Transmission of patterns of self-reinforcement through modeling. J. abnorm. soc. Psychol. *69*, 1–9.

BANDURA, A. & MENLOVE, FRANCES L. 1968. Factors determining vicarious extinction of avoidance behavior through symbolic modeling. J. Pers. soc. Psychol. *8*, 99–108.

BANDURA, A., ROSS, DOROTHEA & ROSS, SHEILA A. 1961. Transmission of aggression through imitation of aggressive models. J. abnorm. soc. Psychol. *63*, 575–582.

BANDURA, A. & WALTERS, R.H. 1963. Social learning and personality development. New York: Holt, Rinehart & Winston.

BARKER, J.C. & MILLER, MABEL E. 1968. Some clinical applications of aversion therapy. In: FREEMAN, H. (Ed.). Progress in behaviour therapy, pp. 73–87. Bristol: John Wright & Sons.

BARRISH, HARRIET H., SAUNDERS, MURIEL & WOLF, M.M. 1969. Good behavior game: Effects of individual contingencies for group consequences on disruptive behavior in a classroom. J. appl. Behav. Anal. *2*, 119–124.

BAUM, M. 1970. Extinction of avoidance responding through response prevention (flooding). Psychol. Bull. *74*, 276–284.

BERGOLD, J.B. 1969. Experimentelle und klinische Untersuchungen zur Desensibilisierung: Eine Literaturübersicht. Schweiz. Z. Psychol. *28*, 229–256.

BERNREUTER, R.G. 1933. The measurement of self sufficiency. J. abnorm. soc. Psychol. *28*, 291–300.

BIGGS, BARBARA & SHEEHAN, J. 1969. Punishment or distraction? Operant stuttering revisited. J. abnorm. Psychol. *74*, 256–262.

BIRNBRAUER, J.S., WOLF, M.M., KIDDER, J.D. & TAGUE, CECILIA E. 1965. Classroom behavior of retarded pupils with token reinforcement. J. exp. Child Psychol. *2*, 219–235.

BLÖSCHL, LILIAN. 1967. Thorndike's Effekt-Gesetz und das Erlernen von Signalen und ihren positiven und negativen Folgen. Ber. 25. Kongr. Dtsch. G. f. Psychol. Münster 1966. S. 377–383. Göttingen: Hogrefe.

– 1969a. Belohnung und Bestrafung im Lernexperiment. Weinheim/ Bergstraße: Beltz.

– 1969b. Zur lernpsychologischen Beeinflussung kindlicher Verhaltensstörungen. Schweiz. Z. Psychol. *28*, 257–268.

– 1972. Verbale Komponenten des Erlebens im Denkablauf. Zum Problem der «coverants». Psychol. Rdsch. *23*, 270–281.

– 1974a. Lerntheorie. In: WEWETZER, K.-H. (Hrsg.). Handbuch der Psychologie, Bd. 8, Klinische Psychologie. Göttingen: Hogrefe (im Druck).

– 1974b. Verhaltenstherapie. In: WEWETZER, K.-H. (Hrsg.). Handbuch der Psychologie, Bd. 8, Klinische Psychologie. Göttingen: Hogrefe (im Druck).

BOOKBINDER, L.J. 1962. Simple conditioning vs. the dynamic approach to symptoms and symptom substitution: A reply to Yates. Psychol. Rep. *10*, 71–77.

BOULOUGOURIS, J.C., MARKS, I.M. & MARSET, P. 1971. Superiority of flooding (implosion) to desensitisation for reducing pathological fear. Behav. Res. Ther. *9*, 7–16.

BREGER, L. & McGAUGH, J.L. 1965. Critique and reformulation of "learning-theory" approaches to psychotherapy and neurosis. Psychol. Bull. *63*, 338–358.

BRUCE, MARGARET. 1966. Tokens for recovery. Amer. J. Nurs. *66*, 1799–1802.

BUCHER, B. & LOVAAS, O.I. 1967. Use of aversive stimulation in behavior modification. Rep. Miami Symposium on the prediction of behavior. University of Miami 1967.

BUCHER, B. & LOVAAS, O.I. 1968. Operant procedures in behavior modification with children. Rep. University of Iowa Symposium on Learning Approaches to Psychotherapy 1968.

BUDZYNSKI, T.H. & STOYVA, J.M. 1969. An instrument for producing deep muscle relaxation by means of analog information feedback. J. appl. Behav. Anal. *2*, 231–237.

BUEHLER, R.E., PATTERSON, G.R. & FURNISS, J.M. 1966. The reinforcement of behavior in institutional settings. Behav. Res. Ther. *4*, 157–167.

BURNETT, A. & RYAN, E. 1964. Conditioning techniques in psychotherapy. Canad. Psychiat. Ass. J. *2*, 140–146.

BURNHAM, W.H. 1924. The normal mind New York: Appleton-Century-Crofts. Zit. nach: MOWRER, O.H. 1965. Learning theory and behavior therapy. In: WOLMAN, B.B. (Ed.). Handbook of clinical psychology, pp.242–276. New York: McGraw Hill.

BYKOW, K.M. 1953. Großhirnrinde und innere Organe. Berlin: VEB-Verlag Volk und Gesundheit.

– 1959. Die Lehre I.P.Pawlows und die moderne Psychiatrie. Pawl.-Z. höh. Nerv. *9*, 110–119.

CARLIN, A.S. & ARMSTRONG, H.E., Jr. 1968. Aversive conditioning: Learning or dissonance reduction? J. consult. clin. Psychol. *32*, 674–678.

CASE, H.W. 1960. Therapeutic methods in stuttering and speech blocking. In: EYSENCK, H.J. (Ed.). Behavior therapy and the neuroses, pp.207–220. Oxford: Pergamon Press.

CAUTELA, J.R. 1966. Treatment of compulsive behavior by covert sensitization. Psychol. Rec. *16*, 33–41.

– 1967. Covert sensitization. Psychol. Rep. *20*, 459–468.

– 1968. Behavior therapy and the need for behavioral assessment. Psychother.: Theory, Res., Pract. *5*, 175–179.

CAUTELA, J.R. & KASTENBAUM, R. 1967. A reinforcement survey schedule for use in therapy, training, and research. Psychol. Rep. 20, 1115–1130.

CHAPPLE, E.D. 1940. "Personality" differences as described by invariant properties of individuals in interaction. Proc. Nat. Acad. Sci. 26, 10–16.

– 1949. The Interaction Chronograph; its evolution and present application. Personnel 25, 295–307.

CHOMSKY, N. 1959. Review of B.F.Skinner, Verbal behavior. Language 35, 26–58.

COOKE, G. 1966. The efficacy of two behavior therapy procedures: An analogue study. Behav. Res. Ther. 4, 17–24.

– 1968. Evaluation of the efficacy of the components of reciprocal inhibition psychotherapy. J. abnorm. Psychol. 73, 464–467.

COOPER, J.E. 1963. A study of behavior therapy in 30 psychiatric patients. Lancet 1, 411–415.

CORRELL, W. 1965. Pädagogische Verhaltenspsychologie. München/ Basel: Reinhardt.

COSTELLO, C.G. 1963. Behaviour Therapy: Criticisms and confusions. Behav. Res. Ther. 1, 159–161.

CRAIG, K.D. 1968. Physiological arousal as a function of imagined, vicarious, and direct stress experiences. J. abnorm. Psychol. 73, 513–520.

CRAIG, K.D. & LOWERY, H.J. 1969. Heartrate components of conditioned vicarious autonomic responses. J. Pers. soc. Psychol. 11, 381–387.

CREER, TH.L. & MIKLICH, D.R. 1970. The application of a self-modeling procedure to modify inappropriate behavior: a preliminary report. Behav. Res. Ther. 8, 91–92.

CRIDER, A., SCHWARTZ, G.E. & SHNIDMAN, S. 1969. On the criteria for instrumental autonomic conditioning. A reply to Katkin & Murray. Psychol. Bull. 71, 455–461.

CROWDER, J.E. & THORNTON, D.W. 1970. Effects of systematic desensitization, programmed fantasy and bibliotherapy on a specific fear. Behav. Res. Ther. 8, 35–41.

DAVIS, D., MCLEMORE, C.W. & LONDON, P. 1970. The role of visual imagery in desensitization. Behav. Res. Ther. 8, 11–13.

DAVISON, G.C. 1966. Anxiety under total curarization: Implications for the role of muscular relaxation in the desensitization of neurotic fears. J. nerv. ment. Dis. 143, 443–448.

– 1968. Systematic desensitization as a counterconditioning process. J. abnorm. Psychol. 73, 91–99.

DOLLARD, J. & MILLER, N.E. 1950. Personality and psychotherapy. New York: McGraw Hill.

DONNER, L. 1970. Automated group desensitization–a follow-up report. Behav. Res. Ther. 8, 241–247.

DONNER, L. & GUERNEY, B.G. 1969. Automated group desensitization for test anxiety. Behav. Res. Ther. 7, 1–14.

DUNLAP, K. 1928. A revision of the fundamental law of habit formation. Science *67*, 360–362.

– 1932. Habits: Their making and unmaking. New York: Liveright.

– 1942. The technique of negative practice. Amer. J. Psychol. *55*, 270–273.

DYKMAN, R.A., GANTT, W.H. & WHITEHORN, J.C. 1956. Conditioning as emotional sensitization and differentiation. Psychol. Monogr. *70*, No.15.

ECCLES, J.C. 1953. The neurophysiological basis of mind. London: Oxford Univ. Press.

EISERT, H.G. & BARKEY, P. 1972. Verhaltensmodifikation in der Schule. Frankfurt a.M.: Deutsches Institut für Internationale Pädagogische Forschung.

ELLIS, A. 1958. Rational psychotherapy. J. gen. Psychol. *59*, 35–49.

EVANS, G.W. & OSWALT, G.L. 1968. Acceleration of academic progress through the manipulation of peer influence. Behav. Res. Ther. *6*, 189–195.

EYSENCK, H.J. 1947. Dimensions of personality. London: Routledge & Kegan Paul.

– 1952. The scientific study of personality. London: Routledge & Kegan Paul.

– 1953. The structure of human personality. London: Methuen.

– 1955. A dynamic theory of anxiety and hysteria. J. ment. Sci. *101*, 28–51.

– 1957. The dynamics of anxiety and hysteria. London: Routledge & Kegan Paul.

– 1959. Learning theory and behaviour therapy. J. ment. Sci. *105*, 61–75.

– (Ed.). 1960. Behaviour therapy and the neuroses. Oxford: Pergamon Press.

– (Ed.). 1963. Experiments with drugs. Oxford: Pergamon Press.

– (Ed.). 1964. Experiments in behaviour therapy. Oxford: Pergamon Press.

– 1964. Biological factors in neurosis and crime. Scientia *1*. Zit. nach: EYSENCK, H.J. & LEVEY, A. 1967. Konditionierung, Introversion-Extraversion und die Stärke des Nervensystems. Z. Psychol. *174*, 96–106.

– 1966. Neurose, Konstitution und Persönlichkeit. Z. Psychol. *172*, 145–181.

– 1967. The biological basis of personality. Springfield: Thomas.

– 1970. Behavior therapy and its critics. J. Behav. Ther. exp. Psychiat. *1*, 5–15.

EYSENCK, H.J. & LEVEY, A. 1967. Konditionierung, Introversion-Extra-version und die Stärke des Nervensystems. Z. Psychol. *174*, 96–106.

EYSENCK, H.J. & RACHMAN, S. 1965. The causes and cures of neurosis. San Diego: Knapp. Deutsche Ausgabe: Neurosen – Ursachen und Heilmethoden. Berlin: VEB Deutscher Verlag der Wissenschaften 1967.

FAZIO, A.F. 1970. Treatment components in implosive therapy. J. abnorm. Psychol. *76*, 211–219.

FELDMAN, M.P. 1966. Aversion therapy for sexual deviations: A critical review. Psychol. Bull. *65*, 65–79.

FERSTER, C.B. 1958. Reinforcement and punishment in the control of human behavior by social agencies. Psychiat. Res. Rep. *10*, 101–118.
– 1961. Positive reinforcement and behavioral deficits of autistic children. Child Develpm. *32*, 437–456.

FERSTER, C.B. & DEMYER, M.K. 1962. A method for the experimental analysis of the behavior of autistic children. Amer. J. Orthopsychiat. *32*, 89–98.

FERSTER, C.B. & SKINNER, B.F. 1957. Schedules of reinforcement. New York: Appleton-Century-Crofts.

FLANAGAN, B., GOLDIAMOND, I. & AZRIN, N. 1958. Operant stuttering: The control of stuttering behavior through response-contingent consequences. J. exp. Anal. Behav. *1*, 173–177.

FOLKINS, C.H., LAWSON, KAREN D., OPTON, E.M. Jr. & LAZARUS, R.S. 1968. Desensitization and the experimental reduction of threat. J. abnorm. Psychol. *73*, 100–113.

FOPPA, K. 1965. Lernen, Gedächtnis, Verhalten. Köln-Berlin: Kiepenheuer & Witsch.

FOWLER, R.L. & KIMMEL, H.D. 1962. Operant conditioning of the GSR. J. exp. Psychol. *63*, 563–567.

FRANKL, V. 1960. Paradoxical intention: A logotherapeutic technique. Amer. J. Psychother. *14*, 520–535.

FRANKS, C.M. 1958. Alcohol, alcoholism and conditioning: A review of the literature and some theoretical considerations. J. ment. Sci. *104*, 14–33.
– (Ed.). 1964. Conditioning techniques in clinical practice and research. New York: Springer.

FRANKS, C.M., FRIED, R. & ASHEM, BEATRICE. 1966. An improved apparatus for the aversive conditioning of cigarette smokers. Behav. Res. Ther. *4*, 301–308.

FREEMAN, H.L. & KENDRICK, D.C. 1960. A case of cat phobia. Brit. med. J. *2*, 497–502.

FREUD, S. 1936. The problem of anxiety. New York: Norton & Co.

FRIEDMAN, D. 1968. A new technique for desensitization. In: FREEMAN, H. (Ed.). Progress in behaviour therapy, pp. 44–50. Bristol: John Wright & Sons.

GANTT, W.H. 1953. Principles of nervous breakdown – schizokinesis and autokinesis. Ann. N. Y. Acad. Sci. *56*, 143–163.

GARCIA, J. & KOELLING, R.A. 1966. Relation of cue to consequence in avoidance learning. Psychon. Sci. *4*, 123–124.

GARFIELD, Z.H., DARWIN, P.L., SINGER, B.A. & MCBREARTY, J.F.

1967. Effect of "IN VIVO" training on experimental desensitization of a phobia. Psychol. Rep. *20*, 515–519.

GELDER, M.G., MARKS, I.M., SAKINOVSKY, I. & WOLF, H.A. 1964. Behavior therapy and psychotherapy for phobic disorders. Paper at Sixth International Congress of Psychotherapy, London. Zit. nach: WOLPE, J. & LAZARUS, A.A. 1966. Behavior therapy techniques. Oxford: Pergamon Press.

GELDER, M.G. & MARKS, I.M. 1965. A controlled retrospective study of behaviour therapy in phobia patients. Brit. J. Psychiat. *111*, 561–574.

GERICKE, O.L. 1965. Practical use of operant conditioning procedures in a mental hospital. Psychiat. Stud. & Projects *3*, 2–10.

GLOVER, E. 1959. Critical notice. Brit. J. med. Psychol. *32*, 68–74.

GOLD, S. & NEUFELD, I.L. 1965. A learning approach to the treatment of homosexuality. Behav. Res. Ther. *2*, 201–204.

GOLDBERG, J. & D'ZURILLA, T.J. 1968. Demonstration of slide projection as an alternative to imaginal stimulus presentation in systematic desensitization therapy. Psychol. Rep. *23*, 527–533.

GOLDIAMOND, I. 1965. Self-control procedures in personal behavior problems. Psychol. Rep. *17*, 851–868.

GOTTWALD, P. 1969. Die Spinne als diskriminativer Stimulus für positive Verstärkung: Operantes Konditionieren bei Spinnenangst. Mitteilungen der Gesellschaft zur Förderung der Verhaltenstherapie. Heft 1, 17–20.

GOTTWALD, P. & REDLIN, WILTRAUD. 1972. Verhaltenstherapie bei geistig behinderten Kindern. Z. klin. Psychol. *1*, 93–149.

GRAY, J.A. (Ed.). 1964. Pavlov's typology. Oxford: Pergamon Press.

GREEN, E.E., WALTERS, E.D., GREEN, ALYCE M. & MURPHY, G. 1969. Feedback technique for deep relaxation. Psychophysiol. *6*, 371–377.

GROSSBERG, J.M. 1964. Behavior therapy: A review. Psychol. Bull. *62*, 73–88.

GUTHRIE, E.R. 1938. The psychology of human conflict. New York: Harper.

GUTHRIE, E.R. 1952². The psychology of learning. New York: Harper.

HALL, R.V. & BRODEN, MARCIA. 1967. Behavior changes in brain-injured children through social reinforcement. J. exp. Child Psychol. *5*, 463–479.

HAMILTON, J.A. & KRECHEVSKY, I. 1933. Studies in the effect of shock upon behavior plasticity in the rat. J. comp. Psychol. *16*, 237–253.

HAMILTON, D.M. & WALL, J.H. 1941. Hospital treatment of patients with psychoneurotic disorders. Amer. J. Psychiat. *98*, 551ff. Zit. nach: WOLPE, J. 1958. Psychotherapy by reciprocal inhibition. Stanford: Stanford Univ. Press.

HARMATZ, M.G. & LAPUC, P.S. 1968. Behavior modification of overeating in a psychiatric population. J. consult. clin. Psychol. *32*, 583–587.

195

HARRIS, MARY B. 1969. Self-directed program for weight control: A pilot study. J. abnorm. Psychol. *74*, 263–270.

HEAP, R. F., BOBLITT, W. E., MOORE, C. H. & HORD, J. E. 1970. Behavior-milieu therapy with chronic neuropsychiatric patients. J. abnorm. Psychol. *76*, 349–354.

HILGARD, E. R. & BOWER, G. H. 1971. Theorien des Lernens. Bd. I und II. Stuttgart: Klett.

HNATIOW, M. & LANG, P. J. 1965. Learned stabilization of cardiac rate. Psychophysiol. *1*, 330–336.

HOGAN, R. A. & KIRCHNER, J. H. 1967. Preliminary report of the extinction of learned fears via short-term implosive therapy. J. abnorm. Psychol. *72*, 106–109.

HOMME, L. E. 1965. Perspectives in psychology: XXIV. Control of coverants, the operants of the mind. Psychol. Rec. *15*, 501–511.

HONIG, W. K. (Ed.). 1966. Operant behavior: Areas of research and application. New York: Appleton-Century-Crofts.

HUBER, H. P. 1973. Psychometrische Einzelfalldiagnostik. Weinheim: Beltz.

HULL, C. L. 1943. Principles of behavior. New York: Appleton-Century-Crofts.

– 1951. Essentials of behavior. New Haven: Yale Univ. Press.

HUSSAIN, A. 1964. Behavior therapy using hypnosis. In: WOLPE, J., SALTER, A. & REYNA, L. J. (Eds.). The conditioning therapies, pp. 54–61. New York: Holt, Rinehart & Winston.

IHLI, K. L. & GARLINGTON, W. K. 1969. A comparison of group vs. individual desensitization of test anxiety. Behav. Res. Ther. *7*, 207–209.

ISAACS, W., THOMAS, J. & GOLDIAMOND, I. 1960. Application of operant conditioning to reinstate verbal behavior in psychotics. J. Speech Hear. Dis. *25*, 8–12. In: ULLMANN, L. P. & KRASNER, L. (Eds.). 1965. Case studies in behavior modification, pp. 69–73. New York: Holt, Rinehart & Winston.

ISCHLONDSKY, N. E. 1930. Neuropsyche und Hirnrinde. II. Physiologische Grundlagen der Tiefenpsychologie unter besonderer Berücksichtigung der Psychoanalyse. Berlin-Wien: Urban & Schwarzenberg.

IWANOW-SMOLENSKI, A. G. 1953. Die Lehre von den Typen der höheren Nerventätigkeit bei Tier und Mensch. Pawl.-Z. höh. Nerv. *3*, 43–66.

– 1954. Grundzüge der Pathophysiologie der höheren Nerventätigkeit. Berlin: Akademie-Verlag.

JACOBSON, E. 1938. Progressive relaxation. Chicago: Univ. of Chicago Press.

JAMES, W. 1890. Principles of psychology. Vol. II. New York: Holt.

JEROFEJEWA, M. N. 1912. Die elektrische Reizung der Haut des Hundes als bedingter Erreger der Speicheldrüsentätigkeit (russ.). Zit. nach: PICKENHAIN, L. 1959. Grundriß der Physiologie der höheren Nerventätigkeit. Berlin: VEB Verlag Volk und Gesundheit.

JOHNSON, S. M. & SECHREST, L. 1968. Comparison of desensitization and progressive relaxation in treating test anxiety. J. consult. clin. Psychol. 32, 280–286.

JONES, H. G. 1956. The application of conditioning and learning techniques to the treatment of a psychiatric patient. J. abnorm. soc. Psychol. 52, 414–420.

JONES, MARY C. 1924a. The elimination of children's fears. J. exp. Psychol. 7, 382–390.

– 1924b. A laboratory study of fear. The case of Peter. Pedagogical Sem. 31, 308–315.

KAHN, M. & BAKER, B. 1968. Desensitization with minimal therapist contact. J. abnorm. Psychol. 73, 198–200.

KALISH, H. I. 1965. Behavior therapy. In: WOLMAN, B. B. (Ed.). Handbook of clinical psychology, pp. 1230–1253. New York: McGraw Hill.

KANFER, F. H. 1956. Perception: Identification and instrumental activity. Psychol. Rev. 63, 317–329.

– 1958. Verbal conditioning: Reinforcement schedules and experimenter influence. Psychol. Rep. 4, 443–452.

– 1959. Verbal rate, content and adjustment ratings in experimentally structured interviews. J. abnorm. soc. Psychol. 58, 305–311.

– 1961. Comments on learning in psychotherapy. Psychol. Rep. 9, 681–699.

– 1965. Issues and ethics in behavior manipulation. Psychol. Rep. 16, 187–196.

– 1969. Verhaltenstherapie: Ein neues Theoriegerüst zur Lösung klinisch-psychologischer Probleme. Psychol. u. Prax. 13, 1–18.

KANFER, F. H. & KARAS, SHIRLEY C. 1959. Prior experimenter-subject interaction and verbal conditioning. Psychol. Rep. 5, 345–353.

KANFER, F. H., PHILLIPS, JEANNE S., MATARAZZO, J. D. & SASLOW, G. 1960. Experimental modification of interviewer content in standardized interviews. J. consult. Psychol. 24, 528–536.

KANFER, F. H. & PHILLIPS, JEANNE S. 1966. Behavior therapy: A panacea for all ills or a passing fancy? Arch. gen. Psychiat. 15, 114–128.

KANFER, F. H. & PHILLIPS, JEANNE S. 1970. Learning foundations of behavior therapy. New York: Wiley.

KANTOROVICH, N. V. 1929. An attempt of curing alcoholism by associated reflexes. Zit. nach: RAZRAN, G. H. S. 1934. Conditioned withdrawal responses with shock as the conditioning stimulus in adult human subjects. Psychol. Bull. 31, 111–143.

KARST, TH. O. & TREXLER, L. D. 1970. Initial study using fixed-role and rational-emotive therapy in treating public-speaking anxiety. J. consult. clin. Psychol. 34, 360–366.

KATAHN, M., STRENGER, ST. & CHERRY, NANCY. 1966. Group counseling and behavior therapy with test-anxious college students. J. consult. Psychol. 30, 544–549.

197

KATKIN, E. S. & MURRAY, E. N. 1968. Instrumental conditioning of autonomically mediated behavior: Theoretical and methodological issues. Psychol. Bull. *70*, 52–68.

KATKIN, E. S., MURRAY, E. N. & LACHMAN, R. 1969. Concerning instrumental autonomic conditioning: A rejoinder. Psychol. Bull. *71*, 462-466.

KENDRICK, D. C. 1960. The theory of "conditioned inhibition" as an explanation of negative practice effects: An experimental analysis. In: EYSENCK, H. J. (Ed.). Behaviour therapy and the neuroses, pp. 221–235. Oxford: Pergamon Press.

KEUTZER, CAROLIN S. 1968. Behavior modification of smoking: The experimental investigation of diverse techniques. Behav. Res. Ther. *6*, 137–157.

KIMBLE, G. A. 1961. HILGARD and MARQUIS' Conditioning and Learning. New York: Appleton-Century-Crofts.

KIMMEL, E. & KIMMEL, H. D. 1963. A replication of operant conditioning of the GSR. J. exp. Psychol. *65*, 212–213.

KING, G. F., ARMITAGE, S. G. & TILTON, J. R. 1960. A therapeutic approach to schizophrenics of extreme pathology: An operant-interpersonal method. J. abnorm. soc. Psychol. *61*, 276–286.

KNIGHT, R. P. 1941. Evaluation of the results of psychoanalytic therapy. Amer. J. Psychiat. *98*, 434–446.

KOENIG, K. P. & MASTERS, J. 1965. Experimental treatment of habitual smoking. Behav. Res. Ther. *3*, 235–243.

KOLVIN, J. 1967. Aversive imagery treatment in adolescents. Behav. Res. Ther. *5*, 245–248.

KONDAŠ, O. 1967. Reduction of examination anxiety and "stage-fright" by group desensitization and relaxation. Behav. Res. Ther. *5*, 275–281.

KOSTANDOW, E. A. 1955. Bericht über die Wissenschaftliche Konferenz über Fragen der Schlaftherapie 1954. Pawl.-Z. höh. Nerv. *5*, 164–169.

KRAPFL, J. E. & NAWAS, M. M. 1969. Client-therapist relationship factor in systematic desensitization. J. consult. clin. Psychol. *33*, 435–439.

KRAPFL, J. E. & NAWAS, M. M. 1970. Differential ordering of stimulus presentation in systematic desensitization. J. abnorm. Psychol. *75*, 333–337.

KRASNER, L. 1962. Behavior control and social responsibility. Amer. Psychologist *17*, 199–204.

– 1963. Reinforcement, verbal behavior and psychotherapy. Amer. J. Orthopsychiat. *33*, 601–613.

– 1971. Behavior Therapy. Ann. Rev. Psychol. *22*, 483–532.

KRASNER, L. & ULLMANN, L. P. (Eds.). 1965. Research in behavior modification. New York: Holt, Rinehart & Winston.

KRASNOGORSKI, N. I. 1925. The conditioned reflexes and children's neuroses. Amer. J. Dis. Child. *30*, 753–768.

– 1953. Über typologische Besonderheiten der höheren Nerventätigkeit bei Kindern. Pawl.-Z. höh. Nerv. *3*, 203–218.

KUBIE, S. L. 1934. Relation of the conditioned reflex to psychoanalytic technic. Arch. Neurol. Psychiat. *32*, 1137–1142.

198

KUHLEN, VERA. 1972. Verhaltenstherapie im Kindesalter. München: Juventa.

LADER, M. 1967. Personal communication. Zit. nach: RACHMAN, S. 1968. The role of muscular relaxation in desensitization therapy. Behav. Res. Ther. *6*, 159–166.

LADER, M. H. & MATHEWS, A. M. 1968. A physiological model of phobic anxiety and desensitization. Behav. Res. Ther. *6*, 411–421.

LANG, P. J. & LAZOVIK, A. D. 1963. Experimental desensitization of a phobia. J. abnorm. soc. Psychol. *66*, 519–525.

LANG, P. J., LAZOVIK, A. D. & REYNOLDS, D. 1965. Desensitization, suggestibility and pseudotherapy. J. abnorm. Psychol. *70*, 395–402.

LANG, P. J. & MELAMED, BARBARA G. 1969. Case report: Avoidance conditioning therapy of an infant with chronic ruminative vomiting. J. abnorm. Psychol. *74*, 1–8.

LA VERNE, A. A. 1953. Rapid coma technique of carbon dioxide inhalation therapy. Dis. Nerv. Syst. *14*, 141–144.

LAZARUS, A. A. 1958. New methods in psychotherapy: A case study. S. Afr. Med. J. *33*, 660–663.

– 1960a. New group techniques in the treatment of phobic conditions. Unpubl. Ph. D. Thesis, University of the Witwatersrand, Johannesburg. Zit. nach: WOLPE, J. & LAZARUS, A. A. 1966. Behavior therapy techniques. Oxford: Pergamon Press.

– 1960b. The elimination of children's phobias by deconditioning. In: EYSENCK, H. J. (Ed.). Behaviour therapy and the neuroses, pp. 114–122. Oxford: Pergamon Press.

– 1961. Group therapy of phobic disorders by systematic desensitization. J. abnorm. soc. Psychol. *63*, 504–510.

– 1963. The results of behaviour therapy in 126 cases of severe neurosis. Behav. Res. Ther. *1*, 69–79.

– 1968. Aversion therapy and sensory modalities: Clinical impressions. Percept. mot. Skills *27*, 178.

LAZARUS, A. A. & ABRAMOVITZ, A. 1962. The use of "emotive imagery" in the treatment of children's phobias. J. ment. Sci. *108*, 191–195.

LEFCOURT, H. M. 1966. Internal versus external control of reinforcement. Psychol. Bull. *65*, 206–220.

LEHNER, G. F. J. 1954. Negative practice as a psychotherapeutic technique. J. gen. Psychol. *51*, 69–82.

LEITENBERG, H., AGRAS, W. S., BARLOW, D. H. & OLIVEAU, D. C. 1969. Contribution of selective positive reinforcement and therapeutic instructions to systematic desensitization therapy. J. abnorm. Psychol. *74*, 113–118.

LEVIS, D. J. & CARRERA, R. 1967. Effects of ten hours of implosive therapy in the treatment of outpatients: A preliminary report. J. abnorm. Psychol. *72*, 504–508.

LEWIN, K. 1937. Psychoanalytic and topological psychology. Bull. Menninger Clin. *1*, 202–211. Deutsche Übersetzung in: Schweiz. Z. Psychol. 1962, *21*, 297–306.

LIDDELL, H.S. 1944. Conditioned reflex method and experimental neurosis. In: HUNT, J.McV. (Ed.). Personality and the behavior disorders. Vol. I, pp. 389–412. New York: The Ronald Press Company.

LINDSLEY, O.R. 1954. Studies in behavior therapy: status report III. Waltham, Mass.: Metropolitan State Hosp. Zit. nach: YATES, A.J. 1970. Behavior therapy. New York: Wiley.

– 1956. Operant conditioning methods applied to research in chronic schizophrenia. Psychiat. Res. Rep. *5*, 118–139.

– 1960. Characteristics of the behavior of chronic psychotics as revealed by free-operant conditioning methods. Dis. Nerv. Syst. Monogr. Suppl. *21*, 66–78.

LOMONT, J.F. & EDWARDS, J.E. 1967. The role of relaxation in systematic desensitization. Behav. Rès. Ther. *5*, 11–25.

LONDON, P. 1964. The modes and morals of psychotherapy. New York: Holt.

LORENTE DE NO, R. 1938. Synaptic stimulation of motoneurones as a local process. J. Neurophysiol. *1*, 195–206.

LOVAAS, O.I. 1968. Some studies on the treatment of childhood schizophrenia. Res. Psychoth. *3*, 103–121.

LOVAAS, O.I., FREITAG, G., KINDER, M.I., RUBENSTEIN, B.D., SCHAEFFER, B. & SIMMONS, J.Q. 1966. Establishment of social reinforcers in two schizophrenic children on the basis of food. J. exp. Child Psychol. *4*, 109–125.

LOVAAS, O.I., FREITAS, LORRAINE, NELSON, KAREN & WHALEN, CAROL. 1967. The establishment of imitation and its use for the development of complex behavior in schizophrenic children. Behav. Res. Ther. *5*, 171–181.

LOVIBOND, S.H. 1964. Conditioning and enuresis. New York: Macmillan.

LUKOMSKY, I.L. 1961. On the role of suggestion in the treatment of alcoholism. In: WINN, R.B. (Ed.). Psychotherapy in the Soviet Union, pp. 129–135. New York: Philos. Libr.

LURIA, A.R. 1961. The role of speech in the regulation of normal and abnormal behavior. New York: Liveright.

MALLESON, N. 1959. Panic and phobia. Lancet *1*, 225–227.

MALMO, R.B., DAVIS, J.F. & BARZA, S. 1952. Total hysterical deafness: An experimental case study. J. Pers. *21*, 188–204.

MARCIA, J.E., RUBIN, B.M. & EFRAN, J.S. 1969. Systematic desensitization: Expectancy change or counterconditioning? J. abnorm. Psychol. *74*, 382–387.

MARRONE, R.L., MERKSAMER, MARY ANN & SALZBERG, P.M. 1970. A short duration group treatment of smoking behavior by stimulus saturation. Behav. Res. Ther. *8*, 347–352.

MASSERMAN, J.H. 1943. Behavior and neurosis. Chicago: Univ. of Chicago Press.

Max, L. W. 1935. Breaking up a homosexual fixation by the conditioned reaction technique. A case study. Psychol. Bull. *32*, 374.

McConaghy, N. 1964. A year's experience with nonverbal psychotherapy. Med. J. Austral. *1*, 831–837.

Meduna, L. J. 1947. Carbon Dioxide Therapy. Springfield, Ill.: Charles C. Thomas.

Metz, J. R. 1965. Conditioning generalized imitation in autistic children. J. exp. Child Psychol. *2*, 389–399.

Meyer, V. 1957. The treatment of two phobic patients on the basis of learning principles. J. abnorm. soc. Psychol. *55*, 261–266.

Migler, B. & Wolpe, J. 1967. Automated self-desensitization: A case report. Behav. Res. Ther. *5*, 133–135.

Miller, N. E. 1944. Experimental studies of conflict. In: Hunt, J. McV. (Ed.). Personality and the behavior disorders. Vol. I, pp. 431–465. New York: The Ronald Press Company.

– 1948. Theory and experiment relating psychoanalytic displacement to stimulus-response generalization. J. abnorm. soc. Psychol. *43*, 155–178.

– 1951. Learnable drives and rewards. In: Stevens, S. S. (Ed.). Handbook of experimental psychology, pp. 435–472. New York: Wiley.

Miller, N. E. & Dollard, J. 1941. Social learning and imitation. New Haven: Yale Univ. Press.

Mowrer, O. H. 1939. A stimulus-response analysis of anxiety and its role as a reinforcing agent. Psychol. Rev. *46*, 553–556.

– 1940a. Anxiety reduction and learning. J. exp. Psychol. *27*, 497–516.

– 1940b. An experimental analogue of "regression" with incidental observations on "reaction-formation". J. abnorm. soc. Psychol. *35*, 56–87.

– 1948. Learning theory and the neurotic paradox. Amer. J. Orthopsychiat. *18*, 571–610.

– 1950. Learning theory and personality dynamics. New York: The Ronald Press Company.

– (Ed.). 1953. Psychotherapy: Theory and research. New York: The Ronald Press Company.

– 1960a. Learning theory and behavior. New York: Wiley.

– 1960b. Learning theory and the symbolic processes. New York: Wiley.

– 1961. The crisis in psychiatry and religion. Princeton, N. J.: Van Nostrand.

– 1964a. Freudianism, behaviour therapy and "self-disclosure". Behav. Res. Ther. *1*, 321–337.

– 1964b. The new group therapy. Princeton, N. J.: Van Nostrand.

– 1965. Learning theory and behavior therapy. In: Wolman, B. B. (Ed.). Handbook of clinical psychology, pp. 242–276. New York: McGraw Hill.

Mowrer, O. H. & Lamoreaux, R. R. 1942. Avoidance conditioning and signal duration – a study of secondary motivation and reward. Psychol. Monogr. *54*, No. 5.

- 1954. Fear as an intervening variable in avoidance conditioning. J. comp. Psychol. *39*, 29–50.

MOWRER, O. H. & MOWRER, WILLIE MAE. 1938. Enuresis: A method for its study and treatment. Amer. J. Orthopsychiat. *8*, 436–459.

MOWRER, O. H. & ULLMAN, A. D. 1945. Time as a determinant in integrative learning. Psychol. Rev. *52*, 61–90.

MOWRER, O. H. & VIEK, P. 1948. An experimental analogue of fear from a sense of helplessness. J. abnorm. soc. Psychol. *43*, 193–200.

MÜLLER-HEGEMANN, D. 1962. Über bedingt-reflektorische Therapie. Psychiat. Neurol. Med. Psychol. *14*, 8–12.

- 1966. Psychotherapie auf der Grundlage höherer Nerventätigkeit. Abh. Dtsch. Akad. Wiss. Berlin *2*, 265–267.

MURPHY, I. C. 1964. Extinction of an incapacitating fear of earthworms. J. clin. Psychol. *20*, 396–398.

MURRAY, E. J. 1962. Paper read at APA Ann. Conv. St. Louis, Missouri. Zit. nach: COSTELLO, C. G. 1963. Behaviour therapy: Criticisms and confusions. Behav. Res. Ther. *1*, 159–161.

NAWAS, M. M., FISHMAN, T. & PUCEL, J. C. 1970. A standardized desensitization program applicable to group and individual treatments. Behav. Res. Ther. *8*, 49–56.

O'CONNOR, R. D. 1969. Modification of social withdrawal through symbolic modeling. J. appl. Behav. Anal. *2*, 15–22.

OLIVEAU, D. C., AGRAS, W. S., LEITENBERG, H., MOORE, R. C. & WRIGHT, D. E. 1969. Systematic desensitization, therapeutically oriented instructions and selective positive reinforcement. Behav. Res. Ther. *7*, 27–33.

PAUL, G. L. 1967. Insight versus desensitization in psychotherapy two years after termination. J. consult. Psychol. *31*, 333–348.

- 1968. Two-year follow-up of systematic desensitization in therapy groups. J. abnorm. Psychol. *73*, 119–130.

- 1969. Physiological effects of relaxation training and hypnotic suggestion. J. abnorm. Psychol. *74*, 425–437.

PAUL, G. L. & SHANNON, D. T. 1966. Treatment of anxiety through systematic desensitization in therapy groups. J. abnorm. Psychol. *71*, 124–135.

PAWLOW, I. P. 1927. Conditioned reflexes. London: Oxford Univ. Press.

- 1953–1956. Sämtliche Werke. Bd. I–VI. Berlin: Akademie-Verlag.

PEAK, H. 1941. Negative practice and theories of learning. Psychol. Rev. *48*, 316–336.

PETERSON, D. R. & LONDON, P. 1965. A role for cognition in the behavioral treatment of a child's eliminative disturbance. In: ULLMANN, L. P. & KRASNER, L. (Eds.). Case studies in behavior modification, pp. 289–295. New York: Holt, Rinehart & Winston.

PHILLIPS, E. L. 1968. Achievement place: Token reinforcement procedures in a home-style rehabilitation setting for "pre-delinquent" boys. J. appl. Behav. Anal. *1*, 213–223.

PICKENHAIN, L. 1959. Grundriß der Physiologie der höheren Nerventätigkeit. Berlin: VEB Verlag Volk und Gesundheit.

PLATONOV, K.I. 1959. The word as a physiological and therapeutic factor. Moscow: Foreign Languages Publishing House.

– 1961. Speech therapy. In: WINN, R.B. (Ed.). Psychotherapy in the Soviet Union. New York: Philos. Libr.

POLIN, A.T. 1959. The effects of flooding and physical suppression as extinction techniques on an anxiety-motivated avoidance locomotor response. J. Psychol. *47*, 235–245.

POPOW, J.A. 1955. Die Bedeutung der Hemmungserscheinungen für die Klinik psychischer Erkrankungen. Pawl.-Z. höh. Nerv. *5*, 171–177.

POSTMAN, L. 1962. Rewards and punishments in human learning. In: POSTMAN, L. (Ed.). Psychology in the making, pp. 331–401. New York: Knopf.

PREMACK, D. 1959. Toward empirical behavior laws I. Positive reinforcement. Psychol. Rev. *66*, 219–230.

QUAY, H.C., SPRAGUE, R.L., WERRY, J.S. & MCQUEEN, MARJORIE M. 1967. Conditioning visual orientation of conduct problem children in the classroom. J. exp. Child Psychol. *5*, 512–517.

RACHMAN, S. 1965a. Aversion therapy: Chemical or electrical? Behav. Res. Ther. *2*, 289–300.

– 1965b. Studies in desensitization-I: The separate effects of relaxation and desensitization. Behav. Res. Ther. *3*, 245–251.

– 1966. Studies in desensitization-II: Flooding. Behav. Res. Ther. *4*, 1–6.

– 1968. The role of muscular relaxation in desensitization therapy. Behav. Res. Ther. *6*, 159–166.

RACHMAN, S. & EYSENCK, H.J. 1966. Reply to a "critique and reformulation" of behavior therapy. Psychol. Bull. *65*, 165–169.

RACHMAN, S., HODGSON, R. & MARZILLIER, J. 1970. Treatment of an obsessional-compulsive disorder by modelling. Behav. Res. Ther. *8*, 385–392.

RAYMOND, M.J. 1956. Case of fetishism treated by aversion therapy. Brit. med. J. *2*, 854–856.

– 1964. The treatment of addiction by aversion conditioning with apomorphine. Behav. Res. Ther. *1*, 287–291.

RAZRAN, G. 1965. Russian physiologists' psychology and American experimental psychology. Psychol. Bull. *63*, 42–64.

RESNICK, J.H. 1968. The control of smoking behavior by stimulus satiation. Behav. Res. Ther. *6*, 113–114.

REY, E.-R. 1969. Bericht über den Film «Experimental neurosis by control of emotions» von R.SWETTER, J.T.BARENDREGT & F.S.VAN DAM. Mitteilungen d. Gesellschaft zur Förderung der Verhaltenstherapie. Heft 2/3, 5–6.

RICKARD, H.C., DIGNAM, P.J. & HORNER, R.F. 1960. Verbal manipulation in a psychotherapeutic relationship. J. clin. Psychol. *16*, 364–367.

RICKARD, H.C. & DINOFF, M. 1962. A follow-up note on "Verbal manipulation in a psychotherapeutic relationship". Psychol. Rep. *11*, 506.

Rimm, D.C. & Bottrell, J. 1969. Four measures of visual imagination. Behav. Res. Ther. 7, 63–69.

Risley, T.R. 1968. The effects and side effects of punishing the autistic behaviors of a deviant child. J. appl. Behav. Anal. 1, 21–34.

Ritter, Brunhilde, 1968. The group desensitization of children's snake phobias using vicarious and contact desensitization procedures. Behav. Res. Ther. 6, 1–6.

– 1969a. Treatment of acrophobia with contact desensitization. Behav. Res. Ther. 7, 41–45.

– 1969b. The use of contact desensitization, demonstration-plus-participation and demonstration-alone in the treatment of acrophobia. Behav. Res. Ther. 7, 157–164.

Rotter, J.B. 1954. Social learning and clinical psychology. Englewood Cliffs, N.J.: Prentice-Hall.

– 1964. Clinical psychology. Englewood Cliffs, N.J.: Prentice Hall.

Rotter, J.B., Seeman, M. & Liverant, S. 1962. Internal versus external control of reinforcements: A major variable in behavior theory. In: Washburne, N.F. (Ed.). Decisions, values, and groups, pp. 473–516. London: Pergamon Press.

Rutner, I.T. & Bugle, C. 1969. An experimental procedure for the modification of psychotic behavior. J. consult. clin. Psychol. 33, 651–653.

Salter, A. 1949. Conditioned reflex therapy. New York: Capricorn Books.

Sanders, M.J. 1937. An experimental demonstration of regression in the rat. J. exp. Psychol. 21, 493–510.

Schaefer, H.H. & Martin, P.L. 1966. Behavioral therapy for "apathy" of hospitalized schizophrenics. Psychol. Rep. 19, 1147–1158.

Schenger-Krestownikowa, N.R. 1921. Beitrag zur Differenzierung optischer Reize und die Grenzen der Differenzierung im optischen Analysator des Hundes (russ.). Zit. nach: Pickenhain, L. 1959. Grundriß der Physiologie der höheren Nerventätigkeit. Berlin: VEB Verlag Volk und Gesundheit.

Schpak, W.M. 1953. Ausnutzung der physiologischen Mechanismen des Dauerschlafs zur Behandlung von Neurosen und gewissen Psychosen. Pawl.-Z. höh. Nerv. 3, 689–698.

Schröder, G. 1968. Wirksamkeit verschiedener Behandlungsmethoden der Enuresis nocturna unter besonderer Berücksichtigung der Konditionierungsbehandlung. Monatsschrift Kinderheilk. 116, 53–58.

– 1970. Über eine modifizierte Desensibilisierungstechnik in vivo bei jüngeren Kindern mit extremen Ängsten vor Injektionen. Mitteilungen der Gesellschaft zur Förderung der Verhaltenstherapie, Heft 2, 14–22.

Schwitzgebel, R.L. 1967. Short-term operant conditioning of adolescent offenders on socially relevant variables. J. abnorm. Psychol. 72, 134–142.

– 1968. Survey of electromechanical devices for behavior modification. Psychol. Bull. *70*, 444–459.

SCOTT, PHYLLIS M., BURTON, R.V. & YARROW, M.R. 1967. Social reinforcement under natural conditions. Child Develpm. *38*, 53–63.

SEARS, R.R. 1944. Experimental analysis of psychoanalytic phenomena. In: HUNT, J.McV. (Ed.). Personality and the behavior disorders. Vol.I, pp.306–332. New York: The Ronald Press Company.

SEARS, R.R. & COHEN, L.H. 1933. Hysterical anesthesia, analgesia and astereognosis. Arch. Neurol. Psychiat. *29*, 260–271.

SHAPIRO, M.B. & NELSON, E.H. 1955. An investigation of an abnormality of cognitive functioning in a cooperative young psychotic: An example of the application of experimental method to the single case. J. clin. Psychol. *11*, 344–351.

SHERRINGTON, C.S. 1906. The integrative action of the nervous system. New Haven: Yale Univ. Press.

– 1947. The integrative action of the central nervous system. Cambridge: Cambridge University Press.

SHOBEN, E.J. 1949. Psychotherapy as a problem in learning theory. Psychol. Bull. *46*, 366–392.

SIDMAN, M. 1960. Tactics of scientific research. New York: Basic Books.

– 1962. Operant techniques. In: BACHRACH, A.J. (Ed.). Experimental foundations of clinical psychology. New York: Basic Books.

SIEGEL, G.M., LENSKE, JOANNE & BROEN, PATRICIA. 1969. Suppression of normal speech disfluencies through response cost. J. appl. Behav. Anal. *2*, 265–276.

SITTENFELD, POLA, HUBER, H.P. & ENGEL, R.R. 1971. EMG-Rückmeldung: eine neue Methode zur Muskelentspannung und ihre Anwendungsmöglichkeit in der systematischen Desensitivierung. Vortrag auf der 1.Tagung d. europ. Ges. f. d. Therapie u. Modifikation d. Verhaltens, München, Juli 1971.

SKINNER, B.F. 1938. The behavior of organisms. New York: Appleton-Century-Crofts.

– 1950. Are theories of learning necessary? Psychol. Rev. *57*, 193–216.

– 1953. Science and human behavior. New York: The Free Press.

– 1957. Verbal behavior. New York: Appleton-Century-Crofts.

– 1959. Cumulative record. London: Methuen.

SOLOMON, R.L. & WYNNE, L.C. 1954. Traumatic avoidance learning: The principles of anxiety conservation and partial irreversibility. Psychol. Rev. *61*, 353–385.

SOLYOM, L. & MILLER, S.B. 1967. Reciprocal inhibition by aversion relief in the treatment of phobias. Behav. Res. Ther. *5*, 313–324.

SROUFE, L.A. 1969. Learned stabilization of cardiac rate with respiration experimentally controlled. J. exp. Psychol. *81*, 391–393.

STAMPFL, T.G. & LEVIS, D.J. 1967. Essentials of implosive therapy: A learning-theory-based psychodynamic behavioral therapy. J. abnorm. Psychol. *72*, 496–503.

STEGAT, H. 1967. Eine lerntheoretische Methode zur Behandlung der Enuresis. In: Ber. 25. Kongr. der D. G. f. Ps., Münster 1966, pp. 494–499, Göttingen: Hogrefe.

STEPHEN, L. S. & KOENIG, K. P. 1970. Habit modification through threatened loss of money. Behav. Res. Ther. *8*, 211–212.

STOYVA, J. & KAMIYA, J. 1968. Electrophysiological studies of dreaming as the prototype of a new strategy in the study of consciousness. Psychol. Rev. *75*, 192–205.

STRELTSCHUK, I.W. 1952. Schutzhemmung und Heilschlaf in Psychiatrie und Neurologie. Pawl.-Z. höh. Nerv. *2*, 675–685.

STUART, R.B. 1967. Behavioral control of overeating. Behav. Res. Ther. *5*, 357–365.

– 1969. Operant-interpersonal treatment for marital discord. J. consult. clin. Psychol. *33*, 675–682.

SUINN, R. M. 1970. Short-term desensitization therapy. Behav. Res. Ther. *8*, 383–384.

SUINN, R. M. & HALL, R. 1970. Marathon desensitization groups: An innovative technique. Behav. Res. Ther. *8*, 97–98.

SULLIVAN, H. S. 1953. The interpersonal theory of psychiatry. New York: Norton & Co.

SUSHINSKY, L.W. & BOOTZIN, R. R. 1970. Cognitive desensitization as a model of systematic desensitization. Behav. Res. Ther. *8*, 29–33.

SWEREW, A. T. 1957. Zum Mechanismus einiger experimenteller Neurosen beim Hunde. Pawl.-Z. höh. Nerv. *7*, 263–271.

TATE, B. G. & BAROFF, G. S. 1966. Aversive control of self-injurious behavior in a psychotic boy. Behav. Res. Ther. *4*, 281–287.

THARP, R. G. & WETZEL, R.J. 1969. Behavior modification in the natural environment. New York: Academic Press.

THOMAS, D. R., BECKER, W. C. & ARMSTRONG, MARIANNE. 1968. Production and elimination of disruptive classroom behavior by systematically varying teacher's behavior. J. appl. Behav. Anal. *1*, 35–45.

THORNDIKE, E. L. 1898. Animal intelligence. Psychol. Monogr. *2*, No. 8.

– 1932. The fundamentals of learning. New York: Teacher's Coll. Columbia Univ.

THORPE, J. G., SCHMIDT, E., BROWN, P. T. & CASTELL, D. 1964. Aversion-relief therapy: A new method for general application. Behav. Res. Ther. *2*, 71–82.

TIGHE, T. J. & ELLIOTT, R. 1968. A technique for controlling behavior in natural life settings. J. appl. Behav. Anal. *1*, 263–266.

TOLMAN, E. C. 1932. Purposive behavior in animals and men. New York: Appleton-Century-Crofts.

– 1951. Collected papers in psychology. Berkeley: Univ. California Press.

TOOLEY, J. T. & PRATT, S. 1967. An experimental procedure for the extinction of smoking behavior. Psychol. Rec. *17*, 209–218.

TUNNER, W. 1970. Allgemeine theoretische Grundlagen der Verhaltenstherapie. Z. Psychother. med. Psychol. *4*, 148–153.

ULLMANN, L.P. & KRASNER, L. (Eds.). 1965. Case studies in behavior modification. New York: Holt, Rinehart & Winston.

VALINS, S. & RAY, ALICE, A. 1967. Effects of cognitive desensitization on avoidance behavior. J. Pers. soc. Psychol. 7, 345–350.

VOEGTLIN, W.L. 1940. The treatment of alcoholism by establishing a conditioned reflex. Am J. med. Sci. 199, 802–810.

WAGNER, M.K. & CAUTHEN, N.R. 1968. A comparison of reciprocal inhibition and operant conditioning in the systematic desensitization of a fear of snakes. Behav. Res. Ther. 6, 225–227.

WAHLER, R.G., WINKEL, G.H., PETERSON, R.F. & MORRISON, D.C. 1965. Mothers as behavior therapists for their own children. Behav. Res. Ther. 3, 113–124.

WATSON, J.B. 1913. Psychology as the behaviorist views it. Psychol. Rev. 20, 158–177.

– 1914. Behavior: An introduction to comparative psychology. New York: Holt, Rinehart & Winston.

– 1916. The place of conditioned reflex in psychology. Psychol. Rev. 23, 89–117.

WATSON, J.B. & RAYNER, ROSALIE. 1920. Conditioned emotional reactions. J. exp. Psychol. 3, 1–14.

WEITZMAN, B. 1967. Behavior therapy and psychotherapy. Psychol. Rev. 74, 300–317.

WETZEL, R. 1966. Use of behavioral techniques in a case of compulsive stealing. J. consult. Psychol. 30, 367–374.

WIECZERKOWSKI, W., BASTINE, R., FITTKAU, B., NICKEL, H., TAUSCH, R. & TEWES, U. 1969. Verminderung von Angst und Neurotizismus bei Schülern durch positive Bekräftigungen von Lehrern im Schulunterricht. Z. Entwicklungspsychol. Päd. Psychol. 1, 3–12.

WIEST, W.M. 1967. Some recent criticisms of behaviorism and learning theory. Psychol. Bull. 67, 214–225.

WILDE, G.J.S. 1964. Behavior therapy for addicted cigarette smokers: A preliminary investigation. Behav. Res. Ther. 2, 107–109.

WILLOUGHBY, R.R. 1932. Some properties of the Thurstone Personality Schedule and a suggested revision. J. soc. Psychol. 3, 401–424.

– 1934. Norms for the Clarke-Thurstone-Inventory. J. soc. Psychol. 5, 91–97.

WILSON, G.T. & DAVISON, G.C. 1969. Aversion techniques in behavior therapy: Some theoretical and metatheoretical considerations. J. consult. clin. Psychol. 33, 327–329.

WISOCKI, PATRICIA A. 1970. Treatment of obsessive-compulsive behavior by covert sensitization and covert reinforcement: A case report. J. Behav. Ther. exp. Psychiat. 1, 233–239.

WOLLERSHEIM, JANET P. 1970. Effectiveness of group therapy based upon learning principles in the treatment of overweight women. J. abnorm. Psychol. 76, 462–474.

WOLOCHOW, A.A. 1954. Probleme der Schlaftherapie. Pawl.-Z. höh. Nerv. 4, 351–360.

WOLPE, J. 1950. Need-reduction, drive-reduction and reinforcement: A neurophysiological view. Psychol. Rev. *57*, 19–26.
- 1952. Experimental neuroses as learned behaviour. Brit. J. Psychol. *43*, 243–269.
- 1954. Reciprocal inhibition as the main basis of psychotherapeutic effects. Arch. Neurol. Psychiat. *72*, 205–226.
- 1958. Psychotherapy by reciprocal inhibition. Stanford: Stanford Univ. Press.
- 1964. Behaviour therapy in complex neurotic states. Brit. J. Psychiat. *110*, 28–34.
- 1969. The practice of behavior therapy. New York: Pergamon.
WOLPE, J. & LAZARUS, A. A. 1966. Behavior therapy techniques. Oxford: Pergamon Press.
WOLPE, J., SALTER, A. & REYNA, L. J. (Eds.). 1964. The conditioning therapies. New York: Holt, Rinehart & Winston.
WOLPIN, M. & RAINES, J. 1966. Visual imagery, expected roles and extinction as possible factors in reducing fear and avoidance behavior. Behav. Res. Ther. *4*, 25–37.
YATES, A. J. 1958a. The application of learning theory to the treatment of tics. J. abnorm. soc. Psychol. *56*, 175–182.
- 1958b. Symptoms and symptom substitution. Psychol. Rev. *65*, 371–374.
- 1970. Behavior therapy. New York: Wiley.
ZBROZYNA, A.W. 1953. Phenomenon of non-identification of a stimulus operating against different physiological backgrounds in dogs. Lodzkie Towarzystwo Naukowe *3*, No. 26. Zit. nach: WOLPE, J. 1958. Psychotherapy by reciprocal inhibition. Stanford: Stanford Univ. Press.

Namenregister

Die kursiv gesetzten Zahlen verweisen auf das Literaturverzeichnis.

210

211

212

213

Sachregister

217